Presented to.

_____

From.

_____

Date.

_____

이렇게 읽으면 더 효과적입니다!

- 1년 중 어느 날에 시작해도 무방하다.
- 기도문 아래 성경 구절을 찾아 읽으면 더욱 깊은 묵상이 된다.
- 천천히 음미하며, 소리 내어 읽는다.
- 가족과 함께 아침이나 저녁 어느 때에든지 소리 내어 읽으며 함께
  기도하면 풍성한 나눔이 된다.
- 매년 다시 읽으며 기도한다.
- 기도노트를 마련하여 매년 같은 날의 기도와 응답을 확인해 본다.

본문 성경구절

- 독자들의 편의를 위해 CUP 블로그에 본문 성경구절들을 올려 놓았습니다.
  아래 QR코드를 클릭하시면 성경구절을 바로 찾아보실 수 있습니다.

《365 동행기도 Jesus Listens》
본문 성경구절
www.cupbooks.com

365
동행기도
Jesus
Listens

지저스 리슨즈

365
동행기도
Jesus Listens
지저스 리슨즈

지은이	사라 영
옮긴이	윤종석
펴낸이	김혜정
기획위원	김건주
교정교열	정인숙
디자인	홍시 송민기
마케팅	윤여근, 정은희
출간일	1쇄 인쇄 2022년 12월 07일
	1쇄 발행 2022년 12월 27일
펴낸곳	도서출판 CUP
출판신고	제2017-000056호(2001.06.21.)
주소	(04549) 서울특별시 중구 을지로 148, 8층 803호 (을지로3가, 중앙데코플라자)
전화	02) 745-7231
팩스	02) 6455-3114
이메일	cupmanse@gmail.com
블로그	www.cupbooks.com
페이스북	facebook.com/cupbooks
인스타그램	instagram.com/cupmanse/

ISBN 979-11-90564-51-9 03230 Printed in Korea
* 파손된 책은 구입하신 서점에서 교환해 드리며 책값은 뒤표지에 있습니다.

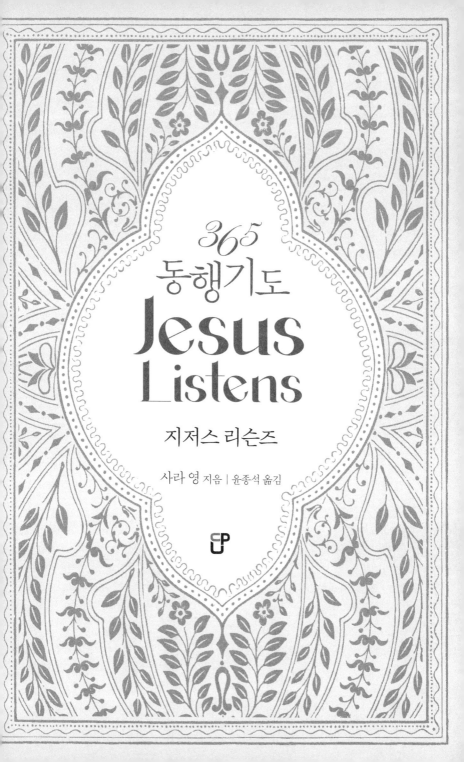

365
동행기도
Jesus
Listens
지저스 리슨즈

사라 영 지음 | 윤종석 옮김

Jesus Listens

*Daily Devotional Prayers
of Peace, Joy, and Hope*

Sarah Young

늘 우리와 함께 계시며 우리의 모든 기도를 들으시는
임마누엘 예수님께 이 책을 바칩니다.
성경은 예수께서 자기를 힘입어 하나님께 나아가는 자들을
영원히 구원하실 수 있다고 확실히 약속하십니다.
주님이 항상 우리를 위하여 아버지 하나님께
중보하시기 때문이지요(히 7:25).
또한 우리가 기도하면 성령께서 말할 수 없는 탄식으로
우리를 위하여 친히 중보하십니다(롬 8:26).
우리의 삼위일체 하나님이
얼마나 위대하고 영광스러우신지요!

감
사
의
말

/

 이렇게 유능하고 헌신적인 팀과 함께 일하게 되어 감사합니다. 유쾌한 발행인 로라 민추는 출판 과정을 아주 창의적이고 효과적으로 이끌어 갑니다. 기프트 출판부의 부발행인 제니퍼 고트는 늘 부지런하고 끈기 있게 일하지요. 성실한 편집자 크리스 베어스는 제 작품을 놀랍도록 잘 알고 있으며, 딱 맞춘 듯이 원고를 편집합니다. 끝으로 이 책의 아이디어를 내 준 나의 첫 발행인 조이 폴에게 감사를 드립니다. 재능이 뛰어난 이 모든 친구들의 도움을 받았으니 저는 복이 많은 사람입니다!

저
자
의
글

/

**"수고하고 무거운 짐 진 자들아 다 내게로 오라
내가 너희를 쉬게 하리라"**(마 11:28).

우리를 부르시는 예수님의 아름다운 초대가 참 좋습니다. 이 책을
통해 당신도 그분께 담대하고 기쁘게 나아가기를, 그리하여 그분의
임재 안에서 평안한 안식 얻기를 바랍니다. 예수님이 우리의 모든 기
도를 들어 주심을 아는 것은 얼마나 복된 일인지요! 우리가 그분의
임재를 인식하지 못할 때조차도 그분은 우리를 온전히 사랑하시며
늘 돌보아 주십니다.

이 책을 비롯해 그동안 제가 쓴 신앙 서적들은 모두 당신이 예수님
과 더 가까워지도록 돕기 위한 것입니다. 당신과 제가 그렇게 되기를
간절히 소원합니다. 지금까지는 독자인 당신에게 말씀하시는 예수
님의 관점에서 책을 썼다면, 이번에는 하나님께 기도하는 당신의 관
점에서 썼습니다. 이 책의 기도를 읽는 것에 그치지 말고 당신의 기
도가 되기를 바랍니다. 이것을 길잡이 삼아 당신의 진심 어린 바람을
주님께 표현하면 좋겠습니다.

이 책 전반에 평안과 기쁨과 소망의 기도를 담았습니다. 특히 예수께 속한 사람들을 향한 그분의 무한하고 변함없는 사랑을 강조하였습니다. 이 책에 담겨 있는 365일 기도는 하나님과의 더 깊고 풍성하고 꾸준한 교제로 인도하기 위한 **묵상 기도**입니다. 이 기도를 시작으로 날마다 당신의 기도가 이어지면 좋겠습니다. 예수님과 함께 시간을 보내며 당신의 모든 관심사를 아뢰어 보십시오.

기도는 저절로 되지 않습니다. 사실 힘든 일로 여겨질 때가 많지요. 기도에는 분명히 노력이 요구됩니다. 하지만 이 광활한 우주를 창조하시고 운행하시는 분과 대화하는 것은 놀라운 특권임을 기억해야 합니다! 우리 죄를 대신해 죽으신 예수님의 희생으로 하나님 아버지와 거리낌 없이 마음껏 교제할 수 있는 길이 열렸습니다. 즉 예수께서 운명하시던 순간 **성소의 휘장이 위에서 아래로 찢어져 둘로 나뉘어졌습니다**(마 27:51). 그러니 우리가 기도로 하나님께 막힘없이 나아갈 수 있는 것은 예수님의 피로 산 영광스러운 특권입니다!

감사하게도 하나님은 우리의 기도를 통해 환경뿐만 아니라 우리 자신을 변화시켜 주십니다. 우리는 하나님께서 들어 주시고 돌보아 주실 것을 믿으며 기도 제목을 주님께 가져갑니다. 예수님과 교제하고 주의 임재를 즐거워하는 시간을 가지다 보면 점차 주님을 닮아 가게 되지요.

저의 놀라운 특권이자 책임은 독자들을 위해 기도하는 것이라 생각합니다. 그래서 매일 아침 독자들을 위해 꽤 많은 시간 동안 기도합니다. 이렇게 아침에 예수님과 함께 소중한 시간을 보내고 나면 매번 더 기분이 좋아지고 힘이 납니다. 당신을 위한 저의 기도가 하루를 시작하는 당신에게도 힘이 되기를 바랍니다!

시편 62편 8절("백성들아 시시로 그를 의지하고 그의 앞에 마음을 토하라 하나님은 우리의 피난처시로다")은 기도와 관련하여 제가 좋아하는 구절입니다. 다윗 왕은 **항상 하나님을 의지하고 그분께 마음을 토하라**고 권합니다. 우리 마음을 속속들이 아시는 예수님은 우리가 그분을 충분히 신뢰하여 마음을 열고 솔직하게 기도하기를 바라시지요. 주님이 우리를 다 아시고 영원히 사랑하시니 우리는 안심하고 주께 짐을 내려놓을 수 있습니다. 주님은 정말 **우리의 피난처**십니다.

예레미야 선지자가 분명히 말했듯이 하나님은 우리의 기도를 들으십니다. **"너희가 내게 부르짖으며 내게 와서 기도하면 내가 너희들의 기도를 들을 것이요 너희가 온 마음으로 나를 구하면 나를 찾을 것이요 나를 만나리라"**(렘 29:12~13).

예수님은 이 땅에 사시는 동안 주변 사람들의 말을 놀라울 정도로 잘 들어 주셨습니다. 지금도 계속 우리에게 귀 기울여 주시니 감사합니다! 더욱이 우리에게는 기적 같은 성령의 도우심이 있습니다. 우리가 기도하면 성령께서 말할 수 없는 탄식으로 우리를 위하여 친히 중보하시지요. **"이와 같이 성령도 우리의 연약함을 도우시나니 우리는 마땅히 기도할 바를 알지 못하나 오직 성령이 말할 수 없는 탄식으로 우리를 위하여 친히 간구하시느니라 마음을 살피시는 이가 성령의 생각을 아시나니 이는 성령이 하나님의 뜻대로 성도를 위하여 간구하심이니라"**(롬 8:26~27). 우리의 기도는 부족하고 단편적일 수 있지만 성령께서 그것을 하나님의 뜻에 맞게 변화시켜 주십니다.

기도는 우리 삶의 모든 영역에서 지극히 중요합니다. 시인 알프레드 로드 테니슨은 "세상이 상상할 수도 없는 많은 일이 기도를 통해 이루어진다"라는 명언을 남겼습니다. 기도의 영향력은 우리 눈으로 보고 머리로 이해할 수 있는 수준을 훨씬 벗어나지요.

성경에는 기도하라는 말씀이 되풀이될 뿐 아니라, 예수님도 제자들에게 소위 주기도문으로 기도할 것을 가르치셨습니다.

> 하늘에 계신 우리 아버지여,
>
> 이름이 거룩히 여김을 받으시오며,
>
> 나라가 임하시오며,
>
> 뜻이 하늘에서 이루어진 것같이
>
> 땅에서도 이루어지이다.
>
> 오늘 우리에게 일용할 양식을 주시옵고,
>
> 우리가 우리에게 죄 지은 자를 사하여 준 것같이
>
> 우리 죄를 사하여 주시옵고,
>
> 우리를 시험에 들게 하지 마시옵고,
>
> 다만 악에서 구하시옵소서.
>
> 나라와 권세와 영광이 아버지께 영원히 있사옵나이다. 아멘.
>
> ―마태복음 6:9~13

물론 기도가 응답되지 않으면 낙심될 수 있다는 것을 압니다. 응답을 기다리는 동안 하나님이 우리의 기도를 들으시고 응답하시되, 주님의 무한하고 전지적인 관점에서 지극히 합당한 방식으로 응답하실 것을 믿어야 합니다. **하늘이 땅보다 높은 것 같이 주님의 길은 우리의 길보다 높다**(사 55:9)고 하나님이 말씀으로 알려 주셨습니다. 더 알고 싶은 마음은 간절하지만 유한한 우리 피조물로서는 하나님의 길을 이해하는 것이 불가능할 때가 많지요.

성경은 끈기 있게 기도하라고 권합니다. 제가 수십 년째 구원을 위해 기도해 온 사람들이 있는데, 앞으로도 계속 기도할 작정입니다. 저는 '불의한 재판장과 끈질긴 과부의 비유'를 참 좋아합니다. 이 비유는 **항상 기도하고 낙심하지 말아야 할 것을** 가르쳐 주지요. 사람이나 정의를 무시하는 재판장도 과부가 끈질기게 조르자 결국 과부의 청을 들어 주었습니다(눅 18:1~8). 하물며 사랑이시고 정의로우신 하나님이 그분의 온전한 때에 온전한 방식으로 우리의 기도에 더욱더 응답해 주시지 않겠습니까!

스트레스가 많은 시대에 살다 보니 많은 사람들이 불안에 시달립니다. 빌립보서에 나오는 사도 바울의 가르침이 아주 실제적이고 시의적절하지요. **"아무 것도 염려하지 말고 다만 모든 일에 기도와 간구로, 너희 구할 것을 감사함으로 하나님께 아뢰라 그리하면 모든 지각에 뛰어난 하나님의 평강이 그리스도 예수 안에서 너희 마음과 생각을 지키시리라"**(빌 4:6~7).

불안할 때 문제에 집중하는 대신 우리의 고민과 혼란, 기도와 간구, 감사와 찬양 등 모든 것을 예수님께 가져갈 수 있습니다. 주님께 마음을 쏟아 놓은 뒤에, 그분의 놀라운 평안으로 충만하게 해 달라고 기도할 수 있지요. 이 영광스러운 선물을 받으려면 **우리의 명철을 의지하지 말고** 예수님의 임재 안에서 편히 쉬며 **마음을 다하여 주님을 신뢰해야** 합니다(잠 3:5).

가끔 스트레스가 쌓이면 저는 조용히 앉아 천천히 호흡하면서 이렇게 기도합니다.

"예수님, 주님의 임재 안에서 편히 쉬도록 도와주세요."

잠시라도 그 기도를 계속하면 매번 긴장이 풀리면서 한결 마음이 진정됩니다.

이 책의 기도에는 예수님을 신뢰하고 의지하며 살아가는 삶이 강조되어 있습니다. 주님을 신뢰하라는 자애로운 당부가 성경에 가득합니다. 이것이 주님과 친밀하게 지내는 삶의 필수 조건이지요. 책에 이런 신뢰를 강조한 것은 그것이 성경의 가르침일 뿐만 아니라 저 또한 항상 하나님을 신뢰하려 애쓰기 때문입니다. 세상이 온통 불확실하고 일이 뜻대로 풀리지 않을 때도 말이지요. 그럴 때 "예수님, 주님을 신뢰합니다. 주님이 저의 소망이십니다"라고 속삭이는 것이 도움이 되고 용기를 줍니다.

오랜 세월 예수님과 함께 시간을 보내고 말씀을 공부하면서 감사하는 자세가 얼마나 중요한지 완전히 이해하게 되었습니다. 그래서 이 책 전반에 감사라는 주제가 자주 등장합니다. 데살로니가전서 5장 17~18절은 **쉬지 말고 기도하며 범사에 감사하라**고 합니다. 감사 기도에는 힘이 있습니다! 감사 덕분에 예수님의 귀중한 약속과 변함없는 임재에 계속 초점을 맞출 수 있습니다.

최근에 "감사 기도의 힘"이라는 간증문을 썼는데, 여기에 그 이야기 일부를 소개합니다. 저의 두 아이 스테파니와 에릭이 10대의 어린 나이였을 때, 둘이서만 테네시 주 내쉬빌에서 호주 멜버른으로 와야 할 일이 생겼습니다. 우리 부부가 멜버른에서 선교사로 일하던 때였지요. 거리도 아주 멀었지만 큰 공항들에서 비행기를 여러 번 갈아타야 하는 여정이었습니다. 저는 두 아이만 하는 여행이 아무래도 불안해서 거의 쉬지 않고 기도했습니다. 그런데 말이 기도였지, 사실은 하나님을 신뢰하기보다 오히려 염려가 더 많았습니다. 결국 이런 기도를 하나님이 기뻐하지 않으시며, 기도해도 저의 불안이 가시지 않는다는 것을 깨달았습니다.

　그러던 어느 날 아침에 예수님께 그 고민을 털어놓으며 더 좋은 기도 방법을 알려 주시기를 간구했습니다. 그러자 주께서 제 기도의 초점을 바꾸어 주셨지요. 자꾸 걱정을 토로할 것이 아니라 이미 기도에 **응답하고 계신** 주님께 감사하라고 가르쳐 주셨습니다. 초점을 그렇게 바꾸니 정말 마음이 차분해졌습니다. 그런데 그 이후에 놀라운 모험들이 우리 모두를 기다리고 있을 줄은 미처 몰랐지요! 제가 드린 많은 감사 기도가 기적처럼 응답되었습니다!

　감사와 찬양은 서로 아주 잘 어울립니다. 저는 찬양 기도를 드리면 속에서 새 힘이 나면서 예수님의 임재가 더욱 민감하게 느껴집니다. 주님을 찬양하라는 단호한 명령은 성경 도처에 수없이 반복됩니다. 우리가 이 명령에 기쁘게 순종할 수 있는 것은 하나님이 우리의 예배를 받으시기에 온전히 합당하신 분이기 때문이지요. 또한 주님을 찬양하면 우리에게도 엄청난 복이 됩니다. 말로 고백하는 예배 덕분에 하나님이 얼마나 위대하고 영광스러운 분이신지를 더 잘 기억할 수 있습니다! 세상이 완전 통제 불능인 것 같을 때도 하나님을 찬양하면, 우리의 기도를 들으시는 주님이 여전히 주관하고 계시다는 확신이 깊어집니다.

　오래전에 저는 세인트루이스의 커버넌트 신학대학원에서 상담학과 성경학으로 석사학위를 받았습니다. 특히 성경의 지혜서 과목이 재미있었는데, 실제로 교수님도 아주 지혜로웠습니다. 그분이 전수해 준 방대한 지혜 중에서 단순한 가르침 하나를 지금까지 실천하고 있습니다. 그는 하루 종일, 예를 들면 전화를 받기 전이나 초인종이 울려 현관에 나가기 전에, 중요한 대화에 임할 때, 힘든 일을 시도할 때 등 순간순간 "성령님, 도와주소서!"라고 기도하는 습관이 있다고 했습니다. 저도 스승의 조언을 따르다 보니 그 짤막한 기도가 몸에 배어 이제 수시로 술술 나옵니다. 저에게 이 기도는 제가 혼자가 아님을 일깨워 줍니다. 삼위일체 하나님의 제3위격인 성령께서 언제나 곁에서 저를 도와주시지요!

이 책의 묵상 기도는 하나님의 약속으로 가득합니다. 그 소중한 약속의 혜택을 누리려면 반드시 예수님이 당신의 구주이심을 알아야 합니다. 예수님이 하나님이시기에, 십자가에서의 죽음이 주님께 나아오는 사람들의 모든 죗값을 치르기에 충분합니다. 아직 당신의 죄성을 인정하고 예수님을 구주로 모신 적이 없다면, 꼭 그렇게 하기를 권합니다. **예수님을 믿는 자마다 멸망하지 않고 영생을 얻습니다**(요 3:16). 저도 기도로 당신을 응원하겠습니다. 날마다 하나님이 저의 책들을 통해 아직 믿지 않는 많은 독자를 그분의 영원한 가족으로 맞아 주시도록 기도합니다.

끝으로 사랑하는 독자들이여, 이 책의 기도 속으로 깊이 들어가시기를 권합니다. 꼭 1월 1일부터 시작하지 않아도 됩니다. 그냥 오늘의 기도부터 시작해서 매일매일 계속 해가면 됩니다. 제가 당신을 위해 기도하고 있음을 잊지 마십시오. 가장 중요한 것은 예수님이 당신과 함께 계시며 당신의 모든 기도를 들으신다는 것을 기억하는 일입니다.

풍성한 복을 빌며

사라 영

Sarah Young

January

여호와의 말씀이니라
"너희를 향한 나의 생각을 내가 아나니
평안이요 재앙이 아니니라
너희에게 미래와 희망을 주는 것이니라"

예레미야 29:11

너희는 이전 일을 기억하지 말며 옛날 일을 생각하지
말라 보라 내가 새 일을 행하리니 이제 나타낼 것이라
너희가 그것을 알지 못하겠느냐 반드시 내가 광야에
길을 사막에 강을 내리니

이사야 43:18~19

살아 계신 나의 하나님,

새해를 맞아 주님이 제 삶을 계속 새롭게 하신다는 사실이 저를 기쁘게 합니다. **주께서 새 일을 행하신다 하셨으니 저도 옛날 일을 생각하지** 말아야 합니다. 지난해의 실망과 실패로 저를 제한하거나 저의 기대감을 꺾지 않겠습니다. 오늘은 새 출발의 날입니다! 주님의 창의력이 무한하심을 알기에 올해도 뜻밖의 아름다운 일들이 제 앞에 펼쳐질 것을 기대합니다.

주님, **이날을** 주께서 주신 소중한 선물로 받습니다. 지금 이 순간이 주께서 저를 만나 주시는 자리임을 깨닫습니다. **이날은 주께서 정하신 날이지요.** 작은 것 하나하나까지 애정을 담아 저를 위해 세심히 준비하신 날임을 압니다. 그러니 **이날에 즐거워하고 기뻐할** 이유가 충분합니다.

이 **생명의 길을** 가는 동안 주께서 사랑으로 임재하시는 징후를 찾겠습니다. 저의 삶의 여정에, 때로는 뜻밖의 자리에 놓아두신 작은 복들을 찾는 일이 즐겁습니다. 주의 복을 하나하나 발견할 때마다 주님께 감사드리려 합니다. 그 덕분에 늘 주님을 가까이하며 저의 여정에서 기쁨을 누릴 수 있지요.

예수님의 복되신 이름으로 기도합니다. 아멘.

이사야 43:18~19, 시편 118:24, 시편 16:11

영원하신 하나님이 네 처소가 되시니 그의 영원하신 팔이 네 아래에 있도다 그가 네 앞에서 대적을 쫓으시며 멸하라 하시도다

신명기 33:27

사랑하는 예수님,

저를 온전히 주님께 드리고 싶습니다! 다른 것들을 의지하는 데서 벗어나게 하소서. 주님은 저의 안전이 다른 사람들이나 저의 상황에 있지 않고 오직 주께 있음을 보여 주셨습니다.

주님만을 의지하려고 하면 때로 외줄을 타는 기분이 됩니다. 하지만 주의 **영원하신 팔이** 제 아래에서 안전망이 되어 주시니 떨어질까 두려워할 필요가 없습니다.

예수님, 앞에 계신 주님만 바라보도록 도와주소서. 주님이 항상 제 앞에 계시면서 매순간 한 걸음씩 저를 손짓하여 부르심을 압니다. 조용히 주님과 함께 시간을 보내노라면 "사랑하는 자여, 나를 따라오라" 속삭이시는 주의 음성이 들리는 듯합니다.

주님, 저는 확신합니다. **사망이나 생명이나 천사들이나 권세자들이나 현재 일이나 장래 일이나 능력이나 높음이나 깊음이나 다른 어떤 피조물이라도 저를 주님의 사랑의 임재에서 끊을 수 없습니다!**

예수님의 귀하신 이름으로 기도합니다. 아멘.

신명기 33:27, 잠언 16:9, 로마서 8:38~39

옛적에 여호와께서 나에게 나타나사 내가 영원한 사랑으로 너를 사랑하기에 인자함으로 너를 이끌었다 하였노라

예레미야 31:3

긍휼이 풍성하신 주님,

"내가 영원한 사랑으로 너를 사랑하기에 인자함으로 너를 이끌었다" 고 주님이 제게 말씀하십니다. 이는 시간이 시작되기 전부터 저를 아셨고 사랑하셨다는 뜻이지요! 그런데 오랫동안 저는 사랑과 소망을 찾아 헤매며 허무의 바다에서 허우적거렸습니다. 그러는 내내 주님은 언제든지 긍휼의 품에 안으시려고 저를 추적하셨지요.

그러다 때가 되자 제게 당신을 드러내셨습니다. 주님은 절망의 바다에서 저를 번쩍 들어 올려 탄탄한 반석 위에 두셨습니다. 임재하신 주님의 투시하는 빛 앞에 벌거숭이가 된 것 같을 때는 제게 **공의의 겉옷을** 모피처럼 둘러 주셨지요. 시작과 끝이 영원에 싸여 있는 사랑의 노래를 불러 주시고, 제 생각 속에 의미와 조화로운 마음을 불어넣어 주셨습니다. 주님의 노래를 주님과 함께 부르고 싶습니다. **사람들을 어두운 데서 불러내어 주의 기이한 빛에 들어가게 하시는 주님,** 그 일에 저의 목소리를 주의 뜻대로 써 주소서.

예수님의 빛나는 이름으로 기도합니다. 아멘.

예레미야 31:3, 이사야 61:10, 베드로전서 2:9

January

04

우리가 지금은 거울로 보는 것 같이 희미하나 그 때에는 얼굴과 얼굴을 대하여 볼 것이요 지금은 내가 부분적으로 아나 그 때에는 주께서 나를 아신 것 같이 내가 온전히 알리라

고린도전서 13:12

모든 것을 아시는 하나님,

주께서 **저를 온전하게 아신다니** 기쁩니다! 주님은 저를 속속들이 다 아시면서도 완벽하고 **변함없는 사랑으로** 사랑하십니다. 저는 오랜 세월 저 자신을 더 잘 이해하고 수용하려고 애썼습니다. 내면에는 참으로 저를 있는 그대로 이해하고 받아 줄 누군가를 만나고 싶은 근원적인 갈망이 있었지요. 이제 저의 가장 깊은 갈망을 채워 주실 수 있는 분이 바로 **주님이심을** 알았습니다. 주님과의 관계 속에서 저는 더 온전히 본래의 제가 되어 갑니다.

주님께 더욱더 솔직해지도록 도와주소서. 모든 가식을 벗고 주님께 다 열어 보이게 하소서. **하나님, 저를 살펴 제 마음을 아시고 저를 시험하여 제 뜻을 아소서.** 주의 거룩하신 눈길에 비추어 보면 제가 변해야 할 부분이 많이 보입니다. 다행히 제가 노력할 때 주께서 함께 계심을 알기에 절망하지 않겠습니다. 오히려 주께 마음을 열 때 제 안으로 막힘없이 흘러드는 주님의 사랑을 받으며 주의 임재 안에서 안식을 누리겠습니다. 이 강력한 사랑에 흠뻑 젖어드는 시간을 가지면, 그 사랑이 저의 공허함을 다 채우고 흘러넘쳐 기쁨의 예배가 됩니다. 주께서 저를 온전히 아시고 영원히 사랑해 주시니 기쁩니다!

사랑이 많으신 예수님의 이름으로 기도합니다. 아멘.

고린도전서 13:12, 시편 147:11(우리말성경), 시편 139:23~24

내 형제들아 너희가 여러 가지 시험을 당하거든 온
전히 기쁘게 여기라

야고보서 1:2

주권자이신 하나님,

　제 삶의 문제들과 친해지도록 도와주소서. 많은 것이 잘못되어 보여도 모든 것을 주관하시는 주님을 기억해야 합니다. **주님을 사랑하고 주님의 뜻대로 부르심을 입은 자들에게는 모든 것이 합력하여 선을 이루신다**고 주께서 분명히 약속하셨으니까요. 제가 주님을 신뢰하면 이 웅대한 약속이 저의 것이 됩니다.

　모든 문제가 제게 가르침을 주어서, 저를 주님이 본래 지으신 모습으로 조금씩 변화시켜 줄 수 있습니다. 하지만 제가 불신하거나 반항하면 똑같은 문제가 오히려 걸림돌이 될 수도 있지요. 주님을 신뢰할 것인지 아닌지를 날마다 시시때때로 선택해야 함을 압니다.

　시험과 친해지는 최선의 방법은 시험으로 인해 주님께 감사하는 것임을 알았습니다. 주님을 신뢰하는 이 선택 덕분에 전화위복의 가능성을 기대하게 됩니다. 뿐만 아니라 **감사함으로 기도하면 불안이 줄어들고 모든 지각에 뛰어난 주의 평강이 저의 마음과 생각을 지켜 주십니다.**

　　　　　예수님의 놀라우신 이름으로 기도합니다. 아멘.

야고보서 1:2, 로마서 8:28, 빌립보서 4:6~7

범사에 우리 주 예수 그리스도의 이름으로 항상 아버지 하나님께 감사하며

에베소서 5:20

나의 주님,

제가 가진 문제들을 포함하여 **범사에** 주께 감사하게 하소서. 저의 생각이 어려움에 사로잡힐 때면 즉시 **감사함으로** 그 문제를 주님께 가져와야 합니다. 그러면 상황에 대처할 주님의 길을 보여 달라고 기도할 수 있지요. 일단 감사드리면 그 자체만으로도 저의 생각이 부정적인 초점에서 벗어나니까요. 주께로 주의를 돌리는 순간, 저의 어려움은 한결 가벼워지고 저를 넘어뜨릴 힘도 잃습니다. 주님은 제가 문제를 가장 효과적인 방법으로 처리하도록 인도하시지요. 정면으로 맞서게 하실 때도 있고, 제쳐 놓았다가 나중에 생각하게 하실 때도 있습니다.

저의 생각을 얽어매는 문제는 대부분 오늘 일이 아닙니다. 내일이나 다음 주, 다음 달, 심지어 내년에서 빌려온 것들입니다. 그럴 때는 그 문제를 저의 생각에서 걷어내 미래로 옮겨 주소서. 제 눈에 보이지 않게 가려 주소서. 그리고는 현재 주님의 임재에 주목하게 하소서. **주님의 평안을** 누릴 수 있는 자리는 바로 현재니까요.

예수님의 온전하신 이름으로 기도합니다. 아멘.

에베소서 5:20, 빌립보서 4:6, 시편 25:4~5, 요한복음 14:27

여호와께 그의 이름에 합당한 영광을 돌리며 거룩한
옷을 입고 여호와께 예배할지어다

시편 29:2

거룩하신 주님,

저는 **거룩한 옷을 입고 주님을 예배하는** 것이 참 좋습니다. 주님이 창
조하신 아름다운 세상에서 주의 모습을 발견할 때 정말 기쁩니다. 예술
가이신 주님은 제 안에도 주님의 뜻대로 작업하여 저의 속사람을 아름답
게 창조하고 계시지요. 제 안의 쓰레기와 잡동사니를 치워주셔서 성령이
거하시기 손색없는 곳이 되게 하십니다. 주께서 치우시겠다면 무엇이든
기꺼이 버리게 하셔서 주님이 행하시는 이 작업에 저도 협력할 수 있게
도와주소서. 주님은 제게 무엇이 필요한지 정확히 아시며, 또 풍성히 채
워 주시기로 약속하셨습니다!

재물이나 순탄한 환경에서 안전을 찾고 싶지 않습니다. 주께서 훈련하
시는 대로 주님만 의지하며 주의 사랑의 임재 속에 만족을 얻기 원합니
다. 그러려면 풍부에도 궁핍에도 자족하며 **양쪽 다** 저를 향한 주님의 뜻
으로 받아들여야 하지요. 움켜쥐고 통제하기보다 내려놓고 받는 법을 배
우는 중입니다. 이렇게 수용하는 자세를 기르기 위해 **모든 일에** 주님을
더욱 신뢰해야 합니다.

예수님의 아름다우신 이름으로 기도합니다. 아멘.

시편 29:2, 시편 27:4, 빌립보서 4:19, 빌립보서 4:12

January

너희는 이전 일을 기억하지 말며 옛날 일을 생각하지
말라 보라 내가 새 일을 행하리니 이제 나타낼 것이
라 너희가 그것을 알지 못하겠느냐 반드시 내가 광야
에 길을 사막에 강을 내리니

이사야 43:18~19

나의 피난처이신 하나님,

옛날 일을 생각하지 않게 도와주소서. 과거에서 배울 수 있지만 집착
하고 싶지 않습니다. 아무리 애를 써도 이미 벌어진 일은 되돌릴 수 없음
을 압니다. 그러므로 주님이 **언제든지** 의지할 **저의 피난처이심을** 기억
하며 주께 **제 마음을 쏟아 놓습니다.**

주님을 향한 저의 확신이 더 깊어지도록 "주님, 주님을 신뢰합니다"라
고 자주 아뢰어야 합니다. 이렇게 말로 고백하면 저의 하루가 몰라보게
밝아지면서 염려의 먹구름이 걷힙니다.

주님은 늘 **새 일을 행하고 계시지요!** 그러니 저는 주께서 제 삶에 이
루고 계시는 모든 일을 살펴보겠습니다. 저의 생각과 마음의 눈을 열어
주셔서, 주께서 저의 삶에 마련해 두신 많은 기회를 보게 하소서. 새것을
놓치고 늘 낡은 것밖에 보지 못하는 구태의연한 삶에 빠지지 않도록 지
켜 주소서.

주님은 길이 없어 보이는 곳에도 능히 길을 내신다는 것을 배웁니다.
주님께는 모든 것이 가능합니다!

예수님의 놀라우신 이름으로 기도합니다. 아멘.

이사야 43:18~19, 시편 62:8(우리말성경), 마태복음 19:26(우리말성경)

내게 힘을 주시고 내 길을 완전하게 하시는 분은 하나님이십니다

시편 18:32

전능하신 하나님,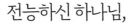

주님은 제게 힘을 주시는 하나님이십니다. 그러므로 연약한 죄인의 모습 이대로 주께 나아옵니다. 저의 모든 **죄를** 자백하며, **동이 서에서 먼 것 같이 저의 죄를 멀리 옮겨 주시기를 간구합니다.** 저의 허물을 숨김 없이 아뢰며 주의 임재 안에서 안식합니다.

저는 약하디 약한 **질그릇** 같지만, **주님의 능력이 그 연약함 속에서 온전해짐을** 압니다. 그러므로 저의 부족함으로 인해 감사드립니다. 부족하기에, 제 안에 힘을 불어넣으실 주님을 의지할 수 있으니까요. 무한히 충족하신 주님이 제게 얼마나 큰 기쁨인지요!

주님은 또한 **저의 길을 완전하게 하십니다.** 위험에서뿐만 아니라 염려와 과도한 계획에서도 저를 보호해 주시지요. 알 수 없는 미래를 고민하기보다 오늘 주님을 생각하며 살고 싶습니다. 항상 주님과 긴밀히 소통하며, 곁길로 벗어나지 않게 인도해 주시는 주의 임재를 의지하겠습니다. 주님은 늘 제 곁에 계실 뿐 아니라 앞서가시며 앞에 있는 장애물을 치워주시지요. 주께서 저의 길을 최선의 상태로 만드셔서 제 삶 속에 주님의 뜻을 이루실 것을 믿습니다.

예수님의 강하신 이름으로 기도합니다. 아멘.

시편 18:32(우리말성경), 시편 103:12, 고린도후서 4:7, 고린도후서 12:9

두려워하지 말라 내가 너와 함께 함이라 놀라지 말라
나는 네 하나님이 됨이라 내가 너를 굳세게 하리라
참으로 너를 도와 주리라 참으로 나의 의로운 오른손
으로 너를 붙들리라

이사야 41:10

사랑하는 예수님,

힘든 나날을 괴로워하기보다 제게 부딪히는 그 도전들에 자극 받아 감사하는 법을 배울 수 있게 도와주소서. 험난한 여정을 지날 때도 **주님과 함께**라면 무엇이든 감당할 수 있음을 알기에 자신감이 생깁니다. 늘 저와 함께하시는 주님의 임재, 성경에 주신 귀한 약속들, 그리고 주님을 의지하여 거뜬히 헤쳐 나온 그간의 경험들은 하나님을 신뢰하게 하는 놀라운 축복이지요.

제 삶을 되돌아보면 힘든 시절마다 주님이 얼마나 많이 도와주셨는지 알 수 있습니다. 그런데도 "그야 그렇지만, 그때는 그때고 지금은 지금이지" 하는 생각의 덫에 쉽게 빠지곤 합니다. 저의 상황이 크게 변할 때도 **주님은** 이제부터 영원까지 **한결같으신** 분임을 기억해야 합니다. 더 나아가 **저는 하나님 안에서 살고 움직이고 존재합니다.** 그러니 주님의 사랑의 임재를 인식하며 주님과 친밀하게 살아가면, 아무리 힘든 시절도 담대히 통과할 수 있습니다.

예수님의 존귀하신 이름으로 기도합니다. 아멘.

이사야 41:10, 시편 102:27, 빌립보서 4:13, 사도행전 17:27~28(우리말성경)

기도를 계속하고 기도에 감사함으로 깨어 있으라

골로새서 4:2

늘 가까이 계시는 예수님,

주님은 저를 주님과 끊임없이 교제하는 삶으로 부르셨습니다. 그렇게 훈련되려면 어수선하고 혼란한 중에도 환경을 초월해서 살아야 하지요. 저의 생활 방식이 단순해져서, 주님과의 소통을 막는 방해거리가 더 적어졌으면 좋겠습니다. 하지만 주님은 제게 깔끔한 세상에 대한 환상을 버리라 하십니다. 하루하루 닥쳐오는 대로 받아들이면서 그 한복판에서 **주님을 찾아야** 합니다.

감정은 물론 제 하루의 모든 것에 대해 주님과 대화할 수 있으니 감사합니다. 저의 최종 목표가 주변의 모든 것을 통제하거나 바로잡는 것이 **아니라** 주님과 계속 교제하는 것임을 잊지 않게 도와주소서. 성공한 하루란 설령 일과를 마칠 때 아직 못다 한 일이 많아도 주님과의 소통이 끊어지지 않은 날임을 가르쳐 주셨지요.

해야 할 일의 목록을 우상화해서 제 삶이 지배당하지 않게 하소서. 그대신 매 순간 성령의 인도하심을 구하게 하소서. 성령의 도우심으로만 저는 늘 주님을 가까이할 수 있습니다.

우리를 인도하시는 예수님의 이름으로 기도합니다. 아멘.

골로새서 4:2, 예레미야 29:13, 잠언 3:6, 갈라디아서 5:25

나의 하나님이 그리스도 예수 안에서 영광 가운데 그
풍성한 대로 너희 모든 쓸 것을 채우시리라

빌립보서 4:19

사랑이 많으신 나의 벗 예수님,

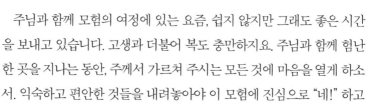

　주님과 함께 모험의 여정에 있는 요즘, 쉽지 않지만 그래도 좋은 시간을 보내고 있습니다. 고생과 더불어 복도 충만하지요. 주님과 함께 험난한 곳을 지나는 동안, 주께서 가르쳐 주시는 모든 것에 마음을 열게 하소서. 익숙하고 편안한 것들을 내려놓아야 이 모험에 진심으로 "네!" 하고 말할 수 있습니다.

　제가 마주할 도전을 감당하도록 주께서 저의 모든 쓸 것을 채우실 줄 압니다. 그러니 미래 상황의 제 모습을 상상하며 아직 오지도 않은 시간을 미리 앞당겨 사느라 에너지를 낭비하고 싶지 않아요. 그것은 저의 필요를 **제때에** 채워 주시는 주님의 능력을 의심하는 일종의 불신임을 깨닫습니다.

　주님과 동행하는 이 여정에서 늘 지혜롭게 선택하고 싶습니다. 결정을 내릴 때마다 주님의 온전하신 지혜를 신뢰하며, **쉬지 말고 기도해야** 합니다. **모든 것을** 아시는 주님이 제 앞길도 아시니까요. 제가 아무리 기를 쓰고 앞길을 계획해도, **제 걸음을 인도하시는 분은 주님이십니다.**

　　　　무한히 지혜로우신 예수님의 이름으로 기도합니다. 아멘.

빌립보서 4:19, 신명기 29:29, 데살로니가전서 5:17, 잠언 16:9

우리 주 예수 그리스도의 아버지 하나님을 찬송하리
로다 그의 많으신 긍휼대로 예수 그리스도를 죽은 자
가운데서 부활하게 하심으로 말미암아 우리를 거듭
나게 하사 산 소망이 있게 하시며 썩지 않고 더럽지
않고 쇠하지 아니하는 유업을 잇게 하시나니 곧 너희
를 위하여 하늘에 간직하신 것이라

베드로전서 1:3~4

부활하신 나의 구주시여,

　**죽은 자 가운데서 부활하신 주님으로 말미암아 저를 거듭나게 하여
산 소망이 있게 하시는 주님**, 정말 감사합니다! 게다가 **저는 새로운 피조
물입니다. 이전 것은 지나갔으니 새것이 되었지요!**

　주님을 저의 구원의 하나님으로 처음 믿던 순간, 저는 주님의 왕가에
입양되었습니다. 저의 영적 지위가 사망에서 영원한 생명으로 옮겨졌지
요. 이제 **썩지 않고 더럽지 않고 쇠하지 않는 유업이 저를 위하여 하늘에
간직되어 있습니다.** 주께서 이런 영광스러운 유산을 주시니 제 마음에
감사가 넘칩니다!

　제가 **새로운 피조물**이기는 하지만, 회심은 성령께서 제 안에 행하시는
일의 시작에 불과함을 보여 주셨습니다. **저의 심령이 새롭게 되어 새사
람을 입어야 하지요.** 계속 더 의롭고 거룩해져야 합니다. 고되고도 신기
한 이 평생의 씨름을 통해 앞으로 영원히 영광의 주님과 함께 지낼 사람
으로 빚어져 가지요! 이 사명을 감사하는 마음으로 담대히 받아들이도록
도와주소서. 늘 깨어 있어 주께서 제 삶 속에 행하시는 모든 놀라운 일을
살피게 하소서.

　　　　　　　예수님의 웅대하신 이름으로 기도합니다. 아멘.

베드로전서 1:3~4, 고린도후서 5:17, 에베소서 4:22~24, 로마서 6:4

14

보라 하나님은 나의 구원이시라 내가 신뢰하고 두려
움이 없으리니 주 여호와는 나의 힘이시며 나의 노래
시며 나의 구원이심이라

이사야 12:2

신뢰받기에 합당하신 주님,

주님을 신뢰함으로 두려움이 없게 하소서. 많은 일들이 제 통제를 벗어난 것 같고 저의 일상도 원활하지 못합니다. 저는 상황이 예측 가능할 때 훨씬 안전하게 느껴집니다. **저보다 높이 있는 바위로 저를 인도하소서.** 주님, **주님의 날개 아래로 피하고 싶습니다.** 절대적으로 안전한 그곳으로요.

편안한 일상이 흔들릴 때면 주님의 손을 꼭 잡고 성장의 기회를 찾아야 합니다. 잃어버린 안락함을 슬퍼하며 에너지를 낭비하는 대신 새로운 도전을 받아들일 수 있지요.

그렇지 않아도 힘든데 앞으로 생길지도 모를 문제까지 예상하느라 어려움이 가중되지 않도록 지켜 주소서. 이것은 제가 통제권을 쥐려는 잘못된 성향 때문임을 압니다. **내일 일을 위하여 염려하지 말고,** 문제가 생기는 대로 그때그때 도와주실 주님을 신뢰하며 주의 임재 안에 편히 쉬고 싶어요. 주께 구하오니, 역경을 두려워하기보다 역경을 통해 **저를 변화시켜 영광에서 영광에 이르게** 하소서. 그리하여 주님의 나라에 합당한 사람으로 빚어 주소서.

우리를 보호해 주시는 예수님의 이름으로 기도합니다. 아멘.

이사야 12:2, 시편 61:2~4(우리말성경), 마태복음 6:34, 고린도후서 3:18

항상 기뻐하라 쉬지 말고 기도하라 범사에 감사하라 이것이 그리스도 예수 안에서 너희를 향하신 하나님의 뜻이니라

데살로니가전서 5:16~18

은혜로우신 하나님,

오늘 주님과 동행하면서 하루 종일 주께 감사하게 하소서. 그러면 사도 바울의 가르침대로 **쉬지 않고 기도하기**가 가능해집니다. 범사에 주께 감사하면, 끊임없이 기도하고픈 제 소원이 더 잘 실현되지요. 감사 기도가 탄탄한 기초가 되어 그 위에 다른 기도를 쌓아 올릴 수 있습니다. 또한 감사의 마음가짐이 되어 있으면 주님과 막힘없이 소통하기도 훨씬 쉽습니다.

제 마음에 감사가 가득하면 염려나 불평 같은 해로운 습성에 빠질 소지가 그만큼 줄어들지요. 감사를 꾸준히 실천하면 부정적인 사고방식이 점차 힘을 잃고 약해지는 것을 보았습니다.

감사하는 마음이 있으면 **주님을 가까이할** 수 있는 길이 열립니다. 주님의 영광스러운 임재가 저를 **기쁨과 평강으로** 충만하게 채워 주십니다.

기쁨이 충만하신 예수님의 이름으로 기도합니다. 아멘.

데살로니가전서 5:16~18, 야고보서 4:8, 로마서 15:13

보라 주 여호와께서 장차 강한 자로 임하실 것이요
친히 그의 팔로 다스리실 것이라 보라 상급이 그에게
있고 보응이 그의 앞에 있으며

이사야 40:10

주권자이신 하나님,

힘들 때도 기쁘게 살도록 도와주소서. 저는 지금 경험하는 것보다 더 자유롭고 독립적인 생활 방식을 동경합니다.

간절히 기도하면서 제가 바라는 대로 변화되기를 학수고대하지요. 그러다 제 바람대로 응답되지 않으면 낙심될 때도 있습니다. 마치 제가 뭔가 잘못하는 것 같고, 제일 좋은 것을 놓치고 있다는 기분이 듭니다. 하지만 그런 생각은 주님이 주권자시라는 한없이 중요한 진리를 간과하는 것입니다. 주님이 늘 주관하시며 저를 돌보고 계심을 기억해야 합니다.

지금의 의존적인 생활 방식을 주님의 선물로 받아들이도록 가르쳐 주소서. 나아가 이 선물을 기쁘고 즐겁고 감사한 마음으로 받도록 도와주소서. 주께 감사와 찬양을 드릴 때, 침울한 상태에서 가장 빨리 벗어나고 주님의 임재를 가장 즐겁게 누릴 수 있다는 것을 알았습니다! **"감사함으로 나의 문에 들어오고 찬송함으로 나의 궁정에 들어오라."** 주님의 얼굴을 구하면서 주께서 사랑으로 일러 주시는 이 복된 말씀을 들으니 감사합니다.

예수님의 든든하신 이름으로 기도합니다. 아멘.

이사야 40:10, 베드로전서 5:7, 로마서 9:20, 시편 100:4~5

그러므로 내일 일을 위하여 염려하지 말라 내일 일은 내일이 염려할 것이요 한 날의 괴로움은 그 날로 족하니라

마태복음 6:34

고귀하신 주 예수님,

주님은 저의 힘이시고 노래십니다! 그런데 오늘 아침 앞으로 일어날 어려운 일들을 저의 제한된 능력에 견주어 보느라 제 감정이 흔들렸음을 고백합니다. 하지만 그 일들은 오늘은커녕 내일 일도 아니지요. 그 일은 미래의 과제로 남겨 두고, 주님의 임재를 누릴 수 있는 현재의 자리로 돌아오게 하소서. 주님은 저의 힘이시니, 어려운 일이 닥칠 때마다 능히 감당하게 하실 것을 압니다. 또 주님은 저의 노래시니, 주님과 함께 일할 때 기쁨도 주실 수 있습니다.

저의 생각을 현재로 되돌려 주소서. 몇 번이고 되풀이해서 그리하소서. 앞일을 예견하는 놀라운 능력은 주님이 주시는 복이지만, 그것도 잘못 쓰면 저주로 변합니다. 머릿속으로 **내일 일을 염려하면** 어두운 불신에 휩싸이니까요. 그렇게 염려에 빠져 허우적거리는 죄를 짓기보다 주님을 더욱더 신뢰하고 싶습니다.

저의 생각 속에 하늘의 소망이 가득하면, 주의 임재의 빛이 저를 평강으로 두르심을 알았습니다. 주님, 주님은 **저의 구원이시니** 제가 두려워하지 않고 **신뢰해야 할 충분한 이유입니다.**

하늘에 계신 예수님의 이름으로 기도합니다. 아멘.

마태복음 6:34, 이사야 12:2, 고린도후서 10:5, 베드로전서 1:3~4

보좌에 앉으신 이가 이르시되 보라 내가 만물을 새롭게 하노라 하시고 또 이르시되 이 말은 신실하고 참되니 기록하라 하시고

요한계시록 21:5

위대하신 나의 하나님,

"내가 만물을 새롭게 하노라!" 주님의 이 말씀을 듣는 것이 참 좋습니다. 죽어서 썩어질 이 세상에서 벌어지는 일들과는 정반대니까요. 하루를 더 살수록 저의 수명이 그만큼 짧아짐을 압니다. 하지만 저는 주님의 것이니 그런 생각이 저를 괴롭히지 못합니다. 하루가 끝날 때마다 오히려 제가 하나님 나라에 한 걸음 더 가까워졌음을 떠올리지요.

세상이 타락할 대로 타락했기에 저의 소망은 오직 **만물을 새롭게 하신다**는 주님의 약속에만 있습니다. 문제를 개선하려는 저의 노력이 수포로 돌아가도 낙심하지 않게 도와주소서. 그 모든 노력조차 저의 내면과 주위의 타락상에 오염되어 있음을 기억해야 합니다. 주님을 의지하며 계속 최선을 다하겠지만, 이 세상에 필요한 것은 정비나 수리를 훨씬 뛰어넘는 일임을 압니다. 세상은 완전히 새로워져야 합니다! 바로 그 일은 세상 마지막 때에 실현될 것이 확실합니다. **주님의 말씀은 신실하고 참되니까요.**

주께서 저를 포함하여 만물을 새롭게 하시고 영광스럽게 완성하시기로 약속하셨으니 저는 기뻐할 이유가 충분합니다!

승리하신 예수님의 이름으로 기도합니다. 아멘.

요한계시록 21:5, 빌립보서 1:21, 로마서 8:22~23

주 안에서 항상 기뻐하라 내가 다시 말하노니 기뻐하라 너희 관용을 모든 사람에게 알게 하라 주께서 가까우시니라 아무 것도 염려하지 말고 다만 모든 일에 기도와 간구로, 너희 구할 것을 감사함으로 하나님께 아뢰라 그리하면 모든 지각에 뛰어난 하나님의 평강이 그리스도 예수 안에서 너희 마음과 생각을 지키시리라

빌립보서 4:4~7

평강의 구주시여,

주님의 평강으로 저의 마음과 생각을 지켜 주소서. **주께서 가까우심을** 기억하며 **주님 안에서 항상 기뻐하도록** 도와주소서. 주님과 함께 시간을 보내며 **저의 구할 것을 감사함으로 아뢰면**, 주께서 **모든 지각에 뛰어난 평강의** 복을 베푸십니다. 주님은 그렇게 **저의 마음과 생각을 지켜** 주시지요. 이것이 주님과 제가 함께 일하는 동역입니다. 그 어떤 일 앞에서도 저 혼자가 아니니 감사합니다!

저는 주님께 속해 있으므로 고립감은 허상일 뿐이지만, 우울이나 자기 연민으로 이어질 수 있는 위험한 것입니다. 마귀와 그 졸개들이 제게서 주님의 임재 의식을 흐리게 하려고 안간힘을 씁니다. 그러니 저는 기필코 그 공격을 식별하고 물리쳐야 합니다. 다행히 저는 주님의 능력의 말씀으로 맞서 싸울 수 있습니다. **살아 있고 활력이 있는** 말씀을 읽고, 묵상하고, 암송하고, 소리 내어 선포할 수 있지요.

혼자라고 느껴질 때도 **주께서 항상 저와 함께 계심을** 신뢰하기에 마음껏 주님과 대화할 수 있습니다. 주님과 대화하는 시간이 길어질수록 주께서 가까이 계심이 더 잘 느껴진다는 것을 깨닫습니다. 그리고 저와 함께하시는 주님의 임재를 인식하면 제 마음과 생각이 주의 평강으로 충만해집니다.

사랑하는 예수님의 이름으로 기도합니다. 아멘.

빌립보서 4:4~7, 히브리서 4:12, 마태복음 28:20

January

20

주께서 생명의 길을 내게 보이시리니 주의 앞에는 충만한 기쁨이 있고 주의 오른쪽에는 영원한 즐거움이 있나이다

시편 16:11

나의 인도자이신 예수님,

오늘도 잠잠히 주님만 바라보며 살도록 도와주소서. 인도자이신 주님을 따라 **생명의 길로** 신뢰의 걸음을 내디디니, 주께서 앞길을 열어 주시기를 간구합니다.

때로는 앞길이 막힌 것처럼 보입니다. 장애물에 너무 집중하거나 우회로만 찾으려고 하면 곁길로 벗어나기 쉽다는 것을 압니다. 그러니 저의 인생길을 인도하시는 목자이신 주님께 눈을 떼지 말아야 하지요. 주님만 바라보고 있으면, 어떻게 지나왔는지도 모르게 어느새 '장애물'은 저 뒤로 물러나 있을 테니까요.

이것이 주님의 나라에서 형통하게 되는 중요한 비결이지요. 눈에 보이는 주변 세상도 인식해야 하겠지만, 무엇보다 **주님을** 인식하고 싶습니다. 앞길이 험난해 보일 때 주님이 그 험한 구간도 잘 통과하게 하실 것을 믿습니다. 무슨 일이 있어도 저와 함께하시는 주님의 임재 덕분에 담대히 하루를 맞이할 수 있습니다.

우리를 격려해 주시는 예수님의 이름으로 기도합니다. 아멘.

시편 16:11, 요한복음 10:14~15, 이사야 26:7, 잠언 3:26

내가 항상 주와 함께 하니 주께서 내 오른손을 붙드셨
나이다 주의 교훈으로 나를 인도하시고 후에는 영광
으로 나를 영접하시리니

시편 73:23~24

온유하신 예수님,

제 앞에 펼쳐진 하루를 보니 길이 구불구불 복잡해 보이고 사방으로 갈림길이 뻗어 있습니다. 이 미로 속에서 어떻게 길을 찾을지 의문이 듭니다. 하지만 **주님이 항상 저와 함께 계셔서 제 오른손을 붙드심**을 기억합니다. **주님의 교훈으로 저를 인도하신다**는 약속을 떠올리면 마음이 차츰 편안해지지요. 다시 길을 내다보니 고요한 안개가 길을 덮어 시야를 가립니다. 몇 걸음 앞밖에 보이지 않습니다. 그럴수록 더 바짝 주님께로 시선을 돌려 주의 임재를 누리렵니다.

주님은 '안개'가 저를 위한 주님의 보호 장치임을 보여 주셨고, 지금 이 순간으로 저를 다시 부르셨습니다. 모든 시간과 공간 속에 계시지만 주님은 **지금 여기서** 저와 소통하십니다. 늘 주님과 제 앞에 있는 길에 초점을 맞추도록 저를 훈련시켜 주소서. 그러면 제가 매일 주님과 함께 걸을 때 '안개'가 더 이상 필요하지 않을 것입니다.

우리를 위로해 주시는 예수님의 이름으로 기도합니다. 아멘.

시편 73:23~24, 시편 25:4~5, 고린도전서 13:12, 고린도후서 5:7

내게 무슨 악한 행위가 있나 보시고 나를 영원한 길로
인도하소서

시편 139:24

주권자이신 하나님,

더욱 한결같이 주의 임재 안에 살고 싶습니다. 주님께, 그리고 저를 향한 주님의 뜻에 마음을 열고 싶어요. 그런데 저의 계획이나 뜻이 방해를 받으면 화가 나곤 합니다. 그럴 때 그 분노의 감정을 억누를 게 아니라 똑똑히 인식하고 표면으로 길어 올려야 합니다. 부정적인 감정을 주의 임재의 빛 안으로 가져오면 주님이 저를 거기서 해방하실 수 있으니까요.

저의 반항 기질을 다스리는 최고의 해법은 주님의 권위에 복종하는 것이지요. 저도 머리로는 주님의 주권을 즐거워합니다. 그것이 없다면 세상은 끔찍한 곳이 될 테니까요. 그런데도 주님의 주권적인 뜻이 저의 작은 통제 영역을 침범할 때면 종종 말할 수 없는 원망으로 반응합니다.

주신 이도 주님이시고 거두신 이도 주님이시니 주님의 이름이 찬송을 받으소서. 이것은 뭔가를 잃어버리거나 희망이 무산될 때, 주님의 말씀이 가르쳐 주시는 바람직한 반응이지요. 온갖 좋은 것이 다 주님의 선물임을 잊지 않게 도와주소서. 그 복을 당연하게 여기지 않고 감사하도록 훈련하여 주소서. 무엇이든 주님이 거두시면 선뜻 놓아 보내게 하시되, 주님의 손만은 놓지 않게 하소서!

찬송받기에 합당하신 예수님의 이름으로 기도합니다. 아멘.

시편 139:24, 베드로전서 5:6, 욥기 1:21

그 여자들이 무서움과 큰 기쁨으로 빨리 무덤을 떠나
제자들에게 알리려고 달음질할새

마태복음 28:8

살아 계신 나의 구주시여,

주님의 말씀은 주님을 따르는 사람들이 기뻐하면서 동시에 두려워할 수 있다는 것을 보여 주십니다. 주님의 무덤을 찾아온 여인들에게 천사가 주의 부활을 알렸을 때, 그들은 **무서움과 큰 기쁨을** 동시에 느꼈습니다. 그러니 저도 두려움 때문에 주의 임재의 기쁨을 잃을 필요가 없지요. 이 즐거움은 저의 문제나 세상의 위기가 통제된 듯싶을 때만 누리는 호사가 아니니까요. 주님의 사랑의 임재를 오늘이나 내일이나 영원토록 저의 것으로 누릴 수 있습니다!

주님, 현재나 미래에 대한 염려에 짓눌려, 기쁨 없는 삶에 굴하지 않게 도와주소서. **현재 일이나 장래 일이나 능력이나 높음이나 깊음이나 다른 어떤 피조물이라도 저를 주님의 사랑에서 끊을 수 없음을** 잊지 않게 하소서.

주님께 저의 두려움을 서슴없이 털어놓고 모든 생각과 감정을 솔직히 표현할 수 있으니 감사합니다. 주의 임재 안에서 편히 쉬면서 모든 관심사를 주님께 맡기오니 **누구도 빼앗을 수 없는** 주님의 기쁨의 복을 베풀어 주소서.

즐거움을 주시는 예수님의 이름으로 기도합니다. 아멘.

마태복음 28:8, 로마서 8:38~39, 요한복음 16:22

내가 여호와로 말미암아 크게 기뻐하며 내 영혼이 나의 하나님으로 말미암아 즐거워하리니 이는 그가 구원의 옷을 내게 입히시며 공의의 겉옷을 내게 더하심이 신랑이 사모를 쓰며 신부가 자기 보석으로 단장함 같게 하셨음이라

이사야 61:10

나의 구주 나의 왕이시여,

주님의 귀한 **공의의 겉옷으로** 저의 머리끝부터 발끝까지 덮어 주시니 감사합니다. 이 영광스러운 옷을 사시려고 주께서 거룩한 피로 어마어마한 대가를 치르셨지요. 저는 아무리 노력해도 **결코** 이 왕가의 의복을 살 수 없음을 압니다. 그래서 주님의 의를 선물로 거저 주신 것에 무한히 감사드립니다! 때로는 이 놀라운 진리를 잊어버리고 왕가의 복장이 거추장스럽게 느껴지기도 합니다. 비단옷을 입고도 마치 껄끄러운 베옷인 양 제 몸을 뒤틀 때도 있지요.

주님, 주의 나라에서 받은 이 특권을 기억하고 주님을 충분히 신뢰하기를 갈망합니다. 저는 **주님만** 바라보며 이 **구원의 옷에** 합당한 삶을 연습해야 하지요.

저의 행실이 왕이신 주님의 자녀답지 못할 때면, 왕가의 복장도 벗어버리고 싶어집니다. 옷 대신 불의한 행실을 버릴 수 있도록 도와주소서! 그러면 이 은혜의 옷이 편하게 느껴져, 창세 전부터 주께서 제 몫으로 재단하신 선물을 누릴 수 있겠습니다.

왕이신 예수님의 이름으로 기도합니다. 아멘.

이사야 61:10, 고린도후서 5:21, 에베소서 4:22~24

이는 우리가 믿음으로 행하고 보는 것으로 행하지 아니함이로라

고린도후서 5:7

영광의 예수님,

어디로 인도하시든 주님을 따르고 싶습니다. 온 마음으로 주님을 좇도록 도와주소서. 즐거운 기대감으로 걸음을 재촉하게 하소서. 저는 앞일을 모르지만 **주님은** 아시니 그것으로 충분합니다! 가장 풍성한 주의 복이 바로 지척에 있음을 믿습니다. 눈에 보이지 않을 뿐이지 엄연한 실재지요. 그런 값진 선물을 받으려면, **믿음으로 행하고 보는 것으로 행하지 않아야** 합니다. 그렇다고 주변 세상에 눈을 감아야 한다는 뜻이 아님을 압니다. 보이는 세상을 내 영혼의 목자이신 보이지 않는 주님께 종속시켜야 한다는 뜻이지요.

때로 주님은 저를 주의 손으로만 떠받치시고 높은 산으로 데려가십니다. 높이 올라갈수록 눈앞에 장관이 펼쳐지며 제가 세상과 세상의 모든 문제로부터 떨어져 있음을 더욱 실감합니다. 덕분에 무엇에도 구애받지 않고 주님의 눈부신 임재를 즐거운 실재로 더 실컷 맛볼 수 있지요. 주님과 함께 보내는 이 영광의 순간이 제게 얼마나 큰 즐거움인지요!

결국 주님은 저를 다시 산 밑으로 인도하여 사람들과 어울려 살게 하십니다. 주의 임재의 빛을 계속 제게 비춰 주셔서 제가 그들에게 복이 되게 하소서.

엄위하신 예수님의 이름으로 기도합니다. 아멘.

고린도후서 5:7, 시편 96:6, 요한복음 8:12, 시편 36:9

주께서 나의 등불을 켜심이여 여호와 내 하나님이 내
흑암을 밝히시리이다 내가 주를 의뢰하고 적군을 향
해 달리며 내 하나님을 의지하고 담을 뛰어넘나이다

시편 18:28~29

오, 주님,

주님은 저의 등불을 켜서 저의 흑암을 밝히십니다. 때로 제가 **수고하고 무거운 짐 진** 상태일 때는 등불이 꺼질 것만 같습니다. 금방이라도 기름이 떨어질 듯 아슬아슬하게 깜박이지요. 그럴 때마다 주님 앞에 나아와 부르짖어야 합니다. 주의 임재 안에서 안식하고 있으면 제 등불의 기름을 채우시는 분이 바로 **주님이심을** 일깨워 주십니다. 주님은 **저의 힘이십니다!**

주님은 또한 저의 빛이십니다. 계속 주께로 향하면 주의 임재의 영광이 저를 비추시지요. 주님의 찬란한 아름다움은 저의 삶을 환히 밝히고 저의 관점을 변화시킵니다. 주님의 광채에서 시선을 돌려 세상의 어둠을 보면 낙심하기 쉽지요. 하지만 주님, 이 망가진 세상에 아무리 환난이 많아도 저는 늘 주님 안에서 기뻐할 수 있습니다. **주님은 어둠에 비치시는 빛이십니다.** 그러니 상황이 아무리 암담해 보여도 두려워할 필요가 없지요.

환난에 초점을 맞추기보다 온 마음으로 주님을 신뢰하게 하소서. 저의 흑암을 밝혀 주실 주님을 간절히 기다리도록 도와주소서.

빛나시고 복되신 예수님의 이름으로 기도합니다. 아멘.

시편 18:28~29, 마태복음 11:28, 시편 18:1, 요한복음 1:5

너그러우신 하나님,

　주님은 세세한 것 하나까지도 차고 넘치도록 채워 주시는 하나님이십니다. 제 삶의 세세한 문제를 주님께 맡기면, 저의 간구에 얼마나 세심하게 응답하시는지 깜짝 놀라곤 합니다. **쉬지 말고 기도하라**고 하신 성경의 가르침 덕분에 거리낌 없이 저의 구할 것을 모두 주님께 아룁니다. 희망을 품고 잘 살피면서 많이 기도할수록 응답도 더 많이 받는다는 것을 알게 되었지요. 무엇보다 구체적인 기도에 아주 정확히 응답하시는 주님을 보면 제 믿음이 강해집니다.

　주님이 모든 면에서 무한하신 분이어서 기쁩니다! **풍족하심**이 바로 주님의 핵심이니, 주님의 자원이 바닥날까 봐 두려워할 필요가 없지요. 제가 필요한 모든 것, 때로는 훨씬 더 많이 받을 것을 즐거이 기대하며 주님께 나아갈 수 있습니다.

　제게 풍성한 복을 부어 주시니 참 감사합니다! 제 삶의 고난까지도 주님의 복으로 여길 수 있습니다. 인내로 연단하여 하나님께 합당하게 저를 변화시켜 주니까요. 마음을 열고 주님께 나아와 두 손을 활짝 폅니다. 주님이 주시는 것이면 무엇이든 선뜻 받겠습니다.

　　　　　　　　예수님의 위대하신 이름으로 기도합니다. 아멘.

데살로니가전서 5:17, 시편 36:7~8, 시편 132:15

내가 그들에게 영생을 주노니 영원히 멸망하지 아니
할 것이요 또 그들을 내 손에서 빼앗을 자가 없느니라
그들을 주신 내 아버지는 만물보다 크시매 아무도 아
버지 손에서 빼앗을 수 없느니라

요한복음 10:28~29

긍휼이 풍성하신 예수님,

주님 안에서 제가 얼마나 무사하고 안전한지를 잊지 않게 도와주소서.
성경에서 말씀하셨듯이 주님의 임재는 저의 감정과 무관하게 엄연한 사
실이지요. 십자가에서 죽으신 주님의 죽음이 제 모든 죄를 덮으시므로,
저는 분명 지금 하나님 나라로 가는 중입니다. 제가 그 영광의 종착지에
도달하지 못하게 막을 수 있는 것은 아무것도 없지요! 거기서 저는 **얼굴
과 얼굴을 맞대어** 주님을 보며 기쁨이 충만할 것입니다!

이 세상에서도 결코 주님과 떨어지지 않으니 감사합니다. 다만 지금은
주님을 믿음의 눈으로 보는 것으로 만족해야 합니다. 세상 끝날까지, 그
리고 영원토록 저와 동행하신다는 주님의 약속이 있어 즐겁습니다.

끊임없는 주님의 임재가 보장되어 있지만, 이 사실을 아는 것만으로
제 감정이 저절로 달라지지는 않지요. 주님께 집중하기를 게을리하면 두
려움과 불안과 외로움 등 쓸데없는 감정에 빠지기 쉽습니다. 하지만 주
님의 임재를 **인식하면**, 그런 고통스러운 감정이 주님의 평강에 밀려나
사라지는 것을 알았습니다. 날마다 주의깊게 주님과 동행하도록 저를 훈
련하여 주소서.

우리를 안정시켜 주시는 예수님의 이름으로 기도합니다. 아멘.

요한복음 10:28~29, 고린도후서 5:1, 고린도전서 13:12(우리말성경), 시편 29:11

수고하고 무거운 짐 진 자들아 다 내게로 오라 내가 너희를 쉬게 하리라 나는 마음이 온유하고 겸손하니 나의 멍에를 메고 내게 배우라 그리하면 너희 마음이 쉼을 얻으리니 이는 내 멍에는 쉽고 내 짐은 가벼움이라 하시니라

마태복음 11:28~30

귀하신 구주시여,

주의 임재 안에서 **쉼을 얻으려고** 주께로 나아옵니다. 분명 오늘도 힘든 일이 있을 테니, 저는 닥쳐올 시련을 헤쳐 나갈 궁리에 자꾸 골몰합니다. 하지만 앞일을 예측하는 데 집중하면, **주님이 저를 떠나지 않으시고 제가 어디로 가든지 함께하신다는** 사실을 놓칩니다.

솔직히 저는 걸핏하면 문제를 수도 없이 생각하며 너무 많이 고민하곤 합니다. 그 바람에 괴로운 문제를 여러 번씩 경험하지요. 실제로 문제가 발생할 때 딱 한 번만 겪으면 된다는 것을 압니다. 이제 더는 이런 식으로 고난을 키우지 않도록 도와주소서!

문제에 집착하기보다 의지적으로 주님께 와서 주의 사랑의 임재 안에서 편히 쉬려고 합니다. 주님, 제게 힘을 주시고 이 하루를 잘 맞이하도록 준비시켜 주시기를 간구합니다. 저의 두려움을 **잠잠한 신뢰로** 변화시켜 주소서!

신뢰받기에 합당하신 예수님의 이름으로 기도합니다. 아멘.

마태복음 11:28~30, 여호수아 1:5, 9, 이사야 30:15

예수께서 그들을 보시며 이르시되 사람으로는 할 수
없으되 하나님으로는 그렇지 아니하니 하나님으로서
는 다 하실 수 있느니라

마가복음 10:27

전능하신 예수님,

주님은 무엇이든 다 하실 수 있습니다! 이 위력적인 성경 말씀이 저의
생각을 환히 밝혀 주고 마음에 용기를 북돋아 줍니다. 주님은 **믿음으로
행하고 보는 것으로 행하지 않도록** 저를 훈련하시지요. 그러니 당장 눈
에 보이는 환경에 겁먹지 않겠습니다.

주님이 시각이라는 엄청난 선물을 주셨으니 감사합니다. 하지만 제가
주위의 시각적 자극에 너무 혹하는 바람에, 주님 생각이 쉽게 뒷전으로
밀려납니다. 무엇보다 **주님께** 초점을 맞추도록 도와주소서. 주님의 약속
을 신뢰하며 매사를 주의 관점에서 보게 하소서.

주 예수님, 주님과 더 가까워지는 법을 가르쳐 주소서. 주님을 저의 구
주와 친구로 누리는 것도 즐겁지만, 전능하신 하나님으로도 대하고 싶습
니다. 주님은 이 땅에서 인간으로 사실 때 **표적을 행하여 하나님의 영광
을 나타내셨지요.** 지금도 주님의 뜻과 목적대로 기적을 행하심을 압니
다. 제 뜻을 주님의 뜻에 맞추고, 역사하실 **주님을 우러러보도록** 저를 훈
련하여 주소서.

예수님의 권능의 이름으로 기도합니다. 아멘.

마가복음 10:27, 고린도후서 5:7, 요한복음 2:11, 미가 7:7

그들이 어린 양과 더불어 싸우려니와 어린 양은 만주
의 주시요 만왕의 왕이시므로 그들을 이기실 터이요
또 그와 함께 있는 자들 곧 부르심을 받고 택하심을
받은 진실한 자들도 이기리로다

요한계시록 17:14

만왕의 왕이시여,

주님은 저의 주님이십니다! 주님을 저의 친구이자 제 영혼의 연인으로 대하는 것도 즐겁습니다. 그러나 주님이 만물을 다스리시는 **만주의 주시요 만왕의 왕이심도** 압니다. 제 앞에 펼쳐진 하루를 내다보며 이런저런 계획을 세울 수 있지만, 그 계획에 너무 매달릴 필요는 없습니다. 주님의 뜻은 다를 수 있으니까요. 가장 중요하게 분별해야 할 것은 주님이 제가 **지금** 어떻게 하기를 원하시느냐 하는 것이지요.

저는 제 삶의 지평을 살피며 **언젠가는** 해야 할 일을 찾느라 시간을 허비할 때가 많습니다. 당장 제 앞에 놓인 일에, 그리고 제 곁을 떠나지 않으시는 **주님께** 집중하도록 도와주소서. 나머지는 저만치 물러가게 두면, 제 생각이 정돈되면서 저의 사고가 점점 더 주님의 차지가 되지요.

다음 할 일은 지금 일이 끝난 후에 그때 주님께 알려 달라고 하면 됩니다. 저는 한 걸음씩 인도해 주시는 주님을 믿고 의지하며 **평강의 길을** 갑니다. 주님, **제게 힘을 주시고 평강의 복을 주시니** 감사합니다.

예수님의 높으신 이름으로 기도합니다. 아멘.

요한계시록 17:14, 잠언 19:21, 누가복음 1:79, 시편 29:11

February

예수께서 또 말씀하여 이르시되
"나는 세상의 빛이니 나를 따르는 자는
어둠에 다니지 아니하고
생명의 빛을 얻으리라"

요한복음 8:12

네 자손이 땅의 티끌 같이 되어 네가 서쪽과 동쪽과 북쪽과 남쪽으로 퍼져나갈지며 땅의 모든 족속이 너와 네 자손으로 말미암아 복을 받으리라 내가 너와 함께 있어 네가 어디로 가든지 너를 지키며 너를 이끌어 이 땅으로 돌아오게 할지라 내가 네게 허락한 것을 다 이루기까지 너를 떠나지 아니하리라 하신지라 야곱이 잠이 깨어 이르되 여호와께서 과연 여기 계시거늘 내가 알지 못하였도다

창세기 28:14~16

항상 임재하시는 하나님,

제가 겪는 모든 일에 주의 임재의 빛을 비추어 주셔서 매사를 주의 관점에서 보게 하소서. 어떤 상황에 부딪치든 늘 주님을 생각하게 하소서.

성경에 나오는 야곱의 기사(奇事)가 제게 힘이 됩니다. 야곱이 격분한 형을 피해 달아나다 황무지 같은 곳에 돌베개를 베고 누웠지요. 그런데 꿈속에서 하늘과 천사들을 보고 주의 임재의 약속을 들은 뒤에 깨어나 **"여호와께서 과연 여기 계시거늘 내가 알지 못하였도다"**라고 말했습니다. 감사하게도 이 놀라운 깨달음은 야곱뿐만 아니라 주님을 더 잘 알고자 하는 모든 사람을 위한 것이지요. 물론 저도 거기에 포함됩니다.

주님, 어디에 있든 무슨 일이 벌어지든 주님이 저와 함께 계신다는 인식이 깊어지게 하소서. 주님이 멀게 느껴질 때마다 저와 함께, 여기 계심을 일깨워 주소서. **어떤 피조물이라도 저를 주의 사랑의 임재에서 끊을 수 없으니** 얼마나 감사한지요!

예수님의 웅대하신 이름으로 기도합니다. 아멘.

창세기 28:11~16, 로마서 8:39

February

02

낮에는 여호와께서 그의 인자하심을 베푸시고 밤에는 그의 찬송이 내게 있어 생명의 하나님께 기도하리로다

시편 42:8

살아 계신 나의 주님,

낮에는 주께서 인자하심을 베푸시고 밤에는 주의 찬송이 제게 있으니 주님은 제 생명의 하나님이십니다. 모든 일이 주님의 주관 하에 있음을 아는 것은 정말 큰 위로가 됩니다! 낮 동안 주님이 사랑으로 제게 수많은 복을 베푸십니다. 그래서 주께서 제 삶에 마련해 두신 많은 좋은 것들을 살피지요. 주님의 복을 하나하나 발견할 때마다 감사드립니다. 힘든 일에 부딪칠 때는 낙심하지 말고, 그 일을 심히 타락한 세상의 삶의 일부로 받아들이게 하소서.

밤새 **주님의 찬송이 제게 있고** 주께서 사랑으로 저를 지켜 주시니 기쁩니다. 잠이 오지 않으면 주님의 얼굴을 찾으며 주의 평안한 임재를 누릴 수 있지요. **침상에서 주님을 기억하며 새벽에 주님의 말씀을 묵상하면** 주님과 애틋하게 친밀해집니다. 깨어 있을 때나 잠자는 중에나 주님은 늘 제게 임재하십니다. 정말 주님은 제 삶의 하나님이시니까요!

예수님의 복되신 이름으로 기도합니다. 아멘.

시편 42:8, 고린도후서 4:16~17, 시편 27:8, 시편 63:6~7

그런즉 이 일에 대하여 우리가 무슨 말 하리요 만일
하나님이 우리를 위하시면 누가 우리를 대적하리요

로마서 8:31

사랑하는 예수님,

주의 평강을 받고자 저의 연약함을 주께 가져옵니다. 모든 일이 주님의 주권 하에 있음을 기억하며 저 자신과 환경을 있는 그대로 받아들일 수 있도록 도와주소서. 분석하고 계획하느라 진을 빼지 않도록 저를 지켜 주소서. 대신 오늘도 종일 감사와 신뢰를 길잡이 삼아 주님 가까이 머물게 하소서.

성경에는 주님이 저와 **함께하실** 뿐 아니라 저를 **위하신다고** 말씀합니다. **아무 일도** 저 혼자 겪는 것이 아니라니 얼마나 신기한지요! 제가 불안해질 때는 그 이유가 주님을 제쳐 놓고 눈에 보이는 세상에 집중하기 때문입니다. 이것을 고치려면 **보이는 것이 아니라 보이지 않는 것에 주목해야** 합니다. 오늘과 남은 모든 날을 주께서 무사히 통과하게 해 주실 것을 확실히 믿습니다.

주의 임재의 광채 가운데 살면 주님의 평강이 저를 비추시므로, 제 연약함에 연연하던 생각은 중단되지요. 주님과 친밀하게 이 여정을 지속하는 동안, 이 길 끝에 하나님 나라가 있다는 주님의 약속이 제게 복이 되고 힘이 됩니다.

주님의 찬란하신 이름으로 기도합니다. 아멘.

로마서 8:31, 고린도후서 4:18, 민수기 6:24~26, 시편 29:11

밤이 깊고 낮이 가까웠으니 그러므로 우리가 어둠의
일을 벗고 빛의 갑옷을 입자

로마서 13:12

눈부신 예수님,

어둠의 일을 벗고 빛의 갑옷을 입도록 도와주소서. 이 빛나는 보호 장구를 감사하는 마음으로 착용하게 하소서. 이 세상 어둠이 사방에 만연해 있지만 주님의 아름다운 빛의 갑옷 덕분에 저는 사물을 더 똑똑히 볼 수 있습니다. 주위의 세속성에 이끌려 곁길로 벗어나지도 않지요.

주님과 함께 **빛 가운데 행하는** 것, 주의 사랑의 임재를 인식하며 주님과 가까이 지내는 것이 즐겁습니다. 아침마다 옷을 입듯이 매일 **주님으로 옷 입어야** 합니다. 이렇게 주님과 가까이 지내면 매번 결정을 잘 내릴 수 있지요. 그런데도 제가 잘못 선택하여 죄에 빠질 때가 있습니다. 그럴 때마다 주님의 십자가 희생으로 저의 **모든** 죄가 완전히 사해졌음을 일깨워 주소서. 나아가 주님의 보배로운 희생의 피로 깨끗하게 되었으니 저는 계속 빛 가운데 행할 수 있습니다.

성경에 약속되어 있듯이 **제가 죄를 자백하면 주님은 신실하시고 의로우셔서 저의 죄를 사하시며 저를 모든 불의에서 깨끗하게 하십니다.** 저의 구주이신 주님, 저는 주님 안에서 기뻐합니다!

예수님의 자비로우신 이름으로 기도합니다. 아멘.

로마서 13:12, 요한일서 1:7, 로마서 13:14, 요한일서 1:9

여호와와 그의 능력을 구할지어다 그의 얼굴을 항상
구할지어다

시편 105:4

위대하신 나의 하나님,

저의 영원한 기쁨은 주님 안에만 있습니다. 이 세상에 행복의 샘이 많고 때로 그것이 넘쳐 기쁨으로 변합니다. 특히 저는 주님과 함께 즐거움을 나눌 때 그렇습니다. 주께서 제 삶에 부어 주시는 복이 얼마나 많은지 모릅니다! 그 하나하나에 주목하여 주의 선하심에 즐겁고 감사한 마음으로 반응하고 싶습니다. 감사의 마음가짐으로 주님을 가까이하면, 주님의 복을 받는 즐거움이 주의 임재의 기쁨 때문에 더욱 배가되지요.

기쁨이 아스라이 멀어진 듯한 날에는 어느 때보다 더 **주님의 얼굴을 구해야** 합니다. 환경이나 감정에 짓눌리지 않고 성경이 전하는 이 진리로 기운을 낼 수 있습니다. **제가 항상 주님과 함께하니 주께서 제 오른손을 붙드십니다. 주님의 교훈으로 저를 인도하시고 후에는 영광으로 저를 영접하실 것입니다.** 망가진 세상의 잔해 속을 헤쳐 나가려면 이 영광스러운 진리를 온 힘을 다해 붙들어야 합니다. 주님이 **진리이심을** 잊지 않게 하소서. 또한 주님은 **길이시니** 주님을 따르는 것이 지혜입니다. **주님의 얼굴빛이** 저를 비추시고 제 앞길을 밝히 비추십니다.

예수님의 빛나는 이름으로 기도합니다. 아멘.

시편 105:4, 시편 73:23~24, 요한복음 14:6, 시편 89:15

여호와의 인자와 긍휼이 무궁하시므로 우리가 진멸
되지 아니함이니이다 이것들이 아침마다 새로우니
주의 성실하심이 크시도소이다

예레미야애가 3:22~23

자비로우신 하나님,

주님의 인자와 긍휼은 무궁하며 아침마다 새롭습니다. 이 진리 안에서 안식하고 싶은 마음 간절한데도 저는 잘 그러지 못합니다. 오늘도 저의 문제와 고통이 끝이 없어 보입니다. 하지만 하루를 무사히 통과하도록 저를 도우시려고 주께서 **여기에** 자상하게 임재하심을 압니다. 주의 사랑의 임재가 저를 절망에 굴하지 않게 해 주는 생명줄이지요.

일이 잘 풀리는 날에는 주님의 인자하심이 잘 믿어집니다. 하지만 뜻밖의 문제가 터질 때 주님을 신뢰하려면 훨씬 더 애써야 하지요. 그럴 때는 늘 새로운 주님의 자비가 저의 역경보다 훨씬 크다는 것을 잊지 말아야 합니다. **주님의 성실하심이 크시지요!**

옷을 입을 때 **주께서 구원의 옷을 입혀 주셨음을** 떠올리곤 합니다. 주님의 공의의 겉옷을 입었기에 저는 하나님 나라로 가는 여정이지요! 주께서 저를 지옥의 입에서 건져내 영광의 길에 두신 것은 정말 엄청난 자비입니다. 오늘 제게 무슨 일이 닥쳐와도 주님이 주신 **영생이라는** 놀라운 선물에 비하면 아무것도 아닙니다!

승리하신 예수님의 이름으로 기도합니다. 아멘.

예레미야애가 3:22~23, 이사야 61:10, 요한복음 3:16

그리하면 여호와 그가 네 앞에서 가시며 너와 함께 하사 너를 떠나지 아니하시며 버리지 아니하시리니 너는 두려워하지 말라 놀라지 말라

신명기 31:8

즐거움을 주시는 예수님,

주님은 저의 기쁨이십니다! 제가 즐거이 머릿속에 되뇌며 마음 깊이 새기는 고백이지요. 주님은 결코 **저를 떠나지 않으시는** 길동무이시며 무한한 기쁨의 원천이십니다! 이 놀라운 진리에 집중하면 인생의 하루하루를 좋은 날로 맞이할 수 있습니다. 그러니 아무리 힘들어도 '나쁜 날'이라는 딱지를 붙이지 않게 도와주소서. 상황이 무척 힘들 수 있지만 **제가 항상 주님과 함께하니 주께서 제 오른손을 붙드심**을 압니다. 오늘뿐 아니라 매일이 좋은 날일 수 있음은 주님의 한결같은 임재와 인자하심 덕분입니다.

주님의 소중하고 변함없는 사랑 안에서 기뻐합니다! 이 사랑이 보장해 주듯이 저는 무슨 일이 있어도 **주님의 날개 그늘 아래로 피하여 주님의 복락의 강물에** 다다를 수 있습니다. 주위에 즐거운 일이 도무지 없어 보일 때면, 저를 이 매혹의 강으로 이끌어 주셔서 주의 사랑의 임재를 흠뻑 마시게 하소서. 힘들 때나 순탄할 때나 **한결같이** 주님은 저의 기쁨이십니다!

비길 데 없는 예수님의 이름으로 기도합니다. 아멘.

신명기 31:8, 시편 73:23, 시편 36:7~8(우리말성경)

나를 넓은 곳으로 인도하시고 나를 기뻐하시므로 나를 구원하셨도다

시편 18:19

사랑이 많으신 구주시여,

주님은 저를 넓은 곳으로 인도하셨고 저를 기뻐하시므로 구원하셨습니다. 저를 기뻐하시는 근거가 제게 무슨 자격이 있어서가 아님을 압니다. 자유로이 저를 **택하여** 사랑을 부어 주셨고, **죄의 종**이던 저를 구원하여 넓은 곳으로 인도하셨습니다. 저 스스로는 아무리 노력해도 구원받기에 턱없이 부족하므로, **주께서 저를 구원하여** 주님의 완전한 의를 입혀 주셨지요. **구원의 옷을** 입었으니 기쁨이 넘치게 하소서. 주님의 찬란한 의 가운데 굳게 서서 **빛의 자녀답게 행하게** 하소서.

구원은 제 평생 가장 크고 값진 선물이니 주께 감사하기를 그치지 않겠습니다! 아침에 깰 때 저를 주님의 나라에 입양해 주신 것을 기뻐하고, 밤에 잠들기 전에는 주의 영광스러운 은혜로 인해 주님을 찬송하겠습니다.

주님, 다른 사람들이 풍성하고 영원한 삶의 근원이신 **주님을** 보는 데 제 삶이 도움이 되게 하소서!

왕이신 예수님의 의로우신 이름으로 기도합니다. 아멘.

시편 18:19, 요한복음 8:34, 이사야 61:10, 에베소서 5:8

주 여호와는 나의 힘이시라 나의 발을 사슴과 같게 하사 나를 나의 높은 곳으로 다니게 하시리로다 이 노래는 지휘하는 사람을 위하여 내 수금에 맞춘 것이니라

하박국 3:19

주권자이신 주님,

주님은 **저의 힘이십니다!** 저의 연약함을 다 아시며, 제 힘으로는 닥쳐오는 도전에 맞서기에 역부족임도 아십니다. 제가 너무 약해서 불편하게 느껴지지만 이것이 오히려 복의 자리가 될 수 있음을 배웠습니다. 저의 부족함을 깨닫는 순간 다시 주님을 의지하며, **주께서 영광 가운데 그 풍성한 대로 저의 모든 쓸 것을 채우시리라는 약속**을 붙들게 되니까요.

에너지가 떨어져 갈 때면 반드시 **저의 힘이신** 주님과 이어져야 합니다. 주의 임재 안에서 시간을 보내면 주께서 힘을 풍성하게 주실 때도 있지만 천천히 계속 전진하는 데 필요한 만큼만 조금씩 충전해 주실 때도 있지요. 속도가 느려지면 실망스러울 수 있습니다. 그러나 그만큼 주께 집중할 시간이 더 많아집니다. 이런 식으로 늘 주님을 가까이하게 하신다는 생각이 듭니다. 그래야 "내가 너를 사랑하노라"라는 주님의 속삭임이 들릴 테니까요. 이 속삭임을 계속 들으려면, **주권자이신 주님이** 제 삶을 주관하고 계심과 제 여정이 비록 힘들어도 복으로 충만함을 믿어야 합니다. 더욱더 주님을 신뢰하게 하소서!

예수님의 권능의 이름으로 기도합니다. 아멘.

하박국 3:19, 빌립보서 4:19, 시편 96:6~7

주께서 생명의 길을 내게 보이시리니 주의 앞에는 충
만한 기쁨이 있고 주의 오른쪽에는 영원한 즐거움이
있나이다

시편 16:11

귀하신 예수님,

주님 앞에는 충만한 기쁨이 있다고 주님이 말씀하십니다. 주의 임재 안에서 안식하면, 그리하여 모든 권능과 영광 중에 계시는 주님의 주님 되심을 묵상하면 저를 향한 주의 영원한 헌신이 저를 기쁘게 합니다. **높음이나 깊음이나 다른 어떤 피조물이라도 저를 주님의 사랑에서 끊을 수 없습니다!** 주님을 만유의 구주로 처음 믿던 순간부터 저와 주님의 관계가 확고해졌지요. 제가 주님의 사랑받는 자녀임을 잊지 않게 도와주소서. 이것이 저의 영원한 정체성입니다.

심히 망가진 세상에서도 기뻐할 수 있는 것은 **주님이 저와 항상 함께 계시기** 때문입니다. 주의 임재 안에 시간을 보내며 새 힘을 얻게 하소서. 거기서 편히 쉬면서 무엇보다 **주님을 기뻐하는** 법을 배울 수 있습니다.

주님과 사랑의 유대가 깊어질수록, 제가 주님 안에서 누리는 복을 나누고 싶은 마음도 더욱 간절해집니다. 주님의 사랑이 저를 통해 사람들의 삶 속으로 막힘없이 흘러들었으면 좋겠습니다. 저를 **생명의 길로** 인도하시고, 주님의 사랑을 사람들에게 보여 주는 법을 가르쳐 주소서.

예수님의 소중하신 이름으로 기도합니다. 아멘.

시편 16:11, 로마서 8:39, 마태복음 28:20, 시편 37:4

아무 것도 염려하지 말고 다만 모든 일에 기도와 간구로, 너희 구할 것을 감사함으로 하나님께 아뢰라 그리하면 모든 지각에 뛰어난 하나님의 평강이 그리스도 예수 안에서 너희 마음과 생각을 지키시리라

빌립보서 4:6~7

사랑하는 예수님,

주님의 평안 안에서 안식하고자 주께 나아옵니다. 주의 얼굴빛이 저를 비추시며, **모든 지각에 뛰어난 평강의** 복을 주십니다. 저의 힘으로 문제를 풀려고 하기보다 모든 것을 아시고 이해하시는 주님을 믿고 주의 임재 안에서 편히 쉬고 싶습니다. 어린아이처럼 주님을 의지하면 마음이 평안하고 온전해지지요. 주께서 저를 주님과 가까이 교제하며 살도록 지으셨습니다. 저 또한 주님과 함께하는 이 시간이 기쁘고 주의 사랑의 임재를 인식하게 되어 즐겁습니다.

사람들 주위에 있을 때면 자꾸 그들의 기대에 맞추려 합니다. 그 기대가 실제든 아니든 상관없이 말이지요. 그들의 비위를 맞추는 데 집중하면 주님의 임재를 인식하는 것이 흐려집니다. 남에게 인정받으려고 애쓰다가 지치게 되지요. 그런 식으로 살면 제가 다른 사람들에게 주는 것은 저를 통해 흘러나가는 성령의 생수가 아니라 마른 부스러기뿐입니다. 분명히 이것은 주님이 제게 원하시는 삶도 **아니지요.**

아무리 바쁜 순간에도 주님과의 소통이 끊어지지 않게 도와주소서. 주의 평강의 빛 가운데 살아가오니 성령께서 제게 은혜의 말을 주셔서, 저의 말이 다른 사람들의 삶에 가닿게 하소서.

은혜로우신 예수님의 이름으로 기도합니다. 아멘.

빌립보서 4:6~7, 요한복음 7:38, 에베소서 5:18~20

하나님이 자기 형상 곧 하나님의 형상대로 사람을 창조하시되 남자와 여자를 창조하시고 하나님이 그들에게 복을 주시며 하나님이 그들에게 이르시되 생육하고 번성하여 땅에 충만하라, 땅을 정복하라, 바다의 물고기와 하늘의 새와 땅에 움직이는 모든 생물을 다스리라 하시니라

창세기 1:27~28

영광의 하나님,

성경은 **주님이 저를 주님의 형상대로 창조하셨다**고 말씀합니다. 나아가 **저를 하나님보다 조금 못하게 하시고 영화로 관을 씌우셨다고 하셨지요.** 그러니 제가 소중한 존재임을 의심하지 않게 도와주소서. 주께서 빚어 주신 신기한 두뇌로 저는 주님과 소통하고, 합리적으로 사고하고, 뭔가를 창조하고, 결정을 내리고, 그밖에도 많은 일을 합니다. 주께서 **인간에게 바다의 물고기와 하늘의 새와 땅에 움직이는 모든 생물을 다스릴** 권한을 주셨지요. 주의 모든 피조물 중에 인간만이 주님의 형상대로 지음 받았습니다. 이것은 놀라운 특권이자 책임이며, 이로써 제 삶의 모든 순간을 의미 있게 만들어 줍니다.

인생의 으뜸가는 목적은 주님을 영화롭게 하고 주님을 영원히 즐거워하는 것이라고 배웠습니다. **주께서 제게 영화의 관을 씌우신 것은 주님의 영광을 반사하게** 하시기 위함입니다. 어두운 세상을 밝히며 다른 사람들에게 주님을 가리켜 보이게 하시려고요. 주님을 더욱더 즐거워하는 법을 가르쳐 주소서. 저를 창조하실 때 주님을 즐거워할 수 있는 무한한 역량을 주셨으니 감사합니다. 지금 여기서 제가 주님 안에서 누리는 기쁨은 천국에서 저를 기다리는 광대하고 영원한 즐거움의 맛보기일 뿐임을 압니다!

예수님의 장엄하신 이름으로 기도합니다. 아멘.

창세기 1:27~28, 시편 8:5, 고린도후서 3:18

평강의 주께서 친히 때마다 일마다 너희에게 평강을
주시고 주께서 너희 모든 사람과 함께 하시기를 원하
노라

데살로니가후서 3:16

평강의 주님,

저의 삶이나 생각 속에 저를 불안하게 하는 요소가 있을 때는 **주께로
와서** 주님과 대화해야 합니다. 그래서 오늘 담대히 주의 임재 안에 들어
와 **기도와 간구로, 감사함으로** 아룁니다. 주님, 주님을 더욱 신뢰할 수
있는 이 기회를 주셔서 감사합니다. 주께서 주시는 신뢰의 교훈들은 대
부분 역경 속에 싸여 있지만, 대가보다 유익이 훨씬 크다는 것을 배웠습
니다.

신뢰가 잘 다져져 있으면 많은 복이 따라온다고 주께서 가르쳐 주셨습
니다. 특히 그중에 주님의 평강이 있지요. **주님은 저를 평강하고 평강하
도록 지키시되** 마침내 **제 심지가 견고해져서 주님을 신뢰할** 때까지 하
신다고 말씀하십니다.

세상은 완전히 착각에 빠져서 돈과 재물과 보험과 안전장치를 충분히
소유해야 평안을 얻는다고 말합니다. 감사하게도 **주님의** 평강은 모든 것
을 아우르는 선물이라 환경과 무관합니다. 주님의 **온전하신 평강을** 얻
는다면 아무리 많은 것을 잃어도 저는 정말 부자라고 배웠습니다. 이 영
광스러운 선물을 받을 만큼 주님을 충분히 의지하도록 도우소서!

신뢰받기에 합당하신 예수님의 이름으로 기도합니다. 아멘.

데살로니가후서 3:16, 마태복음 11:28, 빌립보서 4:6, 이사야 26:3

이는 나 여호와 너의 하나님이 네 오른손을 붙들고
네게 이르기를 두려워하지 말라 내가 너를 도우리라
할 것임이니라

이사야 41:13

긍휼이 풍성하신 하나님,

주님은 외로움을 낫게 하시는 완벽한 특효약입니다. **저의 하나님이신
주께서 제 오른손을 붙드시고 말씀하십니다. "두려워하지 말라. 내가
너를 도우리라."** 가끔 정말 주님의 손을 잡고 있는 것처럼 오른손을 꼭
쥐어 보곤 합니다. 이 상징적인 몸짓은 제가 주님과 이어져 있음을, 살아
계신 주님의 임재를 느끼게 해 주지요. 외롭거나 두려울 때는 이렇게 하
나님과 이어져 있다는 느낌이 특히 더 필요합니다.

저의 감정과 제가 겪고 있는 어려움을 털어놓을 수 있어 감사합니다.
주님은 이미 다 아시지만, 그래도 주께 아뢰면 제게 유익이 됩니다. 주의
임재의 빛을 듬뿍 쬐며 시간을 보내노라면 제가 얼마나 안전하고도 안전
한지 깨닫습니다. 삶의 모든 찰나에까지 **주님이 저와 함께 계시니** 저는
결코 혼자가 아닙니다!

주의 얼굴을 구할수록 제 삶을 더 주님의 관점에서 보게 됩니다. 때로
는 기도 제목을 글로 쓰면 도움이 되지요. 생각이 명료해지고 기도의 기
록도 남으니까요. 또 이것은 주님께 저의 문제를 놓아 보내는 한 방법이
기도 합니다. 주님이 항상 **저를 지켜 주시니** 기쁩니다.

존귀하신 예수님의 이름으로 기도합니다. 아멘.

이사야 41:13, 마태복음 28:20, 시편 27:4, 시편 121:3

너희 염려를 다 주께 맡기라 이는 그가 너희를 돌보심 이라

베드로전서 5:7

나의 목자시여,

"나의 아이야, 내가 너를 돌보고 있노라." 제 마음에 들려주시는 주님의 속삭임이 참 좋습니다. 타락한 세상의 풍파 앞에 마음이 외롭고 약해질 때가 있습니다. 그럴 때는 잠시 멈추어 **주께서 저를 돌보고 계심을** 상기 해야 합니다. 이 약속은 저를 안심시키며 주님께 더 가까이 가게 합니다. 주의 임재 안에 편히 쉬면서, 미래를 파악하고 앞일을 내 힘으로 조정하 려고 애쓰는 것을 그만두게 되지요.

상황이 혼란스러워 어느 길로 가야 할지 모를 때조차도 주께서 늘 저를 돌보시고 보호하심을 잊지 않게 하소서. **주님이** 저와 제 상황을 속속들이 아시니 감사합니다. 아울러 주께서 미래도 완전히 다 아시기에 저는 용기 와 희망을 얻습니다.

두려움이 찾아올 때마다 **주께서 저와 함께하심을** 일깨워 주소서. 주님 은 **저를 떠나거나 버리지 않으시기로** 약속하셨지요. 그뿐 아니라 제가 가는 곳마다 **주께서 친히 앞서가십니다.**

역경의 **음침한 골짜기로 다니는** 동안, 이 위안의 말씀을 머릿속에 줄 곧 되뇌겠습니다. **제가 해(害)를 두려워하지 않을 것은 주께서 저와 함께 하시기** 때문입니다.

늘 깨어 우리를 지키시는 예수님의 이름으로 기도합니다. 아멘.

베드로전서 5:7, 신명기 31:8, 시편 23:4

또 너희 중에 누가 염려함으로 그 키를 한 자라도 더
할 수 있느냐 그런즉 가장 작은 일도 하지 못하면서
어찌 다른 일들을 염려하느냐

누가복음 12:25~26

온유하신 예수님,

주님은 제 삶에 우연은 없다는 것을 가르쳐 주셨습니다. 제 일상생활의 좌표는 **지금, 여기**입니다. 지금 이 순간이 시간과 영원이 교차하는 지점일 뿐 아니라 저의 영원한 구주이신 **주님을** 만나는 자리지요. 매일 매 순간이 주님의 영광스러운 임재로 살아 있습니다! 생각을 주께 집중하며 지금 여기서 주의 임재를 누리도록 도와주소서.

사는 둥 마는 둥 허비하는 순간이 많음을 고백합니다. 미래를 걱정하거나 더 나은 시간과 공간을 바라느라 현재에 소홀하지요. 제 눈을 열어 주시고 마음을 깨워 주셔서 오늘 하루 속에 담겨 있는 모든 것을 보게 하소서! 제가 하는 모든 일에 개입하셔서, **마음을 다하여 일하도록** 저를 준비시켜 주소서. 주님과 협력하면 저의 짐이 가벼워지고 지금 하는 일을 즐길 수 있습니다.

주님과 소통하는 시간이 많을수록 염려가 줄어든다는 것을 압니다. 그러므로 제 걸음을 지도하시고 **제 발을 평강의 길로 인도하시는** 성령께 저를 맡길 수 있습니다.

우리를 인도하시는 예수님의 이름으로 기도합니다. 아멘.

누가복음 12:25~26, 골로새서 3:23, 요한복음 10:10, 누가복음 1:79

나의 영혼아 잠잠히 하나님만 바라라 무릇 나의 소망
이 그로부터 나오는도다

시편 62:5

천하무적이신 예수님,

주님은 저의 모든 소망과 소원의 성취이십니다. 주님은 **알파와 오메가
요** 처음과 마지막이며 **이제도 계시고 전에도 계셨고 장차 오실 전능하
신 분입니다.** 주님을 몰랐을 때는 주님을 갈망하는 마음을 해로운 방식
으로 표출했습니다. 제가 찾던 대상이 **주님이심을** 몰랐고, 세상 주변의
악에 빠지기가 너무 쉬웠지요. 그런데 이제는 주의 임재가 저를 안전하
게 보호하시며, 사랑으로 품고 돌보아 주십니다. 저를 **어두운 데서** 들어
올려 **주님의 기이한 빛에 들어가게** 하셨습니다.

주께서 제 삶에 많은 즐거움을 주셨지만, 그중 없어서는 안 될 것은 하
나도 없습니다. 주님의 복을 받되 손에 힘을 빼게 하시고, 주님의 좋은 선
물을 누리되 가볍게 쥐도록 도와주소서. **주님** 외에는 그 무엇에도 매달
리고 싶지 않습니다.

온갖 좋은 은사와 온전한 선물을 주시는 주님께 계속 저의 시선을 돌
립니다. 그러면 주님 안에서 제가 온전하다는 것을 알고 안식하게 되지
요. 제게 절대적으로 필요한 것 한 가지가 주님의 임재입니다. 이것 하나
만은 결코 잃을 수 없으니 얼마나 기쁜지요!

주님의 웅대하신 이름으로 기도합니다. 아멘.

시편 62:5, 요한계시록 1:8, 베드로전서 2:9, 야고보서 1:17

내가 확신하노니 사망이나 생명이나 천사들이나 권세자들이나 현재 일이나 장래 일이나 능력이나 높음이나 깊음이나 다른 어떤 피조물이라도 우리를 우리 주 그리스도 예수 안에 있는 하나님의 사랑에서 끊을 수 없으리라

로마서 8:38~39

소중하신 주 예수님,

주의 임재 안에 잠잠히 앉아 있사오니 저의 마음과 생각을 감사로 가득 채워주소서. 주님과 함께 보내는 이 시간이 가장 즐겁습니다. 생각의 구심점이 필요할 때면, 십자가에서 부어 주신 주님의 사랑을 바라보면 됩니다. **높음이나 깊음이나 다른 어떤 피조물이라도 저를 주님의 사랑에서 끊을 수 없음을** 기억해야 합니다. 그 사실을 기억하면 제 속에 감사의 터가 다져집니다. 환경에 좌우되지 않지요.

하루를 사는 동안 주께서 저의 삶에 마련해 두신 모든 보화를 찾고 싶습니다. 주님이 사랑으로 앞서가시며, 저의 하루를 밝혀 줄 작은 즐거움을 곳곳에 심어 놓으심을 압니다. 그런 복을 잘 살펴서 하나씩 모으렵니다. 그러면 하루를 마칠 때는 아름다운 꽃다발이 되어 있겠지요. 주님, 감사하는 마음으로 그것을 주께 바치겠습니다. 누워서 잘 때, 주의 임재 안에서 편히 쉬며 주의 평강을 받도록 도와주소서. 제 머릿속에 감사의 생각들이 자장가로 흐르게 하소서.

우리를 달래 주시는 예수님의 이름으로 기도합니다. 아멘.

로마서 8:38~39, 고린도전서 3:11, 시편 4:7~8

19

그러므로 이제 그리스도 예수 안에 있는 자에게는 결코 정죄함이 없나니 이는 그리스도 예수 안에 있는 생명의 성령의 법이 죄와 사망의 법에서 너를 해방하였음이라

로마서 8:1~2

우리를 구속(救贖)하시는 구주시여,

주님의 십자가 희생으로 과거와 현재와 미래의 저의 모든 죄가 사해졌음을 알기에 주 안에서 기뻐합니다. **주님 안에 있는 자에게는 결코 정죄함이 없습니다!**

하나님의 자녀로서 죄의 책임을 모두 벗었으니 하루하루를 즐겁게 살아갈 이유가 있습니다. 아담과 하와가 에덴동산에서 불순종한 이후 세상은 죄의 굴레에 매여 있지요. 그런데 자신을 희생하신 주님의 죽음이 이 처참한 문제의 해답이 되었으니 참 감사합니다. 복음은 정말 최고로 기쁜 소식입니다! **하나님이 주님을 저 대신 죄로 삼으셔서** 주께서 저의 죄를 담당하시고 주님의 완전한 의를 저에게 주셨습니다.

주님의 나라에서 죄책감 없는 이 상태를 완전히 누릴 수 있도록 도와주소서. **주님을 통해 생명의 성령의 법이 저를 해방했습니다.** 이것이 죄를 지으며 살아도 된다는 뜻이 아님을 압니다. 오히려 주께서 제게 감사하며 살아갈 능력을 주시지요. 영원히 주님께 속해 있다는 이 놀라운 특권을 경축하게 하십니다! 제가 정말 누구인지 아는 것은 참 놀라운 복이지요. 저는 사랑받는 **하나님의 자녀입니다.** 이것이 저의 진정한 정체성이며, 제 삶의 모든 순간을 의미있게 만듭니다.

예수님의 귀하신 이름으로 기도합니다. 아멘

로마서 8:1~2, 창세기 3:6, 고린도후서 5:21, 요한복음 1:11~12

아침에 주의 인자하심이 우리를 만족하게 하사 우리를 일생 동안 즐겁고 기쁘게 하소서

시편 90:14

사랑이 많으신 나의 주님,

아침에 주님의 인자하심으로 저를 만족하게 하셔서 일생 동안 즐겁고 기쁘게 하소서. 다양한 방법으로 만족을 구해 보았지만 오히려 마음을 아프게 한 것들이 많았습니다. 아무리 좋은 것도 주님보다 더 높이면 만족을 얻을 수 없음을 깨달았습니다. 그래서 이 아침에 공허하고 갈급한 마음으로 주님께 나아옵니다. 주의 임재 안에 잠잠히 앉아 주님과 교제하오니 주님의 무한하신 사랑으로 가득 채워 주소서. 저는 이 망망대해 같은 복의 **너비와 길이와 높이와 깊이가 어떠한지** 묵상하는 것이 즐겁습니다!

무엇보다 주님 안에서 만족을 찾는 것은 제 삶의 든든한 토대가 됩니다. 이 탄탄한 기초 위에 하루하루를 즐겁고 담대하게 살아갈 수 있지요. 우리가 사는 세상은 심히 망가진 곳이니 분명 고난이 계속 닥쳐올 것입니다. 하지만 주께서 저의 길을 인도하시니 주님을 의지합니다. 신뢰하고 의존하는 마음으로 주님을 붙듭니다. 주님, 저의 최종 목표인 **영광의 문**을 향해 나아가는 동안 주께서 제 삶을 의미있고 만족스럽게 만들어 주십니다!

예수님의 영광스러우신 이름으로 기도합니다. 아멘.

시편 90:14, 에베소서 3:17~19, 빌립보서 4:13, 시편 73:24

평강의 주께서 친히 때마다 일마다 너희에게 평강을 주시고 주께서 너희 모든 사람과 함께 하시기를 원하노라

데살로니가후서 3:16

나의 평강이신 예수님,

주님은 **친히 때마다 일마다 평강을 주시는 평강의 주님이십니다.** 제 안에는 주님의 평안한 임재로만 채워질 수 있는 깊고 큰 빈자리가 있습니다. 주님을 알기 전에는 그 빈자리를 다른 많은 것들로 채우려 하거나 그냥 없는 척 무시했지요. 사실 지금도 주님의 평강이 전면적으로, 때마다 일마다 필요하다는 것을 인식하지 못할 때가 많습니다. 더욱이 저의 궁핍함을 아는 것은 싸움의 절반에 불과하다는 것을 주님이 보여 주셨지요. 나머지는 주께서 능히 **제 모든 쓸 것을 채우실** 수 있음을, 또한 실제로 채워 주심을 믿는 것입니다.

죽음을 눈앞에 두시고 주님은 제자들에게, 그리고 장차 주를 따를 모든 이들에게 평안을 약속하셨습니다. 주께서 분명히 밝히셨듯이 이것은 주님이 사랑으로 거저 주시는 선물입니다. 저는 이 영광스러운 선물을 **받기만** 하면 되지요. 제게 평안이 필요할 뿐 아니라 평안을 갈구한다는 것을 인정하면서요. 주님의 평강을 넉넉히 받기를 사모하며 주의 임재 안에서 끈기 있게 간절히 기다리도록 도와주소서. 이 선물에 제 마음을 열고 두 손을 들어 고백합니다. "예수님, 주님의 평안을 받습니다."

우리를 위로해 주시는 예수님의 이름으로 기도합니다. 아멘.

데살로니가후서 3:16, 빌립보서 4:19, 요한복음 14:27

이는 우리가 믿음으로 행하고 보는 것으로 행하지 아니함이로라

고린도후서 5:7

가장 사랑하는 예수님,

제 삶을 한 걸음 한 걸음 인도해 주시니 감사합니다. 주님의 손을 잡고 어린아이처럼 의지하오니 **오늘도** 인도해 주시기를 간구합니다. 저의 미래가 불확실하고, 또 불투명하다 못해 심지어 위태로워 보입니다. 앞길을 열어 주실 주님을 믿으며, **믿음으로 행하고 보는 것으로 행하지 않아야** 함을 압니다.

주님을 신뢰하는 마음을 고백할 때마다 마치 주님의 믿음 금고에 동전을 넣는 것 같습니다. 덕분에 저는 준비된 상태에서 환난의 날을 맞이할 수 있습니다. 주님께 저의 모든 신뢰를 예금하면 주님 마음에 안전하게 간수하시고 계속 복리로 불려 주시니 감사합니다. 힘써 주님을 신뢰할수록 주님은 더 잘 신뢰할 수 있게 해 주십니다.

별일 없는 듯 평온한 날에도 주님을 신뢰하는 것을 연습해야 합니다. 그러면 폭풍이 닥칠 때 제 믿음의 잔고가 충분하여 힘든 시기를 헤쳐 나갈 것입니다. 주님을 신뢰하는 마음을 침묵과 속삭임과 큰 소리와 노래로 고백하도록 일깨워 주소서. 이런 연습으로 주님을 영화롭게 할 뿐 아니라 저 또한 늘 주님을 가까이하며 주님의 평안한 임재를 누릴 수 있습니다.

예수님의 신실하신 이름으로 기도합니다. 아멘.

고린도후서 5:7, 시편 56:3~4, 마태복음 6:20, 이사야 26:3

너희는 이 세대를 본받지 말고 오직 마음을 새롭게 함으로 변화를 받아 하나님의 선하시고 기뻐하시고 온전하신 뜻이 무엇인지 분별하도록 하라

로마서 12:2

나를 인도하시는 하나님,

주의 인도하심에 선뜻 따르도록 도와주소서. 주님과 주님의 뜻에 마음을 더 활짝 열게 하소서. 제 뜻대로 하기에 급급하여 주님이 예비하신 것을 놓치고 싶지 않습니다. 주께서 **제 마음을 새롭게 함으로 저를 변화시켜** 주셔서, 의지적으로 주님과 함께 편히 쉬는 것을 선택하게 하소서. 제 속사람을 새로 고쳐 주소서. 주님을 충분히 신뢰함으로, 저의 기대와 요구를 버리고 주의 임재 안에 **가만히 있어야** 합니다.

때로는 제가 바라는 일을 어떻게든 저의 타이밍에 성사시키려다가 오히려 제가 그 일을 방해할 때가 있습니다. 하지만 주님은 제 마음의 소원뿐 아니라 그 목표를 달성할 최선의 방법과 시기도 아시지요. 그래서 **주님의 뜻과 타이밍에 따르는 법을 배우는 중입니다. 제 힘으로 통제하려 애쓰기보다 더 많은 시간 동안 **주님의 얼굴을 구해야** 합니다. 주님께 솔직하게 아뢰며 주의 임재 안에서 안식하면서요. 일단 새 힘을 더 얻고 나면, 앞길은 그때 주님께 보여 달라고 하면 됩니다. **"내가 네 갈 길을 가르쳐 보이고 너를 주목하여 훈계하리로다."** 주님의 이 약속의 말씀이 제게 힘이 됩니다.

우리를 변화시켜 주시는 예수님의 이름으로 기도합니다. 아멘.

로마서 12:2, 시편 46:10, 역대상 16:11, 시편 32:8

February

24

그의 영광의 풍성함을 따라 그의 성령으로 말미암아 너희 속사람을 능력으로 강건하게 하시오며 믿음으로 말미암아 그리스도께서 너희 마음에 계시게 하시옵고 너희가 사랑 가운데서 뿌리가 박히고 터가 굳어져서 능히 모든 성도와 함께 지식에 넘치는 그리스도의 사랑을 알고 그 너비와 길이와 높이와 깊이가 어떠함을 깨달아 하나님의 모든 충만하신 것으로 너희에게 충만하게 하시기를 구하노라

에베소서 3:16~19

아름다우신 구주시여,

지식에 넘치는 주님의 사랑의 깊이와 너비를 알기를 갈망합니다! 정말 주님을 아는 것과 주님에 **대해서** 아는 것은 하늘과 땅 차이입니다. 주님에 관한 정보만 아는 것이 아니라 주의 사랑의 임재를 영광스럽게 경험하며 즐기고 싶어요. 성령의 도우심이 필요함을 깨닫습니다. 성령께서 **제 속사람을 능력으로 강건하게 해 주셔야** 저를 향한 **주님의 사랑을 알고 그 너비와 길이와 높이와 깊이가 어떠한지를 깨달을** 수 있습니다.

주님은 제가 구원받던 순간부터 저의 마음속에 살아 계십니다. 주님께 제 마음의 자리를 더 많이 내드릴수록 주의 사랑으로 더 채워 주신다는 것을 알았습니다. 주님과 충분한 시간을 보내고 주의 말씀을 먹고 마심으로 제 마음의 자리를 넓히라고 가르쳐 주셨지요. **쉬지 않고 기도하면서** 주님과의 소통을 점점 더 늘려 가는 법을 배우고 싶어요. 이것들은 즐거운 훈련이고, 저를 주님께 더 가까이 있게 합니다.

주님, 주님의 사랑이 저를 통해 다른 사람들의 삶 속으로 흘러들게 하소서. 그럴 때 **주의 사랑이 제 안에 온전히 이루어집니다.**

사랑이 많으신 예수님의 이름으로 기도합니다. 아멘.

에베소서 3:16~19, 데살로니가전서 5:17, 요한일서 4:12

February

25

보라 처녀가 잉태하여 아들을 낳을 것이요 그의 이름은 임마누엘이라 하리라 하셨으니 이를 번역한즉 하나님이 우리와 함께 계시다 함이라

마태복음 1:23

나를 구원하신 하나님,

세상 염려는 잊고 주님 안에서 깊이 안식하게 하소서. **임마누엘이신 주님께 집중하오니, 임재하셔서 평강으로 저를 감싸 주소서. 주님은 어제나 오늘이나 영원토록 동일**하심을 알기에 주의 영원한 안전에서 위로를 얻습니다.

때로 저는 삶에서 겉으로 드러난 부분만 쫓아서, 변하는 현상에 중점을 두고 살아갑니다. 계속 그렇게 산다면 결국 솔로몬처럼 **"헛되고 헛되니 모든 것이 헛되도다"** 그렇게 느낄 지경에 이를 것입니다.

저의 하루하루에 의미를 부여하려면 주님과 협력하며 살아야 한다는 것을 배웁니다. 주의 임재를 생생히 경험할 수 있도록 주님과 단둘이 하루를 시작해야 하지요. 주님과 주의 말씀에 집중하는 그 시간에 저의 앞길을 한 걸음씩 열어 보여 주소서. 이 평온한 교제의 시간을 마치고 오늘이라는 여정에 오를 때면, 저와 동행하시는 주님이 느껴집니다. 주님의 손을 잡고 주님을 의지합니다. 주께서 제 길을 지도해 주소서. 예수님, 감사합니다!

예수님의 강하시고 든든하신 이름으로 기도합니다. 아멘.

마태복음 1:23, 히브리서 13:8, 전도서 1:2, 잠언 3:6

내가 주께 감사하옴은 나를 지으심이 심히 기묘하심
이라 주께서 하시는 일이 기이함을 내 영혼이 잘 아나
이다

시편 139:14

신뢰받기에 합당하신 주 예수님,

주님을 충분히 신뢰함으로 편히 쉬면서 주의 임재를 즐거워하게 하소서. 저는 위급한 상황에 처한 것처럼 느끼고 행동하며, 과민한 상태로 살아갈 때가 많음을 고백합니다. 주의 말씀에 **저를 지으심이 심히 기묘하다고** 하셨습니다. 제 몸은 필요할 때 '기어를 높였다가' 위기가 끝나면 다시 '기어를 낮추도록' 세심하게 지어졌지요. 그런데 망가진 몸으로 망가진 세상을 살다 보니 긴장을 풀고 제대로 쉬기가 어렵습니다.

주님이 늘 저와 함께 계신 것과 저의 모든 믿음과 신뢰를 받으시기에 합당하신 분임을 기억해야 합니다. **주님 앞에 마음을 토하며,** 주권적으로 돌보시는 주님께 모든 고충을 맡길 수 있습니다.

마음을 다하여 주님을 신뢰하도록 훈련하여 주시니 감사합니다. 담대히 **주님을 의지할수록** 주의 임재를 더욱 충만하게 누릴 수 있지요. 치유의 빛 가운데 편히 쉬고 있으면, 주께서 마음과 생각에 평안을 비추어 주십니다. 주님과 함께 시간을 보내며 기다리는 동안 **주의 임재하심이** 더욱 생생히 느껴지고 주님의 인자하심이 제 속에 흠뻑 스며듭니다.

우리를 치유해 주시는 예수님의 거룩하신 이름으로 기도합니다. 아멘.

시편 139:14, 시편 62:8, 잠언 3:5, 시편 52:8

이제부터는 너희를 종이라 하지 아니하리니 종은 주인이 하는 것을 알지 못함이라 너희를 친구라 하였노니 내가 내 아버지께 들은 것을 다 너희에게 알게 하였음이라

요한복음 15:15

왕이신 예수님,

주님은 저의 왕이시며 가장 친한 친구십니다. 평생 주님 손을 잡고 걷고 싶어요. 오늘 무슨 일이 닥쳐도, 그 일이 즐거움이든 고난이든 모험이든 실망이든 걸음마다 주님을 의지하게 하소서. 주님과 함께 나누면 아무것도 헛되지 않음을 압니다. 잃어버린 꿈의 **재 대신 화관을 씌워** 주실 수 있으니까요. 주님은 슬픔에서 기쁨을, 역경에서 평안을 거둬들이십니다. 이런 놀라운 반전은 만왕의 왕이시자 친구이신 주님만이 이루실 수 있지요. 주님, 주님 같은 분이 없습니다!

제게 베푸시는 우정은 실제적이고 현실적이면서 하나님 나라의 영광이 물씬 배어 있습니다. 주의 임재 안에 살면 눈에 보이는 세상과 보이지 않는 영원한 실재, 두 세계 속에 살게 되지요. 이 땅의 흙먼지 길을 걸으면서도 주님을 의식할 수 있게 하시니 감사합니다. 주의 말씀에 선포된 대로, **저를 지으심이 심히 기묘하십니다.**

주님의 장엄하신 이름으로 기도합니다. 아멘.

요한복음 15:15, 이사야 61:3, 고린도후서 6:10, 시편 139:14

February

28

즐겁게 소리칠 줄 아는 백성은 복이 있나니 여호와여
그들이 주의 얼굴 빛 안에서 다니리로다 그들은 종일
주의 이름 때문에 기뻐하며 주의 공의로 말미암아 높
아지오니

시편 89:15~16

즐거움을 주시는 예수님,

주의 얼굴빛 안에 다니게 하소서. **즐겁게 소리쳐 주의 이름을 기뻐하
며 주의 공의로 높아지게 하소서.** 주님을 찬미한다는 것은 소리와 박수
는 물론 강하고 열정적으로 주님을 찬양하는 것입니다. 즐겁게 소리치려
면 함성과 박수를 넣어 힘차고 뜨겁게 주님을 찬양하면 되지요. 제가 주
의 이름을 기뻐하는 방법은 주님의 전부를 즐거워하는 것입니다. 저의
구주와 목자 되심을, 저의 주님이자 하나님, 저의 주권적인 왕, **변함없는
사랑으로** 사랑해 주시는 친구이심을 기뻐합니다.

이 값지고 거룩한 선물을 **제게** 주셨다는 놀라운 사실을 기뻐함으로
주님의 공의를 높입니다! 제가 비록 죄와 계속 싸우고 있지만, 주님의 완
전한 의를 이미 저의 의로 인정받았습니다.

주의 영광스러운 빛 가운데 행하면 **주님의 피가 저를 모든 죄에서 깨
끗하게 하십니다.** 주님과 가까이 지내기를 힘쓰며 제가 용서받아야 할
죄인임을 솔직히 인정하면, 주님의 찬란한 임재가 저를 깨끗케 하십니
다. 나아가 이렇게 깨끗해지면 그 복 덕분에 다른 믿는 이들과의 **사귐도**
가능해지지요.

주님, 주님과 함께 빛 가운데 행하며 주의 빛나는 사랑의 임재를 누리
는 것이 즐겁습니다.

예수님의 눈부신 이름으로 기도합니다. 아멘.

시편 89:15~16, 시편 31:16(우리말성경), 로마서 3:22, 요한일서 1:7

우리가 감사함으로 그 앞에 나아가며 시를 지어 즐거이 그를 노래하자

시편 95:2

은혜로우신 주님,

주님께 무언가를 간구하고는 목이 빠지게 응답을 기다리곤 합니다. 그러다 기도를 들어 주시면 기뻐하며 감사드리지요. 그런데 진득하게 감사하는 마음을 품고 있기보다 재빨리 다른 것을 또 구하곤 합니다. 주님, 반짝 감사하고 마는 것이 아니라 감사와 기쁨의 자세를 유지하는 법을 배우고 싶습니다. 저의 감사가 미래로 흘러넘치도록 말이지요.

주께서 제 간구에 은혜롭게 응답하신 것들을 기억하도록 저를 훈련하여 주소서. 주께 받은 복을 다른 사람들에게 말하는 것도 유익하다는 것을 알았습니다. 응답받은 기도를 잊지 않게 어딘가에 기록해 두고 수시로 들추어 보는 것도 좋겠습니다.

주께서 행하신 기사를 감사함으로 **기억하도록** 가르쳐 주소서. 감사하면 복이 두 배로 커진다는 것을 주께서 보여 주셨지요. 응답받은 기도가 기억나서 기쁘고, 저의 행복을 주님과 나눌 수 있어 즐겁습니다!

환희가 가득하신 예수님의 이름으로 기도합니다. 아멘.

시편 95:2, 고린도전서 15:57, 역대상 16:12

March

예수께서 이르시되
"내가 곧 길이요 진리요 생명이니
나로 말미암지 않고는
아버지께로 올 자가 없느니라"

요한복음 14:6

그 안에는 지혜와 지식의 모든 보화가 감추어져 있느니라

골로새서 2:3

나의 보화이신 예수님,

주님, 저에게 환경에 흔들리지 않는 기쁨을, **주님** 자신을 주소서! **지혜와 지식의 모든 보화가 주님 안에 감추어져 있다고** 주께서 말씀하십니다. 주님은 한없이 지혜로우시고 모든 것을 아시니, 주님 안에서 제가 찾을 보화는 결코 바닥나지 않는다는 뜻이지요.

주님은 제 삶으로 흘러넘쳐 들어오는 기쁨의 샘입니다. 제 마음과 생각과 영혼을 활짝 열어 온전히 주님을 영접하려 합니다. 가장 힘든 상황에서도 주님의 기쁨은 함께할 수 있으니 감사합니다. 제 삶에 어떤 일이 생겨도 **주의 얼굴빛이** 계속 저를 비추시니 믿는 마음으로 늘 주님을 바라보게 하소서. 계속해서 주님을 구하면 아무리 캄캄한 먹구름 속에도 결국 기쁨의 빛이 뚫고 들어오지요. 하나님 나라의 빛이 저를 흠뻑 적시면 제 관점이 밝아지면서 숭고한 즐거움으로 충만해집니다.

썩지 않고 더럽지 않고 쇠하지 않는 저의 **유업이 하늘에** 있으니 얼마나 감사한지요. **주님을 믿기에, 말할 수 없는 영광스러운 즐거움이** 이제부터 영원까지 저의 것임을 확신합니다!

환희가 가득하신 예수님의 이름으로 기도합니다. 아멘.

골로새서 2:3, 시편 89:15, 베드로전서 1:3~4, 8

March

02

주 여호와께서 학자들의 혀를 내게 주사 나로 곤고한
자를 말로 어떻게 도와 줄 줄을 알게 하시고 아침마다
깨우치시되 나의 귀를 깨우치사 학자들 같이 알아듣
게 하시도다

이사야 50:4

신실하신 하나님,

주께서 아침마다 저를 깨우치시되 주의 뜻을 깨우쳐 주십니다. 늘 저를 생각해 주시니 감사합니다. 제가 잘 때도 주무시지 않고 저를 지켜 주시고 **깰 때에도 여전히 함께하심에** 위로를 받습니다. 주의 임재를 인식할수록 더욱 깨어 있게 하시고, 나른한 생각의 실타래를 잘 풀어내게 주께서 도와주시지요. 저를 사랑으로 불러주시니 **주님을 가까이함**으로 응답합니다. 주의 임재를 즐거워하며 말씀을 영혼의 양식으로 삼는 이 시간이 참 좋습니다.

주께 드리는 시간은 제게 엄청난 복과 힘이 됨을 알았습니다. 주님은 제게 말씀을 깨우쳐 주셔서 성경을 더 잘 이해하고 삶에 적용할 수 있게 해 주십니다. 오늘도 하루를 계획할 때 주님의 뜻을 명확히 분별할 수 있도록 도와주소서. 주님과 동행하며 주의 뜻을 구하면, 어떤 일이 닥치든 감당할 힘을 주십니다.

주님, 모든 상황 속에서 **언제든지 주를 의지하는** 법을 가르쳐 주소서.

신뢰받기에 합당하신 예수님의 이름으로 기도합니다. 아멘.

이사야 50:4, 시편 139:17~18, 야고보서 4:8, 시편 62:8(우리말성경)

야곱아 너를 창조하신 여호와께서 지금 말씀하시느
니라 이스라엘아 너를 지으신 이가 말씀하시느니라
너는 두려워하지 말라 내가 너를 구속하였고 내가 너
를 지명하여 불렀나니 너는 내 것이라

이사야 43:1

귀하신 주 예수님,

"내가 너를 지명하여 불렀나니 너는 내 것이라!" 제게 들려 주시는
이 말씀이 참 좋습니다. 아무리 저 혼자인 것처럼 느껴질 때도, 제가 주님
의 소유임을 알기에 위로를 받습니다. 저의 죗값을 다 치르시고 저를 구
속(救贖)해 주셔서 감사합니다. 저를 부르시되 저에게 가장 맞는 방식으
로 불러 주신 것도 감사합니다. 주께서 제 삶의 상황 속으로 내려오셔서
저의 복잡한 마음과 생각을 향해 말씀하셨지요. 주를 따르는 이들이 무
수히 많아도 저는 주님께 그저 하나의 숫자가 아닙니다. 주님이 늘 저를
지명하여 말씀하시지요. 제가 주님께 얼마나 귀한지 **주께서 저를 주님
의 손바닥에 새기셨다고 했습니다. 아무것도 저를 주의 사랑의 임재에
서 끊을 수 없습니다!**

세상일이 사방에서 소용돌이치고 제 삶이 불안정하게 느껴질 때, 저의
생각을 그런 스트레스 요인에 묶어 두고 싶지 않습니다. 비록 이 세상에
환난이 가득해도 주께서 저와 함께 계시고 주께서 세상을 주관하신다는
사실에 생각의 초점을 두게 도와주소서. "그래도 예수님이 나와 함께 계
시지"라고 속삭이며 저의 문제에서 주님의 임재로 주제를 바꾸도록 주
께서 저를 훈련하고 계십니다.

승리하신 예수님의 이름으로 기도합니다. 아멘.

이사야 43:1, 이사야 49:16, 로마서 8:38~39

예수께서 깨어 바람을 꾸짖으시며 바다더러 이르시되 잠잠하라 고요하라 하시니 바람이 그치고 아주 잔잔하여지더라

마가복음 4:39

사랑하는 예수님,

주님이 저와 함께 계심을 알고 있으니 두려워하지 않도록 도와주소서. 심란한 마음일 때 **"잠잠하라, 고요하라!"** 일러 주시는 주님의 말씀이 참 좋습니다. 무슨 일이 생겨도 **주님은 결코 저를 떠나거나 버리지 않으실** 것이라고 확실히 약속하셨지요. 저의 마음과 생각 속에 이 확신이 스며 들 때 담대한 신뢰가 차오릅니다.

미디어에서는 아침 점심 저녁으로 나쁜 뉴스를 쏟아내고, 때로는 삶에 영향을 주는 걸 느낍니다. 수시로 바뀌는 뉴스에 집중하는 대신 살아 계신 말씀이시며 언제나 동일하신 **주님께** 주파수를 맞춥니다. 저의 마음과 생각을 성경으로 흠뻑 적셔 주님과 함께 생명의 길을 걷고 싶습니다. **땅이 변하든지 산이 흔들려 바다 가운데에 빠지든지** 저는 두려워할 필요가 없다고 주께서 말씀하셨지요.

내일 무슨 일이 벌어질지 모르지만 저의 최종 목적지는 확실합니다. **주께서 제 오른손을 붙드시고 주의 교훈으로 저를 인도하시다가 후에는 영광으로 저를 영접하실** 것입니다. 할렐루야!

예수님의 웅대하신 이름으로 기도합니다. 아멘.

마가복음 4:39, 신명기 31:6, 시편 46:1~2, 시편 73:23~24

백성들아 시시로 그를 의지하고 그의 앞에 마음을 토하라 하나님은 우리의 피난처시로다

시편 62:8

주권자이신 주님,

일이 생각대로 풀리지 않을 때도 기뻐하는 법을 배우고 싶습니다. 하루를 시작할 때마다 제 뜻을 관철하려고 애쓰는 저를 봅니다. 하지만 매일 적어도 한 번은 제 뜻대로 풀리지 않는 일에 부딪칩니다. 거울에 비치는 제 모습처럼 사소한 것일 때도 있고, 사랑하는 이의 중병처럼 심각한 것일 때도 있지요.

주님의 목적은 제 소원을 모두 들어 주시거나 제 삶을 수월하게 해 주시는 것이 **아님을** 깨닫습니다. 제 삶을 향한 주의 뜻을 받아들이고 모든 상황에서 주님을 신뢰하도록 도와주소서.

어떻게든 제가 통제하려고 애쓴 날에는 거의 온종일 좌절감이 들고, 이미 벌어진 일을 후회하느라 기운을 소진합니다. 하지만 과거는 돌이킬 수 없음을 압니다. 현재에 도움을 주시고 미래에 소망을 베푸시는 주님께 감사하도록 가르치소서.

좀더 긴장을 푸는 법을 알려 주소서. 제 삶을 주관하시는 **주님을** 신뢰하며, 주님이 늘 가까이 계심을 기억하게 하소서. **주님 앞에는 기쁨이** 있고, 나아가 **주의 얼굴은 기쁨으로 빛나며** 저를 비추신다고 주께서 말씀으로 약속하십니다!

예수님의 찬란하신 이름으로 기도합니다. 아멘.

시편 62:8, 잠언 23:18, 사도행전 2:28, 민수기 6:25

아침에 주의 인자하심이 우리를 만족하게 하사 우리를 일생 동안 즐겁고 기쁘게 하소서

시편 90:14

사랑이 많으신 주 예수님,

주의 인자하심으로 저를 만족하게 하시기를 구하며, 주의 은혜로운 임재 안으로 나아옵니다. 제가 주님의 얼굴을 구하기 가장 좋은 때는 **아침에** 잠에서 깬 직후입니다. 일찍부터 주님과 소통하며 하루를 맞이할 준비를 하지요. 주님의 끝없는 사랑이 저를 한없이 충만하게 합니다. 덕분에 제가 보배롭고 소중한 존재임을 믿으며, 주님과 함께라면 오늘의 모든 상황을 감당할 수 있음을 떠올립니다. 제가 영원히 사랑받는 존재임을 알기에 역경 중에도 인내할 힘과 용기가 생기지요.

사랑으로 임재하시는 주님을 만나면 그 만남의 감동이 저를 **즐겁고 기쁘게 합니다.** 왕의 왕, 주의 주 되신 주님을 내 집에서 따로 만나는 것은 놀라운 특권이지요! 게다가 제 이름이 지워지지 않는 잉크로 **어린 양의 생명책에 기록되어 있으니** 얼마나 기쁜지 모릅니다!

주의 임재를 누리는 시간을 갖고 싶습니다. 성경을 읽고, 기도하고, 고백과 노래로 주님을 찬양하고 싶습니다. **어떤 피조물이라도 저를 주님의 사랑에서 끊을 수 없다는** 이 놀라운 진리가 즐겁습니다.

예수님의 영광스러우신 이름으로 기도합니다. 아멘.

시편 90:14, 요한계시록 19:16, 요한계시록 21:27, 로마서 8:39

내 하나님이여 내 영혼이 내 속에서 낙심이 되므로
내가 요단 땅과 헤르몬과 미살 산에서 주를 기억하나
이다

시편 42:6

긍휼이 풍성하신 예수님,

저를 짓누르는 문제를 주님께 아뢰게 하소서. 이미 다 아시는 줄은 알지만, 그래도 주님께 말씀드리면 지금껏 지고 있던 무거운 짐이 벗겨지지요.

낙심될 때마다 **주님을 기억하며** 시간을 보내는 것이 꼭 필요합니다. 주님이 **저의 주님과 하나님**, 저의 구주와 목자, **저를 떠나지 않으시는** 친구이심을 생각하면 다시 기운이 나고 저의 관점도 밝아집니다. 생각과 감정은 물론 제 삶의 모든 부분을 주님이 훤히 아시니 감사합니다. 주님은 저에 관한 것이라면 다 중요하게 여기시지요! 주님의 사랑의 임재 안에서 편히 쉬는 동안, 주께서 지금까지 이모저모로 저를 돌보시고 저의 필요를 채워 주신 일들을 기억하도록 도와주소서. 하나하나 떠오를 때마다 주님께 감사드리겠습니다.

주의 임재의 빛 가운데서는 무엇이든 더 똑똑히 보이므로 중요한 것과 그렇지 않은 것을 가려낼 수 있습니다. 주님 곁에 머물면, 주의 얼굴이 저를 비추시며 제게 복과 힘과 위로를 주시지요. **주께서 나타나 도우시니 저는 다시 찬송할 것입니다.**

예수님의 능하신 이름으로 기도합니다. 아멘.

시편 42:6, 요한복음 20:28, 신명기 31:8, 시편 42:5

우리가 그에게서 듣고 너희에게 전하는 소식은 이것
이니 곧 하나님은 빛이시라 그에게는 어둠이 조금도
없으시다는 것이니라

요한일서 1:5

주 예수님,

저의 바람이나 기대와 완전히 다를 때에도 저를 향한 주님의 의도가 언제나 선하심을 신뢰하려고 합니다. **주님은 빛이시며 주님께는 어둠이 조금도 없지요.** 삶의 매 순간 주님이 풍성히 임재하시니 저의 환경에서 주님의 빛을 찾겠습니다. 주님께, 그리고 저를 향한 주님의 모든 뜻에 마음을 열고 싶어요. 그러려면 때로는 저에게 소중한 계획이나 꿈을 포기해야 할 때도 있겠지요. 그럴 때는 아무리 힘들어도 **주님의 길이 완전하다**는 것을 기억하고 온 마음으로 믿겠습니다.

주님은 주께 피하는 모든 사람에게 방패십니다. 제가 실망하거나 두려워할 때면 저를 주께로 더 가까이 이끄셔서, 주님이 저의 피난처이심을 일깨워 주소서. 제게 아무 일도 일어나지 않도록 무조건 다 막아 주시지는 않음도 압니다. 주님이 예비하신 제 몫의 시련이 있지요. 이 세상에서 저도 중요한 일익을 담당하게 하시니 감사합니다. 주께 즐거이 의지하며 **주께서 제게 나누어 주신 삶에 충실하도록** 도와주소서. 그러면 **제 영혼이 골수와 기름진 것을 먹음과 같이 만족하고 나의 입이 기쁜 입술로 주를 찬송할 것입니다!**

최고이신 예수님의 이름으로 기도합니다. 아멘.

요한일서 1:5, 시편 18:30, 고린도전서 7:17, 시편 63:5

그리하면 여호와 그가 네 앞에서 가시며 너와 함께 하사 너를 떠나지 아니하시며 버리지 아니하시리니 너는 두려워하지 말라 놀라지 말라

신명기 31:8

항상 임재하시는 나의 주님,

지금도 불확실한 앞일을 내다보면 불안해집니다. 두려움과 낙심이 저를 따라 다니며 제 앞길에 도사리고 있습니다. 그러니 **주께서 앞서가시며 저와 함께하심을, 제 오른손을 붙들고 계심을** 늘 일깨워 주소서. 주님은 시간을 초월하셔서 지금 제 곁에 계시면서 **동시에** 능히 미래에도 계십니다. 믿음의 눈으로 보면 환히 빛나는 주님을 볼 수 있지요. 어서 오라고 저를 부르시고, 주님만 바라보라고 격려해 주십니다. 그러니 주의 손을 꼭 잡고 두려움과 낙심의 어둠을 통과하겠습니다. 주님의 찬란한 임재를 늘 바라보도록 도와주소서. 주의 임재는 **인자하시며** 끝없이 격려의 빛을 비추십니다.

저의 자신감은 **주께서 항상 저와 함께하시고** 이미 제 미래 속에 계셔서 앞길을 예비하심을 아는 것에 있습니다. 세심히 귀를 기울이면 저만치 앞에서 뒤돌아 부르시는 주님의 음성이 들려오지요. **"두려워하지 말라, 내가 너와 함께함이라. 놀라지 말라, 나는 네 하나님이 됨이라. 내가 너를 굳세게 하리라. 참으로 너를 도와주리라."** 경고와 지혜와 용기와 소망의 말씀입니다.

예수님의 권능의 이름으로 기도합니다. 아멘.

신명기 31:8, 시편 73:23, 시편 119:76, 이사야 41:10

March

10

나에게 이르시기를 내 은혜가 네게 족하도다 이는 내 능력이 약한 데서 온전하여짐이라 하신지라 그러므로 도리어 크게 기뻐함으로 나의 여러 약한 것들에 대하여 자랑하리니 이는 그리스도의 능력이 내게 머물게 하려 함이라

고린도후서 12:9

위대하신 나의 하나님,

어떠한 상황에도 위축되고 싶지 않습니다. 힘든 날일수록 주께서 능력도 더하여 주심을 늘 일깨워 주소서.

한때는 주께서 능력을 매일 똑같이 주신다고 생각했지만, 사실이 아님을 배웠습니다. 아직도 저는 아침에 일어나면 그날의 역경을 제 평균 능력에 견주어 보고 걱정하곤 합니다. 이런 염려가 허황한 생각임을 깨달았기에 거기서 벗어나고 싶습니다!

주님, 저의 하루하루가 어떠할지를 **주님이** 아시니 거기에 맞게 능력을 주실 줄도 믿습니다. 제게 능력을 얼마나 주실지는 제게 주어진 환경이 얼마나 어려운지, 또 그 도전 앞에서 기꺼이 주님께 의존하려는 저의 의지에 달려 있음을 보여 주셨지요.

힘든 날을 평소보다 주의 능력을 더 많이 받을 기회로 보게 하소서. 힘들다고 허둥대는 대신 모든 필요를 채워 주실 주님을 의지할 수 있습니다. **"네가 사는 날을 따라서 능력이 있으리로다."** 이 말씀으로 저를 안심시켜 주시니 감사합니다.

예수님의 강하신 이름으로 기도합니다. 아멘.

고린도후서 12:9, 시편 105:4, 신명기 33:25

나의 영혼아 잠잠히 하나님만 바라라 무릇 나의 소망
이 그로부터 나오는도다

시편 62:5

나를 위로하시는 주님,

잠잠히 주만 바라게 하소서. **저의 소망이 주님에게서 나옵니다.** 생각이 쉴 새 없이 안절부절못하며 한시도 가만히 있지 못합니다. 그런데 주님은 제게 **가만히 있어 주님이 하나님이심을 알라고** 말씀하시지요. 주의 임재 안에 잠잠히 앉아 있으면 **"내게로 오라. 내가 너희를 쉬게 하리라"** 말씀하시는 주의 음성이 들려옵니다.

주님만이 제 생각의 안식처시며 제게 참된 만족과 힘을 주십니다. 틈틈이 생각을 주께로 향하는 시간을 가져야 합니다. 주의 이름을 속삭이며 주의 거룩하신 임재 안에 기다려야 하지요. 이렇게 막간에 주님과 함께 있으면 저의 생각과 영혼이 새로워집니다.

참된 희망은 주님께로부터 나옵니다. 거짓 희망을 주는 잡다한 것들이 집요하게 달려들며 저의 혼을 빼려 합니다. 소망의 길을 가려 하오니 제게 분별력을 주소서. "여기가 길이다!"라고 외치며 관심을 끌려는 온갖 정보들에 속지 않도록 저를 지켜 주소서. 정보의 과부하에서 벗어나는 가장 좋은 방법은 생각의 초점을 다시 **주님께** 맞추는 것임을 알았습니다. 주님의 평안한 임재 안에서 안식하면 참된 소망이 제 안에서 자라납니다.

우리를 달래 주시는 예수님의 이름으로 기도합니다. 아멘.

시편 62:5, 시편 46:10, 마태복음 11:28~29, 시편 42:5

이는 그들로 마음에 위안을 받고 사랑 안에서 연합하여 확실한 이해의 모든 풍성함과 하나님의 비밀인 그리스도를 깨닫게 하려 함이니 그 안에는 지혜와 지식의 모든 보화가 감추어져 있느니라

골로새서 2:2~3

소중하신 예수님,

주위 사람들과 상황에 끌려 다니느라 진이 빠질 때가 있습니다. 그럴 때는 멈추고 주님을 의지하게 해야 하는데, 오히려 일을 더 많이 해내려고 저를 몰아가곤 합니다. 다행히 몸은 진정시켜도 머릿속은 앞일을 예측하고 해답을 찾느라 계속 정신이 없지요.

지혜와 지식의 모든 보화가 주님 안에 감추어져 있다는 이 놀라운 진리에 집중할 수 있게 도와주소서. 제 마음을 향해 "사랑하는 자여, 내가 너의 보화니 너는 내 안에서 온전하다" 말씀하시며 일깨워 주소서.

무엇보다 주님을 귀히 여기고 주님을 **저의 첫사랑**으로 기뻐할 때, 저는 분열된 느낌으로부터 보호됩니다. 주님이 저를 온전하게 하시지요. 생각이 주의 임재에서 벗어날 때마다 다시 주님께 다잡아 가도록 훈련시켜 주십니다. 주님, 제 안에서 오래 참으시며 일하시니 감사합니다.

주님과 가까이 지내며 주의 임재를 즐거워하려면 주의 명령에 힘써 순종해야 합니다. 자주 실패한다는 것을 고백하며, **주께서 제게 구원의 옷, 주의 공의의 겉옷을 입혀 주셨음에** 한없는 감사를 드립니다!

예수님의 거룩하신 이름으로 기도합니다. 아멘.

골로새서 2:2~3, 요한계시록 2:4(우리말성경), 이사야 61:10

여호와께서 이르시되 내가 친히 가리라 내가 너를 쉬게 하리라

출애굽기 33:14

모든 것을 아시는 하나님,

제 앞에 펼쳐진 하루를 잘 맞이하도록 준비시켜 주소서. 오늘이 어떤 날이 될지 주님은 **정확히** 아시지만 저는 막연한 생각밖에 없습니다. 하루를 굽이굽이 다 보여 주는 지도가 있다면 얼마나 좋을까요. 앞으로 닥칠 일을 미리 볼 수 있다면, 더 잘 준비된 기분이 들겠지요. 하지만 주께서 오늘 **무슨 일이 닥치든** 잘 대비할 수 있는 더 좋은 길을 가르쳐 주셨습니다. 바로 주님과 함께 알찬 시간을 보내는 것이지요.

앞길에 무엇이 기다리고 있을지 몰라도 이 여정에 맞게 저를 잘 준비시켜 오셨음을 믿습니다. 걸음마다 주님이 동행하신다는 약속에 마음이 설렙니다! 그리고 주님과 더 잘 소통하는 법을 배우고 있는데, 주를 향해 생각을 돌려야 할 때는 작은 소리로 주의 이름을 부릅니다. 이 단순한 연습이 온종일 주님께 집중하며 걷는 데 도움이 되지요.

주님, 주님이 언제나 제 안에 함께하심이 기쁩니다. 주의 임재하심이 최고의 로드맵입니다!

즐거움을 주시는 예수님의 이름으로 기도합니다. 아멘.

출애굽기 33:14, 빌립보서 4:4, 요한복음 15:4~5

소망 중에 즐거워하며 환난 중에 참으며 기도에 항상 힘쓰며

로마서 12:12

영광의 주님,

소망은 저와 하나님 나라를 이어 주는 금줄과 같음을 주님이 보여 주셨지요. 겹겹의 시련이 닥쳐올 때도 이 줄 덕분에 당당할 수 있습니다. 주님이 결코 제 곁을 떠나지 않으시고 제 손을 놓지 않으심을 알기 때문이지요. 하지만 주님과 함께 오르막길을 오를 때 이 소망의 줄을 놓치면 고개가 수그러지고 발이 질질 끌립니다. 지친 발만 보며 걸었지만 소망 덕분에 이 복된 길 위의 영광스러운 풍경이 눈에 들어옵니다!

주님, 저와 함께 계셔서 감사합니다. 주님과 동행하는 이 길이 하나님 나라로 이어져 있으니 감사합니다. 그 영광의 종착지를 생각하면 앞길이 순탄하든 험하든 걱정이 사라집니다. 끊임없는 주님의 임재와 하나님 나라를 향한 소망, 이 두 가지를 늘 마음에 품도록 훈련시켜 주소서.

예수님의 놀라우신 이름으로 기도합니다. 아멘.

로마서 12:12, 데살로니가전서 5:8, 히브리서 6:19~20, 로마서 15:13

그가 빛 가운데 계신 것 같이 우리도 빛 가운데 행하면 우리가 서로 사귐이 있고 그 아들 예수의 피가 우리를 모든 죄에서 깨끗하게 하실 것이요

요한일서 1:7

사랑하는 예수님,

제가 주님과 가까이 지내며 **빛 가운데 행하면, 주님의 피가 저를 모든 죄에서 깨끗하게** 하신다고 주께서 말씀으로 확신시켜 주십니다. 저의 죄를 자백하오니 제게 꼭 필요한 변화를 이루게 도와주소서.

주님과 함께하는 것이 제가 죄를 빨리 고백하느냐 또는 충분히 고백하느냐에 달려 있지 않으니 감사합니다. 오직 주의 완전한 의가 저와 주님의 바른 관계를 유지시켜 준다고 알려 주셨지요. 주님, 제가 그리스도인이 되던 그때 이 값진 선물을 영원히 거저 주셨으니 감사합니다. 제가 주님의 것이기에, **주의 공의의 겉옷을** 제게 찬란하게 **더하셨기에** 주의 영광스러운 임재 안에 담대히 들어갈 수 있습니다.

주의 얼굴빛 가운데 다니는 것이 여러모로 제게 복이 된다는 것을 알았습니다. 좋은 일은 더 좋아지고, 궂은 일도 주님과 함께 나누면 한결 감당하기 쉽지요. 주님의 사랑의 빛을 즐거워하면 다른 사람들을 더 온전히 사랑하며 **사귈** 수도 있습니다. 나아가 주의 거룩하신 빛 앞에 죄가 숨김없이 드러나니 제가 비틀거리거나 넘어질 소지도 줄어들지요.

주님, **하루 종일 주의 이름을 즐거워하는** 법을 가르쳐 주소서. 주의 임재를 즐거워하며 **주의 공의를 높이게** 하소서!

예수님의 신성하신 이름으로 기도합니다. 아멘.

요한일서 1:7, 이사야 61:10, 시편 89:15~16(우리말성경)

들으라 너희 중에 말하기를 오늘이나 내일이나 우리가 어떤 도시에 가서 거기서 일 년을 머물며 장사하여 이익을 보리라 하는 자들아 내일 일을 너희가 알지 못하는도다 너희 생명이 무엇이냐 너희는 잠깐 보이다가 없어지는 안개니라

야고보서 4:13~14

주권자이신 하나님,

삶을 통제할 수 있다는 환상을 버리게 하소서. 매사가 순조로울 때면 제가 그 일들을 주관하는 것처럼 느끼기 쉽지요. 하지만 주인으로 착각하고 그 역할에 편안해지는 것이 제게는 더 위험한 일입니다.

항해가 순탄할 때는 즐길 수 있고 감사할 수 있습니다. 하지만 삶을 평정했다는 느낌에 중독되어 그것을 정상으로 여겨서는 안 됩니다. 풍랑과 불확실한 일은 **반드시** 닥쳐온다는 것을 경험으로 배웠으니까요. 통제를 고집하며 제 뜻을 관철하는 것을 당연하게 생각하면 역경에 부딪힐 때 침몰하기 쉽습니다.

시시로 주님을 의지하며 주 앞에 마음을 토하게 하소서. **주님은 저의 피난처**시니까요. 역경을 통해 통제의 환상에서 벗어나게 하시니 감사합니다. 상황이나 미래가 온통 불확실할 때 저는 주님을 의지하며 주께 피할 수 있습니다. 저의 안전을 **주님을 아는** 데서 찾고 싶습니다. 주님은 제 삶의 풍랑과 저의 모든 것을 주관하시는 주인이십니다!

예수님의 위대하신 이름으로 기도합니다. 아멘.

야고보서 4:13~14, 시편 62:8, 요한복음 17:3

예수께서 이르시되 나는 부활이요 생명이니 나를 믿
는 자는 죽어도 살겠고

요한복음 11:25

귀하신 예수님,

주님은 부활이요 생명이시니 주를 믿는 사람은 죽어도 삽니다. 마르다의 오빠 나사로가 죽은 지 나흘 되었을 때 주께서 마르다에게 이 능력의 말씀을 하셨지요. 마르다는 주님을 믿었고 나사로는 주의 명령을 따라 무덤에서 나왔습니다!

주님이 길이요 진리요 생명이라는 말씀을 묵상하는 것이 좋습니다. 주님은 현세와 내세를 통틀어 제게 필요한 모든 것이지요. **지혜와 지식의 모든 보화가 주님 안에 감추어져 있습니다.** 이 진리를 믿으면 제 삶이 단순해져서 늘 주님께 초점을 맞출 수 있습니다. 그 무엇보다 주님을 소중히 여기는 즐거운 훈련으로 저를 연단하여 주소서.

주님은 제 모든 고민의 답이시고 모든 시대와 환경에 두루 미치는 기쁨이십니다. 주님 덕분에 힘든 시간을 견딜 수 있고 좋은 시간은 더 좋아지지요. 제 삶을 주님과 더 많이 나누고 싶어 제 모습 그대로 **주께로 옵니다.** 주님은 저를 한 걸음씩 인도하시는 **길이시고** 영생을 주시는 **부활이시니,** 주님과 동행하는 여정이 즐겁습니다.

예수님의 엄위하신 이름으로 기도합니다. 아멘.

요한복음 11:25, 43~44, 요한복음 14:6, 골로새서 2:2~3, 마태복음 11:28

우리가 알거니와 하나님을 사랑하는 자 곧 그의 뜻대로 부르심을 입은 자들에게는 모든 것이 합력하여 선을 이루느니라

로마서 8:28

가장 사랑하는 예수님,

주께서 저를 돌보신다는 것을 알게 되니 얼마나 멋진지요! 주님과 함께 시간을 보내며 주의 임재 안에서 온기를 느끼고 안전을 누리면, 제 삶의 세세한 것 하나까지 주님의 주관 하에 있음을 믿기가 쉽습니다. 성경은 **주를 사랑하는 자 곧 주의 뜻대로 부르심을 입은 자들에게는 모든 것이 합력하여 선을 이루신다**고 하셨지요.

세상이 타락하여 때로 우연이 우주를 지배하는 것처럼 느껴집니다. 분명한 의미 없이 사건들이 임의로 벌어지는 것 같지요. 하지만 세상을 그렇게 보면, 저의 이해력에 한계가 있다는 매우 중요한 사실을 놓치게 된다고 주님이 가르쳐 주셨지요. 눈에 보이는 세상 이면에 저로서는 헤아리기 어려운 많은 신비들이 숨겨져 있으니까요!

주님이 제 가까이 계셔서 한결같이 저를 위해 일하시는 것을 실제 **볼 수 있다면**, 주님의 놀라운 돌보심에 대해 다시는 의심하지 않겠지요. 그러나 주님은 **믿음으로 행하고 보는 것으로 행하지 말라**고 말씀하십니다. 주님의 신비롭고 장엄한 임재를 신뢰하도록 도와주소서.

예수님의 웅대하신 이름으로 기도합니다. 아멘.

로마서 8:28, 욥기 42:3, 베드로전서 5:7, 고린도후서 5:7

내가 주를 의뢰하고 적군을 향해 달리며 내 하나님을
의지하고 담을 뛰어넘나이다

시편 18:29

영화로우신 예수님,

한 번에 한 걸음씩 주님을 따르도록 도와주소서. 주께서 제게 바라시는 것이 그것뿐임을 압니다. 사실 이 시공간을 통과하려면 한 걸음씩 내딛는 **수밖에** 없다는 것도 압니다. 그런데도 우뚝 솟은 큰 산을 보며 저렇게 높은 데를 어떻게 오를 수 있을까 지레 걱정합니다. 그 바람에 한 발 앞을 보지 않아 지금 주님이 인도하시는 쉬운 길에서 넘어집니다. 주님이 일으켜 주시면 또 저 앞에 놓인 벼랑 때문에 걱정이 태산이라고 아룁니다.

내일은 고사하고 오늘 벌어질 일조차 모른다는 것을 주께서 사랑으로 일깨워 주십니다. 길이 꺾여 저 높은 봉우리를 비켜 갈지도 모르고, 여기서는 멀어서 보이지 않지만 더 쉬운 등산로가 있을지도 모릅니다. 설령 가장 가파른 길로 인도하신다 해도, 그 고된 등반에 맞게 저를 철저히 준비시켜 주실 것을 압니다. 심지어 **천사들에게 명하여 제 모든 길에서 저를 지키시지요.**

정말 미래를 걱정하지 않고 현재의 여정에 집중하며 주의 임재를 누리고 싶습니다. **믿음으로 행하고 보는 것으로 행하지 않는** 법을 가르쳐 주시고, 앞길을 열어 주실 주님을 더욱 신뢰하게 하소서.

긍휼이 풍성하신 예수님의 이름으로 기도합니다. 아멘.

시편 18:29, 시편 91:11~12, 고린도후서 5:7

나의 발로 암사슴 발 같게 하시며 나를 나의 높은 곳
에 세우시며

사무엘하 22:34

창조주 하나님,

주님은 저의 발을 암사슴 발 같게 하여 저를 높은 곳에 세우신다고 말씀하십니다. 사슴을 창조하실 때 가파른 산도 쉽게 오르고 높은 곳에 두려움 없이 설 수 있는 능력을 주셨지요. 그런 주님이 저를 창조하시고 구속하셔서, 주님을 신뢰함으로 '제 발로 설' 수 있게 하셨습니다. 그러니 저도 담대히 문제와 책임과 고난의 높은 곳으로 **다니며** 전진할 수 있습니다.

우리가 살고 있는 세상은 영적인 적들이 휴전을 선언하지 않는 곳이지요. **깨어서** 주님이 주시는 **전신 갑주를 입고** 항시 전투태세로 임하게 하소서. 무슨 일이 있어도 **능히 대적하고 모든 일을 행한 후에 서고** 싶습니다.

전투가 한창일 때마다 주를 더욱 굳게 의지하게 하시고, 주님이 제 곁에서 함께 싸우고 계심을 확신하게 하소서. 지고 있는 것처럼 느껴질 때도 포기해서는 안 됨을 압니다. 주의 손을 꼭 잡고 끝까지 버티는 것이 저의 임무니까요. 그것이 곧 승리입니다!

승리하신 예수님의 이름으로 기도합니다. 아멘.

사무엘하 22:34, 하박국 3:19, 베드로전서 5:8, 에베소서 6:13

그리하면 모든 지각에 뛰어난 하나님의 평강이 그리스도 예수 안에서 너희 마음과 생각을 지키시리라

빌립보서 4:7

자비로우신 예수님,

주님의 얼굴이 저를 비추시며 **지각에 뛰어난 평강의** 빛을 발하십니다. 문제의 바다에 에워싸여 있어도 저의 평강이신 주님을 대면하고 주께 초점을 맞추는 한 저는 안전합니다. 주변의 수많은 문제를 너무 오래 쳐다보면, 그 짐에 눌려 침몰할 것입니다. 그러나 물에 빠지려고 할 때 **"주여, 나를 구원하소서"**라고 외치면 건져 주실 줄 믿고 감사합니다.

주님과 가까이 지낼수록 더 안전하게 느껴집니다. 주위 환경이 요동하고 멀리서 밀려오는 파도가 위험해 보여도, 그럴 때일수록 결코 변하지 않으시는 **주님을 바라보아야** 합니다. 멀리 있던 파도가 가까워질 때쯤이면 주님이 뜻하신 만큼 작아져 있을 것을 압니다. 또 주께서 항상 제 곁에 계시며 **오늘의** 파도에 맞설 힘과 용기를 주시니 기쁩니다.

미래는 저를 겁주려는 유령임을 가르쳐 주셨지요. 그러니 장래 일을 걱정하지 말고 웃으며 늘 주님 곁에 있게 도와주소서.

우리를 보호해 주시는 예수님의 이름으로 기도합니다. 아멘.

빌립보서 4:7, 마태복음 14:29~30, 히브리서 12:2, 히브리서 13:8

여호와의 말씀이니라 너희를 향한 나의 생각을 내가 아나니 평안이요 재앙이 아니니라 너희에게 미래와 희망을 주는 것이니라

예레미야 29:11

사랑이 많으신 하나님,

가끔 제 마음속에 "나의 아들딸아, 내가 주관하고 있으니 긴장하지 말고 안심해라" 속삭이시는 주의 음성이 들려옵니다. 아름다운 해변의 푸근한 파도가 밀려오듯 계속 들려주시는 이 말씀에 귀 기울이면 주님의 끝없는 사랑을 더 확신하게 됩니다.

매사를 때가 되기도 전에 미리 알려고 하다가 시간과 에너지를 많이 허비함을 고백합니다. 그 사이에 주님은 공들여 저의 앞길을 예비하시지요. 그러니 제 눈을 열어 주께서 예비하신 뜻밖의 놀라운 일들을, **주님의 지휘로만** 가능했을 상황들을 보게 하소서. 제가 주님의 사랑받는 존재임을 늘 일깨워 주소서. 주님은 제 편이시며 제게 가장 좋은 것을 주시고 싶어하십니다.

강하면서 너그러운 이에게 사랑받는 사람은 당연히 풍성한 복을 받겠지요. 우주의 왕이신 **주님의** 사랑을 받는 데다, **저를 향한 좋은 생각이 주께 있으니** 기쁩니다. 알지 못하는 미래를 내다볼 때마다 긴장하지 않고 주의 **사랑을 입은 자**로 안심하게 하소서. 그러면 주의 손을 붙들고 담대히 전진할 수 있을 것입니다. 주님과 함께 **생명의 길을** 걷는 동안 주께서 저의 마음을 기쁨으로, 저의 생각을 평강으로 충만하게 하십니다.

예수님의 아름다우신 이름으로 기도합니다. 아멘.

예레미야 29:11, 신명기 33:12, 시편 16:11

다만 이뿐 아니라 우리가 환난 중에도 즐거워하나니 이는 환난은 인내를, 인내는 연단을, 연단은 소망을 이루는 줄 앎이로다

로마서 5:3~4

승리하신 주 예수님,

환난 중에 즐거워하게 하소서. **환난은 인내를, 인내는 연단(성품)을, 연단은 소망을 이룸**을 믿게 하소서. 고통과 문제들이 오히려 복이 되어 소망을 이룬다 하시니 큰 힘이 됩니다. 하지만 저절로 되는 일은 아니지요. 고난의 시기에 저를 인도하시는 성령께 저도 협력해야 합니다.

인내는 요즘 보기 드문 자질입니다. 대부분의 사람들이 그렇듯 저도 속전속결 빠른 해결을 원합니다. 하지만 긴 역경이 저의 성품을 변화시킨다고 말씀하셨습니다. 주님을 신뢰하고 확신하며 역경을 받아들이면 저의 성품이 변화되어 더욱 주를 닮게 되고, 저는 준비된 상태에서 영원히 주님과 함께 문제없이 살아가게 되지요.

주님을 닮아갈수록 저의 소망도 커집니다. 이렇게 성품이 변하는 것이 제가 정말 주님께 속한 자임을 확증해 줍니다! 주님께 가까이 있으면, 문제에 대처하는 데 도움이 됩니다. 주님과 **함께라면** 능히 감당할 것을 믿기 때문이지요. 그리고 하나님 나라의 찬란한 소망이 저를 비추며 제게 힘과 용기를 줍니다.

예수님의 영광스러운 이름으로 기도합니다. 아멘.

로마서 5:3~4, 요한복음 14:16~17, 빌립보서 4:13

내가 고통 가운데 처해 있더라도 주께서는 나를 회복시키실 것입니다. 내 적들의 분노를 향해 주의 손을 뻗으실 것이고 주의 오른손이 나를 구원하실 것입니다.

시편 138:7(우리말성경)

능력의 하나님,

제가 고통 가운데 처해 있더라도 주께서는 저를 회복시키실 것입니다. 그러니 문제가 생겨도 겁먹지 않겠습니다. 주님이 **저의 가운데에** 계시는 **전능자시며** 세상 모든 고통보다 크신 분임을 기억하겠습니다! **주의 오른손이 저를 구원하실** 것이니 주님의 손을 꼭 붙들면 아무리 힘든 시절도 담대히 헤쳐 나갈 수 있지요.

주께서 주시는 능력으로 제가 고난을 견딜 뿐 아니라 고난을 통해 더 강건해질 수 있으니 감사합니다. 그래도 힘든 여정에 지치고 어지러울 때는 주님이 저를 못마땅해 하신다는 표시로 해석하지 않게 하소서. 오히려 저의 연약함을 망가진 세상에서 살아가는 삶의 일부로 받아들이게 하소서. 힘들 때 저 혼자가 아님을, 주님이 저와 함께 계시며 **세상에 있는 저의 형제들도 동일한 고난을 당하고 있음을** 일깨워 주소서. 이 쉽지 않은 길을 가는 동안 늘 주님과 소통해야 합니다. 살아 계신 주님의 임재가 **제게 힘을 주고 평강의 복을 주어** 저를 살아나게 하십니다.

비길 데 없는 예수님의 이름으로 기도합니다. 아멘.

시편 138:7(우리말성경), 스바냐 3:17, 베드로전서 5:9, 시편 29:11

백성들아 시시로 그를 의지하고 그의 앞에 마음을 토하라 하나님은 우리의 피난처시로다

시편 62:8

피난처 되시는 주님,

약하고 지친 모습으로 주께 나아옵니다. 도저히 감당할 수 없을 것만 같습니다. 주님이 제 곤경의 깊이와 너비를 속속들이 아시니 위안이 됩니다. 아무것도 주님께 숨길 수 없지요.

저의 피난처이신 주님 앞에 마음을 토합니다. 경계심과 가식을 버리고 주님과 저 자신에게 솔직해지면 마음이 홀가분해집니다. 주께 모든 고충을 아뢰면 주님과의 관계가 더 돈독해지면서 평온한 친밀감이 싹트지요. 주의 안전한 임재 안에서 안식하게 도와주소서. 주께서 저를 다 아시고 **영원한 사랑으로 사랑하심을** 믿게 하소서.

주의 임재 안에서 안식하면 저를 새롭게 하시고 새 힘을 주시며, 전진할 수 있는 가장 좋은 길을 보여 주시지요. 주께서 결코 제 곁을 떠나지 않으시니 감사합니다. 주님은 **제 오른손을 붙들고** 놓지 않으십니다. 이것을 알기에 용기와 자신감으로 인생 여정을 걸어갑니다. 주님과 함께 걸어가면 **"겁먹지 마라. 내가 여기 있다. 내가 너를 도우리라"**라고 말씀하시는 주의 음성이 들려옵니다.

우리를 격려해 주시는 예수님의 이름으로 기도합니다. 아멘.

시편 62:8, 예레미야 31:3, 시편 46:10, 이사야 41:13(메시지 성경)

너는 마음을 다하여 여호와를 신뢰하고 네 명철을 의
지하지 말라 너는 범사에 그를 인정하라 그리하면 네
길을 지도하시리라

잠언 3:5~6

항상 임재하시는 하나님,

저의 실존에서 가장 중요한 사실은 주님이 늘 함께하시며 저를 돌보신
다는 것입니다. 시간이나 공간의 제약을 받지 않으시는 주님이 영원히
저와 함께하신다고 약속하셨으니 감사합니다. 덕분에 저는 미래에 계신
주님을 신뢰하며 침착하게 미래를 맞이할 수 있습니다.

훗날 제가 영원에 들어서면 주님의 왕국에서 저를 기다리시는 주님을
만날 것입니다. 저의 미래가 주의 손안에 있기에 **내일 일을 염려할** 필요
가 없지요. 불안해지려고 할 때마다, "나의 아들딸아, **염려하지 말라**" 말
씀하시는 주의 음성을 듣게 하소서.

주님, 오늘 하루도 보아야 할 것을 다 보고 해야 할 일을 다 하며 풍성
한 하루로 살고 싶습니다. 미래의 염려로 정신을 빼앗기기보다 주님께
맡기기 위해 노력하겠습니다. 삶의 하루하루가 주님의 영광스러운 선물
인데, 저는 오늘이라는 한계 안에서 살기 위해 고군분투하고 있음을 고
백합니다. 풍성한 삶에 쓰일 에너지가 내일의 염려나 과거의 후회로 낭
비될 때가 많습니다. 소중한 에너지를 이렇게 낭비하면 **더 풍성히** 살기
는커녕 종일 절뚝거리지요. 그러나 현재 속에 계시는 주의 임재에 집중
할 때, 담대히 행하며 원기왕성하게 살아갈 수 있습니다.

예수님의 보배로우신 이름으로 기도합니다. 아멘.

잠언 3:5~6, 마태복음 6:34, 요한복음 10:10

내가 네 갈 길을 가르쳐 보이고 너를 주목하여 훈계
하리로다

시편 32:8

영원하신 하나님,

타락한 세상에 살고 있으니 문제를 피할 수 없음을 깨닫습니다. 세상이라는 옷감에 문제가 무늬처럼 섞여 있으니까요.

그런데 저는 제 능력으로 무엇이든 고칠 수 있는 것처럼 무조건 문제 해결에 돌입합니다. 습관적인 반응이지요. 너무 자동이라서 머릿속에 의식조차 되지 않습니다. 그러나 이 습관은 저를 좌절에 빠뜨릴 뿐 아니라 주님과 멀어지게 합니다.

'문제 해결'이 제 삶의 최우선이 아니었으면 좋겠습니다. 이 망가진 세상의 모든 잘못을 바로잡기에는 제 능력이 턱없이 부족함을 실감합니다. 저의 책임도 아닌 일로 노심초사하기보다 주님과의 관계에 초점을 두기를 갈망합니다. 무슨 생각이 들든 먼저 주님과 대화하고 상황을 주님의 관점에서 보게 하소서. 주변의 모든 것을 고치려고 하기보다 주님께 오늘 제가 무엇을 하기를 원하시는지 보여 달라고 기도하며, 나머지는 염려하지 않게 하소서.

주님, 제가 지금 하나님 나라로 가는 길에 있다는 이 놀라운 사실을 즐겁게 묵상합니다! 늘 주께 초점을 맞출 수 있게 도와주소서. 그러면 저의 문제들은 영원의 영광스러운 빛 앞에서 무색해질 것입니다.

예수님의 눈부신 이름으로 기도합니다. 아멘.

시편 32:8, 누가복음 10:41~42, 빌립보서 3:20, 요한복음 14:2~3

만일 우리가 보지 못하는 것을 바라면 참음으로 기다릴지니라

로마서 8:25

은혜로우신 주님,

보지 못하는 것을 바라게 하시고 **참음으로 기다리게** 하소서. 저는 오감 중에 시각이 가장 중요하다 생각합니다. 주께서 세상을 눈부시게 아름답게 창조하셨고, 저는 그 아름다움을 보는 것이 즐겁습니다. 그러나 소망도 시력이라는 것을 깨닫습니다. 오히려 눈으로 보는 것보다 더 놀라운 것을 보게 하지요. 소망 덕분에 **아직 없는** 것을 마음의 눈으로 봅니다. 가장 놀라운 것이 하나님 나라에 대한 소망이지요. 성경은 저의 최종 목적지가 주님의 영광에 동참하는 것이라 말씀하십니다! 이 웅대한 약속을 믿을 수 있는 것은 주께서 십자가에서 다 이루신 일과 기적 같은 부활이 있기 때문입니다.

보지 못하는 것을 바라는 연습을 해야 합니다. 내세뿐 아니라 현세의 것까지도 소망하게 하소서. 꿈과 소망으로 인도하시되 그 모두가 주의 뜻에 일치되게 하소서. 주의 뜻만이 온전히 이루어지기를 기도하면서 제 마음의 눈을 훈련하여 그런 복을 '보고' 싶습니다. **참음으로 기다리는** 법을 가르쳐 주소서. **주님께** 가장 중점을 두되 대망의 결과도 바라보게 하소서. 주님은 저의 소망이십니다!

예수님의 위대하신 이름으로 기도합니다. 아멘.

로마서 8:25, 요한복음 17:22, 히브리서 11:1

내가 주께 감사제를 드리고 여호와의 이름을 부르리
이다

시편 116:17

주 예수님,

저를 힘들게 하는 것들로 인해 감사하게 하소서. 지금 제가 반항의 문
턱에까지 와 있음을 고백합니다. 이러다 주님의 면전에 주먹을 휘두를까
봐 아찔할 정도입니다. 저를 대하시는 주님의 방식에 대해 '조금만' 불평
하고 싶습니다. 하지만 그 선을 넘으면 분노와 자기연민의 급류에 휩쓸
릴 수 있다는 것을 어렵게 배웠습니다. 이런 해로운 행동을 막는 최선의
방책이 **감사**라는 것을 주님이 가르쳐 주셨지요. 주님께 감사하면서 동시
에 반항할 수는 없으니까요.

힘든 환경이나 지독한 시련 때문에 감사하는 저의 기도가 처음에는 억
지처럼 어색하게 느껴집니다. 하지만 이런 기도를 계속하면 감사의 고백
이 결국 제 마음에 변화를 낳는다는 것을 깨달았습니다. 감사는 제 마음
을 깨워 주님의 변함없는 임재에 주목하게 하고, 주의 임재는 저의 모든
문제를 압도합니다. **주님 앞에는 충만한 기쁨이 있습니다!**

기쁨이 넘치시는 예수님의 이름으로 기도합니다. 아멘.

시편 116:17, 빌립보서 4:4~7, 시편 16:11

구하오니 주의 종에게 하신 말씀대로 주의 인자하심
이 나의 위안이 되게 하시며

시편 119:76

사랑이 많으신 나의 구주시여,

주의 인자하심이 저의 위안입니다. 망가진 세상에 살고 있기에 고난은 결코 멀리 있지 않습니다. 위로가 될 만한 것이 많아도, 한결같은 것은 주님 사랑 하나뿐입니다! 다른 것들은 **때에 따라** 도움이 되지만 위로를 주시는 주의 임재는 **항상** 저와 함께하시니까요.

주께서 베푸시는 온전하고 다함없는 사랑은 저의 상심을 달래 주는 **위로입니다.** 또한 그 사랑은 **인격체입니다.** 주의 사랑은 **주님과** 떼어 생각할 수 없으니, **어떤 피조물이라도 저를 주의 사랑의 임재에서 끊을 수 없지요.**

제가 누구인지 기억하도록 도와주소서. 주님을 따르는 소중한 존재임을 잊지 않게 하소서. 언제든 주께 와서 위로받게 하소서. 그리하여 복의 근원이신 주님처럼 저도 다른 사람들의 삶에 복이 되고 싶습니다. **주께 받는 위로로 모든 환난 중에 있는 이들을 위로하게** 하소서.

우리를 위로해 주시는 예수님의 이름으로 기도합니다. 아멘.

시편 119:76, 요한복음 16:33, 로마서 8:38~39, 고린도후서 1:3~4

그러나 귀신들이 너희에게 항복하는 것으로 기뻐하지 말고 너희 이름이 하늘에 기록된 것으로 기뻐하라 하시니라

누가복음 10:20

귀하신 예수님,

제 이름이 하늘에, 주님의 생명책에 기록된 것을 기뻐합니다. 저는 주님의 것이니 제게 주신 기쁨은 어떤 환경에도 흔들리지 않습니다. 주님이 주신 영생을 제게서 빼앗을 이는 **결코** 없지요. 부활하신 저의 구주로 믿는 믿음을 보시고 저를 **의롭다 하시고 또한 영화롭게 하셨습니다.** 그뿐 아니라 **주님과 함께 일으켜 하늘에 앉히셨습니다.**

기쁨은 주님께 속한 모든 이들의 타고난 권리이니 아무리 힘들고 괴로운 환경에도 누릴 수 있음을 기억하게 하소서. 오늘 아침 마음을 열고 주께 나아와 두 손을 활짝 펴고 이렇게 고백합니다. "예수님, 주님의 기쁨을 받습니다." 주님 곁에서 기다리고 있으면 주의 임재의 빛이 저를 비추시며 제 속사람 구석구석까지 흠뻑 적셔 주십니다. 주님은 제게 힘을 주시며 오늘 하루를 잘 맞이하도록 준비시켜 주시지요.

필요하면 언제나 주님께 달려와 기쁨을 공급받을 수 있으니 감사합니다. 무한히 풍성하신 하나님, 저는 주님이 주시는 것으로 늘 충분하고도 남습니다!

풍성하게 베푸시는 예수님의 이름으로 기도합니다. 아멘.

누가복음 10:20, 요한계시록 21:27, 로마서 8:30, 에베소서 2:6

April

너희는 그 은혜에 의하여
믿음으로 말미암아 구원을 받았으니
이것은 너희에게서 난 것이 아니요
하나님의 선물이라

에베소서 2:8

즐거움을 주시는 예수님,

즐거이 주님을 의지하며 살게 하소서! 한때는 의존하는 것을 약한 것으로 보고 최대한 자립하려 애썼지요. 하지만 저를 향한 **주님의** 길은 그게 아님을 알았습니다. 저를 지으실 때 늘 주님을 필요로 하게 하셨고, 심지어 궁핍함을 기뻐하게 하셨습니다. 주님의 길이 최고임을 믿으며 주님의 뜻에 조화되게 살고 싶습니다.

성경은 **항상 기뻐하고 쉬지 말고 기도하라** 하십니다. 주의 임재 안에 항상 기쁨이 있지요! 또 **저를 떠나거나 버리지 않기로** 약속하셨고 주께서 들으시고 돌보심을 알기에 항상 주님께 아뢸 수 있습니다.

쉬지 않고 기도하는 것은 제가 의지적으로 주님께 의존하는 것을 보여주는 방법입니다. 또한 주의 말씀을 공부하면서 그 말씀을 통해 주님의 뜻대로 저를 변화시켜 주시기를 구하는 것입니다. 이런 즐거운 훈련은 저를 주님께 가까이 머물게 합니다. **주님을 기뻐할수록** 주께서 영광을 받으시고 저는 복을 누립니다.

예수님의 놀라우신 이름으로 기도합니다. 아멘.

데살로니가전서 5:16~17, 신명기 31:8, 시편 119:11~12, 시편 37:4

보라 하나님은 나의 구원이시라 내가 신뢰하고 두려움이 없으리니 주 여호와는 나의 힘이시며 나의 노래시며 나의 구원이심이라

이사야 12:2

사랑하는 주 예수님,

주를 신뢰하고 두려움이 없도록 도와주소서. 주님은 시련을 제 신뢰의 근육을 단련시키는 운동으로 볼 수 있도록 훈련시켜 주셨지요. 치열한 영적 전투의 한복판에서 사탄은 두려움으로 저를 공격합니다. 두려움은 사탄이 저를 공격하는 단골 무기 중 하나지요. 두려움이 생길 때마다 "예수님, 주님을 신뢰합니다"라고 기도하며 믿음을 고백해야 합니다. 상황이 허락한다면 소리 내어 고백할 수도 있습니다.

성경은 제가 **마귀를 대적하고** 완강히 맞서면 **마귀가 저를 피한다고** 말씀합니다. 그러면 주의 거룩하신 임재 안에서 새 힘을 얻을 수 있지요. 주께 고백하고 주님을 찬양할 때 주의 얼굴을 은혜롭게 제게 비추시며 평강의 복을 주십니다.

주께 속한 자에게는 결코 정죄함이 없음을 늘 일깨워 주소서. 주께서 십자가에서 죽으셔서 제 모든 죄를 사하셨기에 저는 영원히 '**무죄**' 판결을 받았습니다. **주를 신뢰하고 두려움이 없으리니 이는 주께서 저의 힘, 저의 노래, 저의 구원이시기 때문입니다.**

우리를 구원하시는 예수님의 이름으로 구원합니다. 아멘.

이사야 12:2, 야고보서 4:7, 민수기 6:24~26, 로마서 8:1

네 짐을 여호와께 맡기라 그가 너를 붙드시고 의인의
요동함을 영원히 허락하지 아니하시리로다

시편 55:22

능력의 하나님,

"네 짐을 내게 맡겨라. 내가 너를 붙들리라"고 하시는 주의 말씀이 기쁨이 됩니다. 무거운 짐을 지기에 제 어깨가 약해서, 짐을 지면 녹초가 됩니다! 그러니 **저의 모든 근심을 주께 맡기는** 법을 가르쳐 주소서. 무엇인가 저를 짓누르는 것이 느껴지면 그 문제를 잘 살펴서, 그것이 저의 것인지 아닌지 분별하겠습니다. 제 문제가 아니면 그냥 놓아 보내고 **제** 문제라면 주님께 아뢰어야 하지요. 주님의 관점에서 보고 필요한 조치를 취하도록 도와주소서.

문제에 치중해서 그 문제가 저를 짓누르게 두어서는 안 된다는 것을 배웠습니다. 대신 저의 관심사를 주께 가져와 주님께 **맡기고** 싶습니다. 놀랍도록 강하신 어깨에 저의 짐을 져 주실 주님을 신뢰하게 하소서.

저를 붙드시며 모든 필요를 채워 주신다는 약속의 말씀이 얼마나 감사한지요. **주님은 영광 가운데 그 풍성한 대로 저의 모든 쓸 것을 채우십니다.**

예수님의 귀하신 이름으로 기도합니다. 아멘.

시편 55:22, 이사야 9:6, 베드로전서 5:7(우리말성경), 빌립보서 4:19

April

04

예수께서 또 말씀하여 이르시되 나는 세상의 빛이니 나를 따르는 자는 어둠에 다니지 아니하고 생명의 빛을 얻으리라

요한복음 8:12

웅대하신 예수님,

주는 세상의 빛이십니다! 저는 주님을 따르는 자이니 **어둠에 다니지 않고 생명의 빛을 얻을 것**입니다. 이 세상에 어둠이 가득해도 언제든지 주께 나아올 수 있습니다. 그러니 저는 결코 완전한 흑암 중에 있지 않습니다.

앞길이 가물가물해 보일 때가 많습니다. 미래로 가는 길이 사라져 버릴 때 특히 그렇지요. 가로등이 있다면 얼마나 좋을까요. 앞일을 예측할 수 있을 테니까요. 하지만 사실은 주님으로 충분합니다! 주님이 늘 저와 함께 계시며, 또 앞서가셔서 길을 비춰 주시지요. 저는 주님을 신뢰하고 주의 등불만 따라가면 됩니다. 앞길이 어둑어둑할 때도 주님의 조명만 있으면 충분히 길을 찾아 한 걸음씩 나아갈 수 있습니다.

언젠가는 저도 천국에 주님과 함께 있어 영광 가득한 주님의 빛을 볼 것입니다! 어둠은 옛일이 될 테고 모든 것이 똑똑히 보이겠지요. 그때는 **다시 밤이 없겠고 등불과 햇빛이 쓸 데 없으니 이는 주님이 제게 비치시기** 때문입니다. 그야말로 상상을 초월하는 일입니다!

예수님의 눈부신 이름으로 기도합니다. 아멘.

요한복음 8:12, 잠언 4:18, 요한계시록 22:5

April

05

믿음의 주요 또 온전하게 하시는 이인 예수를 바라보자 그는 그 앞에 있는 기쁨을 위하여 십자가를 참으사 부끄러움을 개의치 아니하시더니 하나님 보좌 우편에 앉으셨느니라 너희가 피곤하여 낙심하지 않기 위하여 죄인들이 이같이 자기에게 거역한 일을 참으신 이를 생각하라

히브리서 12:2~3

강하신 나의 구주시여,

피곤하여 낙심하지 않게 도와주소서. 어려운 일이 오래 계속되면 지쳐서 포기하기 쉽습니다. 만성적인 문제가 저를 기진맥진하게 하지요. 그러나 문제에 너무 집중하면 자기연민이나 절망의 블랙홀에 빨려들 위험도 있음을 압니다.

저는 몸의 피로를 풀지 않으면 쉽게 정서적으로 메마르고 영적인 탈진에 빠지고, 결국 **낙심하게 됩니다**. 그런데 **주님을 바라봄으로** 문제를 뛰어넘도록 저를 준비시켜 주시니 감사합니다. 살아 계신 구주가 되시려고 주께서 **십자가를 참으시는** 엄청난 대가를 치르신 것을 압니다. 그런 고난까지도 저를 위해 기꺼이 당하신 주님을 생각하면, 저도 힘이 나서 제 고난을 견디게 되지요.

주님을 예배하는 것이 곧 새 힘을 얻는 즐거운 길임을 알았습니다! 역경 중에도 주님을 찬양하며 믿음의 걸음을 내딛으면 주의 영광스러운 빛이 저를 비추십니다. 주의 사랑을 인식하며 주님과 가까이 지냄으로, 그 빛이 다른 사람들에게도 반사되게 하소서. 지금 제가 **주님의 형상으로 변화하여 영광에서 영광에 이르는** 중이니 기쁩니다!

예수님의 아름다우신 이름으로 기도합니다. 아멘.

히브리서 12:2~3, 고린도후서 5:7, 고린도후서 3:18

네 길을 여호와께 맡기라 그를 의지하면 그가 이루
시고

시편 37:5

최고이신 주 예수님,

일이 생길 때 결과를 예측하거나 통제하려 하지 말고 주님을 온전히 신뢰하고 싶습니다. 때로는 그저 긴장을 풀고 주님의 영원한 사랑의 빛 안에서 새 힘을 얻어야 합니다. 주의 사랑의 빛이 결코 흐려지지 않는데도, 주님의 찬란한 임재를 인식하지 못할 때가 많습니다. 현재보다 미래에 집중해서, 나중에 할 일이나 해야 할 말을 머릿속으로 자꾸 되뇌는 것은 제가 스스로 서려는 시도임을 압니다. 주의 도움 없이도 충분해지려는 이런 시도는 은근한 죄인데, 자주 그러다 보니 인지하지 못할 때가 많습니다.

주님, 매 순간 주께 의존하며 더 온전히 현재 속에 사는 법을 가르쳐 주소서. 저의 부족함을 염려하는 대신 풍성하게 충만하신 주님을 즐거워할 수 있습니다! 제 힘으로 감당할 수 있다고 느껴질 때도 주님은 **주의 얼굴을 항상 구하도록** 저를 훈련하시지요. 제 힘으로 할 수 있는 일과 주의 도움이 필요한 일로 나누지 않고, **모든** 상황에서 주님을 의지하는 법을 배우고 싶습니다. 주님을 신뢰하고 의지하며 살아갈 때 하루하루를 담대히 맞이하고 주의 사랑의 임재를 누릴 수 있습니다.

사랑이 많으신 예수님의 이름으로 기도합니다. 아멘.

시편 37:5, 빌립보서 4:19, 시편 105:4, 빌립보서 4:13

내가 너희에게 이런 것들을 말하는 것은 너희가 내 안에서 평안을 누리게 하려는 것이다. 너희가 이 세상에서는 고난을 당할 것이다. 그러나 담대하라. 내가 세상을 이미 이겼다

요한복음 16:33 (우리말성경)

나의 구원의 하나님,

제 삶에 문제가 없으면 좋겠지만, 그것은 현실적으로 불가능하다는 것을 압니다. 십자가에 달리시기 얼마 전에 주님을 따르는 이들에게 **"너희가 이 세상에서는 고난을 당할 것이다"**라고 말씀해 주셨지요. 그러나 영원히 문제없는 하나님 나라의 삶이 저를 위해 예비되어 있으니 그날을 고대하며 감사드립니다. 아무도 빼앗을 수 없는 이 영광스러운 유산이 저를 기쁘게 합니다. 이 땅에서 나만의 지상천국을 구하기보다 약속된 하나님의 온전한 상태를 추구하며 인내하는 법을 가르쳐 주소서.

주님, 하루를 시작할 때 으레 문제가 있으려니 예상하게 하소서. 어떤 어려움이 닥쳐도 감당할 수 있게 준비시켜 주소서. 최선의 준비는 살아 계신 주님의 임재며, 결코 제 손을 놓지 않으시는 주님의 손입니다.

저의 문제를 주님과 의논하면 환난도 더 밝은 관점에서 볼 수 있습니다. 주님과 함께 능히 감당할 수 있는 도전으로 보이지요. **세상을 이기신 주님이** 제 편이심을 거듭거듭 일깨워 주소서!

세상을 이기신 예수님의 이름으로 기도합니다. 아멘.

요한복음 16:33(우리말성경), 시편 73:23, 빌립보서 4:13, 로마서 8:31

찬란하신 주 예수님,

주님은 어둠에 비치는 빛이시니 어둠이 빛을 이기지 못했고 앞으로도 이기지 못할 것입니다! 그런데 많은 문제가 저를 조여 오면, 주의 임재의 빛이 희미한 기억처럼 보일 때가 있습니다. 주님이 멀게 느껴질 때마다 모든 일을 중단하고 **제 마음을 주님 앞에 쏟아 놓아야** 합니다. 시간을 내고 자리를 마련해 저의 문제와 감정을 말씀드리게 하소서. 주께 짐을 내려놓사오니 제가 앞으로 나아갈 길을 보여 주소서.

제 주변 세상이 아무리 어두워도 주님의 빛은 더 강렬하므로 계속 **비치십니다!** 저는 주님의 것이니, 이 빛이 제 위에뿐만 아니라 제 안에도 비추시지요. **어그러지고 거스르는 세대 가운데** 제가 **세상에서 빛으로 나타날** 수 있는 기회입니다. 그러려면 시간을 내어, **저를 주님의 형상으로 변화시켜 주시기를** 구하면서, 주의 찬란한 임재를 듬뿍 쬐어야 하지요. 연약한 죄인이지만 제 삶으로 **주님의 영광을 반사하기를** 간절히 바랍니다.

주님의 영광스러우신 이름으로 기도합니다. 아멘.

요한복음 1:5, 시편 62:8(우리말성경), 빌립보서 2:14~15, 고린도후서 3:18

이것을 너희에게 이르는 것은 너희로 내 안에서 평안
을 누리게 하려 함이라 세상에서는 너희가 환난을 당
하나 담대하라 내가 세상을 이기었노라

요한복음 16:33

복되신 예수님,

환경에 흔들리지 않으며 사는 법을 배우도록 도와주소서. 그러려면 **세
상을 이기신 주님과** 함께 알찬 시간을 보내야 함을 깨닫습니다. 이 멸망
해 가는 세상이라는 옷감에는 환난과 고통도 섞여서 짜여 있지요. 제 안
에 주신 주님의 생명만이 제게 능력을 입혀, 끝없이 이어지는 문제에 **담
대히** 맞서게 합니다.

주님과 함께 잠잠히 앉아, 주의 임재 안에서 긴장을 풀면, 주께서 저의
어수선한 생각과 마음에 평강을 비추어 주시지요. 주님과 주의 말씀에
집중하는 시간을 통해 조금씩 이 땅의 족쇄에서 풀려나 환경을 초월하게
됩니다. 그 덕분에 제 삶을 주님의 관점에서 보면서 중요한 일과 그렇지
않은 일을 구분할 수 있습니다. 나아가 주의 임재 안에서 안식하면 기쁨
의 복도 누리는데, 제게서 이 **기쁨을 빼앗을 자가 없습니다.**

기쁨이 충만하신 예수님의 이름으로 기도합니다. 아멘.

요한복음 16:33, 시편 42:5, 요한복음 16:22

너희는 여호와의 선하심을 맛보아 알지어다 그에게
피하는 자는 복이 있도다

시편 34:8

사랑하는 예수님,

주의 말씀은 **주의 선하심을 맛보아 알라**고 권합니다. 주님을 더 충분히 경험할수록 주의 선하심을 더욱 확신하게 된다는 것을 알았습니다. **저를 살피시는 살아계신 하나님이** 제 삶의 모든 부분에 동참하시니 기쁩니다. 저를 훈련하여 매 순간 주님을 구하게 하시고, 저를 통해 주의 사랑을 다른 사람들의 삶 속에 흘려보내게 하십니다. 주의 복은 신비로운 방식으로 제게 올 때도 있습니다. 고통과 환난을 통해서 말이지요. 그럴 때는 주님을 신뢰함으로써만 주의 선하심을 알 수 있지요. 제 이해력으로는 번번이 실패해도 신뢰함으로 주님 곁에 머무르게 됩니다.

주님의 평강을 선물로 주시니 감사합니다. 이 선물은 어마어마해서 저로서는 그 깊이나 너비를 감히 헤아릴 수 없습니다. 주께서 부활하여 제자들에게 나타나셨을 때 제일 먼저 평강을 전하셨지요. 두려움을 가라앉히고 생각을 명료하게 해 줄 주님의 평강이 그들에게 절실히 필요했습니다. 주님이 저의 불안한 생각을 아시오니 제게도 평강을 말씀해 주십니다. 다른 목소리들일랑 걸러내고 주의 음성을 더 똑똑히 듣게 하소서. 주님, 주께 나아와 제 마음을 열고 두 손을 활짝 폅니다. 주님의 평강을 받을 준비가 되었습니다.

평강이신 예수님의 이름으로 기도합니다. 아멘.

시편 34:8, 창세기 16:13~14, 요한복음 20:19, 골로새서 3:15

April

11

예수를 너희가 보지 못하였으나 사랑하는도다 이제도
보지 못하나 믿고 말할 수 없는 영광스러운 즐거움으
로 기뻐하니 믿음의 결국 곧 영혼의 구원을 받음이라

베드로전서 1:8~9

가장 사랑하는 예수님,

제 눈으로 **주님을 보지 못하지만, 주님을 믿습니다.** 사방에 보이는 것들보다 주님이 훨씬 더 실재이심을 압니다. 그러니 주님을 믿을 때 반석처럼 굳건한 실재를 신뢰하는 것이지요! 저의 상황이 어떠하든 주님은 난공불락의 **반석이시니** 제가 그 위에 섭니다. 제가 영원히 주님의 것이기에 항상 **주님 안에 피할** 수 있음에 감사합니다.

주님을 믿으면 유익이 무수히 많다는 것을 주께서 가르쳐 주셨지요. 물론 가장 확실한 것은 **제 영혼의 영원한 구원이며,** 이 선물의 가치는 무한합니다! 또 주님을 믿으면 제가 누구이고 누구의 것인지 알 수 있어 현재의 삶도 몰라보게 향상됩니다. 제가 주님과 늘 긴밀히 소통하면서 마음에 소망을 품고 이 망가진 세상을 헤쳐 나갈 수 있도록 도와주소서.

주님, 주님은 제 기쁨의 역량을 넓혀 주셨습니다. 제가 더 많이 주님을 찾고, 주님을 더 온전히 알게 될수록 주께서 **말할 수 없는 영광스러운 즐거움으로** 저를 충만하게 하십니다!

모든 이름 위에 뛰어나신 예수님의 이름으로 기도합니다. 아멘.

베드로전서 1:8~9, 시편 18:2, 로마서 8:25

그러나 무릇 여호와를 의지하며 여호와를 의뢰하는
그 사람은 복을 받을 것이라

예레미야 17:7

존귀하신 하나님,

주님은 주님을 의지하고 의뢰하는 사람에게 복을 베푸신다고 성경은
말씀합니다. 제 삶의 모든 사소한 부분까지 주를 의지하게 도와주소서.
주님의 나라에 우연이란 없음을 압니다. **주님을 사랑하고 주의 뜻대로
부르심을 입은 자들에게는 모든 것이 합력하여 선을 이루니까요.**

매사를 알아내려고 하기보다 주님을 신뢰하고 감사하는 데 에너지를
집중하고 싶습니다. 주님 가까이 동행하면 아무것도 낭비되지 않는다는
것을 배우는 중입니다. 우리를 변화시키시는 주의 은혜를 통해 저의 실
수와 죄까지도 선하게 쓰실 것을 압니다.

제가 아직 어둠 속에 살던 때에, 주께서 죄로 물든 제 삶 속에 주의 거
룩하신 임재의 빛을 비추기 시작하셨습니다. 그러다 때가 되자 **저를 기
가 막힐 웅덩이와 수렁에서 끌어올리시고 제 발을 반석 위에 두어 제
걸음을 견고하게 하셨지요.**

저를 어두운 데서 불러내어 주의 기이한 빛에 들어가게 하시니 감사
합니다. 주께서 이 모든 일을 해 주셨기에 제 삶의 모든 영역에서 주님을
확실히 신뢰할 수 있습니다!

예수님의 뛰어나신 이름으로 기도합니다. 아멘.

예레미야 17:7, 로마서 8:28, 시편 40:2, 베드로전서 2:9

April

13

그러므로 하나님의 능하신 손 아래에서 겸손하라 때
가 되면 너희를 높이시리라 너희 염려를 다 주께 맡기
라 이는 그가 너희를 돌보심이라

베드로전서 5:6~7

능하신 예수님,

일이 뜻대로 풀리지 않을 때 그 상황을 즉시 받아들이게 하소서. 다르
게 풀릴 수도 있었는데 하는 공상은 시간과 에너지 낭비일 뿐임을 압니
다. 나아가 후회의 감정에 빠지면 원망으로 비화되기 쉽다는 것도 배웠
습니다. 저의 모든 상황을 주께서 주관하고 계심을 기억해야 합니다. **주
님의 능하신 손 아래 겸손하게 하시고, 저의 염려를 다 주께 맡겨야** 하
지요. 잘 이해되지 않더라도 주께서 제 삶 속에 하고 계신 일을 기뻐할 수
있습니다.

주님은 곧 길이요 진리요 생명이십니다. 현세에서나 내세에서나 제
게 필요한 것이 다 주님 안에 있지요. 세상의 영향력 때문에 저의 생각이
흐트러지거나 시선이 주님을 떠나지 않았으면 좋겠습니다. 매 순간 제
앞에 놓인 도전은 주위에 무슨 일이 벌어지든 **주님을 바라보는** 것입니
다. 주님이 제 생각의 중심에 있을 때, 주님의 관점에서 상황을 볼 수 있
습니다. 그럴 때 주님과 함께 **생명의 길을** 가면서 **주님 앞에 있는 기쁨
을** 누릴 수 있습니다.

비길 데 없는 예수님의 이름으로 기도합니다. 아멘.

베드로전서 5:6~7, 요한복음 14:6, 히브리서 12:2, 시편 16:11

이는 한 아기가 우리에게 났고 한 아들을 우리에게 주신 바 되었는데 그의 어깨에는 정사를 메었고 그의 이름은 기묘자라, 모사라, 전능하신 하나님이라, 영존하시는 아버지라, 평강의 왕이라 할 것임이라

이사야 9:6

평강의 왕이시여,

수고하고 무거운 짐 진 심정으로 **주께 옵니다.** 주의 임재 안에서 잠잠히 안식하는 시간을 보내고 싶습니다. 제게 매 순간 **주님이** 필요하듯 주의 평강이 끊임없이 필요합니다.

삶이 순탄할 때는 제가 얼마나 주를 의존해야 할 존재인지 쉽게 잊어버립니다. 그러다 장애물을 만나면 으레 불안해하며 상심하지요. 결국은 제게 주님이 필요함을 새삼 깨닫고 주께로 돌아와 주의 평강을 구하게 됩니다. 이 영광스러운 선물을 주셔서 감사하지만, 저는 정신을 차리기 전에는 잘 받지도 못합니다. 항상 주님 곁에 머물 수 있다면 얼마나 더 좋을까요!

저의 왕이신 주님이 **전능하신 하나님이심을** 잊지 않도록 도와주소서! **하늘과 땅의 모든 권세가 주님께 주어졌습니다.** 그러니 힘들 때마다 주께 와서 고충을 아뢸 수 있지요. 다만 주님이 얼마나 위대하시고 지혜로운 분인지를 인정하며 겸손히 나아와야 합니다. 주님을 향해 주먹을 휘두르거나 제 뜻대로 해 달라고 우기지 않고, 다윗의 이 놀라운 고백으로 기도할 수 있습니다. **"나는 주께 의지하고 말하기를 '주는 내 하나님이시라' 하였나이다. 나의 앞날이 주의 손에 있사오니."**

예수님의 엄위하신 이름으로 기도합니다. 아멘.

이사야 9:6, 마태복음 11:28, 마태복음 28:18, 시편 31:14~15

너희는 마음에 근심하지 말라 하나님을 믿으니 또 나를 믿으라

요한복음 14:1

귀하신 예수님,

주님의 말씀을 읽고, 기다림과 신뢰와 소망이 밀접하게 맞물려 있음을 알았습니다. 튼튼한 사슬을 엮은 세 가닥의 금줄과도 같습니다. 제 생각에 중심 줄은 **신뢰입니다.** 성경 도처에 이 태도를 귀가 따갑도록 가르치고 있으니까요. 기다림과 소망은 이 중심 줄을 꾸며 주면서, 저와 주님을 연결하는 사슬에 강도를 더해 줍니다.

역사하실 주님을 기다리며 바라보는 것은 제가 정말 주님을 신뢰한다는 증거지요. 입으로만 "주님을 신뢰합니다"라고 말하면서 초조하게 제 뜻을 관철하려 한다면, 그것은 공허한 말에 불과합니다.

소망은 미래지향이어서 하나님 나라에서 누릴 영광스러운 유산과 저를 이어 줍니다. 하지만 주님이 보여주신 대로 소망이 주는 많은 유익은 현재에도 누릴 수 있지요.

저는 주의 것이니 기다림은 허송세월이 아닙니다. 소망과 신뢰 가운데 기대감을 품고 기다릴 수 있습니다. 주의 임재라면 아무리 희미한 빛이라도 알아차릴 수 있도록 늘 깨어 있게 도와주소서.

신뢰받기에 합당하신 예수님의 이름으로 기도합니다. 아멘.

요한복음 14:1, 시편 56:3~4, 시편 27:14, 요한일서 3:3

옛적에 여호와께서 나에게 나타나사 내가 영원한 사
랑으로 너를 사랑하기에 인자함으로 너를 이끌었다
하였노라

예레미야 31:3

사랑이 많으신 나의 주님,

저의 행위와 관계없이 저를 사랑해 주시니 감사합니다. 때로는 주께
사랑받기에 합당할 만큼 제가 잘하고 있는지 의문이 들어 불안해집니다.
하지만 제 행동이 아무리 훌륭해도 그 의문의 답은 언제나 **부정임을** 압
니다. 저의 행위와 주님의 사랑은 전혀 별개라는 것을 주께서 가르쳐 주
셨지요. **주님은 영원한 사랑으로 저를 사랑하시며,** 이 사랑은 제약이나
조건 없이 영원 전부터 흘러나옵니다. **주님이 제게 더해 주신 공의의 겉
옷도** 효력이 영원하니 그 무엇이나 그 누구도 되돌릴 수 없습니다! 저의
성공이나 실패가 저를 향한 주님의 사랑에 아무 영향도 미치지 못한다는
뜻이지요.

행위를 자평하는 저의 능력 자체에도 결함이 있음을 압니다. 인간으로
서 저의 관점에 한계가 있는데다 몸 상태도 변덕을 부리니, 저의 행동에
대한 평가가 왜곡될 수밖에 없지요.

주님, 저의 행위에 대한 불안을 주님께 가져오니 **주의 사랑하심으로**
그 자리를 대신하게 하소서. 무슨 일을 할 때든지 주의 사랑의 임재를 늘
깨닫게 하소서. 오늘 하루도 저의 걸음을 지도하여 주소서.

예수님의 귀하신 이름으로 기도합니다. 아멘.

예레미야 31:3, 이사야 61:10, 시편 31:16

April
17

또 제자들에게 이르시되 그러므로 내가 너희에게 이르노니 너희 목숨을 위하여 무엇을 먹을까 몸을 위하여 무엇을 입을까 염려하지 말라 목숨이 음식보다 중하고 몸이 의복보다 중하니라 까마귀를 생각하라 심지도 아니하고 거두지도 아니하며 골방도 없고 창고도 없으되 하나님이 기르시나니 너희는 새보다 얼마나 더 귀하냐 또 너희 중에 누가 염려함으로 그 키를 한 자라도 더할 수 있느냐

누가복음 12:22~25

긍휼이 풍성하신 예수님,

불안은 미래를 내다볼 때 주님을 빼놓은 결과임을 가르쳐 주셨지요. 그러니 염려를 막는 최선의 방책은 늘 주님과 소통하는 것입니다. 생각을 주께로 향하면, **주님이 저를 돌보심을** 알기에 **저의 염려를 다 맡길** 수 있습니다. 잊지 않고 주의 말씀을 읽게 하시고, 기도할 때 듣게 하시며, 저의 생각을 주님과의 대화로 전환시키게 하소서.

다가오는 일을 생각할 때마다 몇 가지 지침을 따르게 하시니 감사합니다. 첫째, 미래에 연연하지 않아야 합니다. 거기서 배회하면 불안이 우후죽순처럼 싹트기 때문입니다. 둘째, 늘 언제나 임재하신다는 주님의 약속을 기억해야 하며, 앞일을 계획할 때 주님과 의논해야 하지요. 저는 이런 사고 훈련이 저에게 도전임을 고백합니다. 계획을 세울 때 제 마음이 쉽게 공상에 빠지곤 합니다. 하지만 주께서 이제부터 영원까지 제게 임재하신다는 이 영광스러운 현실이 제가 상상할 수 있는 어떤 백일몽보다 빛난다는 것을 배우고 있습니다!

예수님의 눈부신 이름으로 기도합니다. 아멘.

누가복음 12:22~25, 베드로전서 5:7, 에베소서 3:20~21

하나님이 자기 형상 곧 하나님의 형상대로 사람을 창
조하시되 남자와 여자를 창조하시고

창세기 1:27

한결같으신 예수님,

늘 주께 집중하게 하소서. 저를 창조하실 때 생각의 구심점을 선택할 수 있는 신기한 능력을 주셨습니다. **주의 형상대로 창조되었다는** 증거지요. 하지만 생각이 염려에 매여 있으면 염려가 우상이 될 수 있음을 압니다. 불안이 득세하여 기생충처럼 저의 생각을 좀먹지요. 이 굴레에서 해방될 수 있으니 감사합니다. 주님을 신뢰하는 마음을 고백하며 주의 임재 안에서 새 힘을 얻을 수 있으니까요.

제 생각 속에 벌어지는 일을 사람들은 볼 수 없지만, **주님은** 늘 저의 생각을 읽으시며 저의 모든 것을 아십니다. 생각을 잘 지키기 원합니다. 좋은 생각을 선택하는 것은 주님을 영화롭게 하고 저도 주님 곁에 머물 수 있게 하기 때문입니다.

저의 목표는 **모든 생각을 사로잡아 주님께 복종하게 하는** 것입니다. 저의 생각이 주님을 떠나 방황할 때, 그 생각을 사로잡아 주의 임재 안으로 가져와야 합니다. 주님의 찬란한 빛 가운데 있으면 불안한 생각은 오그라들어 힘을 잃습니다. 주의 자비로운 사랑을 듬뿍 쬐면 비판적인 생각은 정체를 드러냅니다. 주의 평안 안에서 안식하면 엉켜 있던 생각이 풀립니다. **주께서 심지가 견고한 자를 평강하고 평강하도록 지키시리니 이는 그가 주님을 신뢰하기 때문입니다!**

우리를 위로해 주시는 예수님의 이름으로 기도합니다. 아멘.

창세기 1:27, 고린도후서 10:5, 시편 112:7, 이사야 26:3

여호와여 주께서 나를 살펴 보셨으므로 나를 아시나
이다 주께서 내가 앉고 일어섬을 아시고 멀리서도 나
의 생각을 밝히 아시오며 나의 모든 길과 내가 눕는 것
을 살펴 보셨으므로 나의 모든 행위를 익히 아시오니

시편 139:1~3

모든 것을 아시는 하나님,

**주께서 저를 살펴보셨으므로 저를 아십니다. 멀리서도 저의 생각을
밝히 아시며 저의 모든 행위를 익히 아십니다.** 주께서 저를 **온전히 아
시니** 얼마나 감사한지요! 가장 은밀한 생각과 감정까지 저에 관한 모든
것을 보십니다. 제가 사랑받는 주의 자녀가 아니라면 이렇게 속속들이
알려지는 것이 무섭겠지요. 하지만 **주를 믿음으로 말미암아** 주님의 완
전한 의가 제게 전가되었기에 두려워할 것이 없습니다. 영원히 하나님
나라 왕가의 일원이 되었으니 감사할 따름입니다!

주님과의 친밀한 관계는 외로운 감정을 퇴치하는 특효약임을 배웠습
니다. 외롭거나 두려울 때마다 기도로 저의 마음을 표현하도록 저를 일
깨워 주소서. 묵도도 들으시는 것을 알지만, 크든 작든 소리 내어 기도하
면 생각이 한결 명료해지지요. 주께서 저와 제 상황을 완전하게 아시니
굳이 설명해 드릴 필요는 없습니다. 지금의 감정에 잘 대처하도록 도와
달라고 곧바로 간구하면 됩니다. 아울러 주님 곁에서 긴장을 풀고 **주님
앞에서 기쁨을** 들이마실 수 있습니다.

왕이신 예수님의 이름으로 기도합니다. 아멘.

시편 139:1~3, 고린도전서 13:12, 로마서 3:22, 시편 21:6

여호와께서 너희를 위하여 싸우시리니 너희는 가만히 있을지니라

출애굽기 14:14

전능하신 하나님,

주께서 저를 위하여 싸우시니 저는 가만히 있으라고 주님이 말씀하십니다. 주님, 제가 얼마나 지쳐 있는지 아시지요. 여태 간신히 버틴 것만도 힘든데, 제 힘이 바닥나게 생겼습니다. 저를 위해 싸우시는 주님께 맡기고, 너무 열심히 애쓰는 것을 잠시 멈출 필요가 있습니다.

제게는 그것이 참 어렵습니다. 계속 힘써야만 살아남을 수 있다고 속삭이는 제 감정 때문이지요. 하지만 주님이 저를 위해 일하시며 저를 불러 주님 안에서 안식하게 하심을 압니다. 그러니 **가만히 있어 주님이 하나님이심을 알도록** 도와주소서.

생각을 다잡는 것은 몸을 가만히 두는 것보다 더 힘이 듭니다. 그동안 안정감을 얻으려고 싸우느라 과도하게 제 생각을 의존했습니다. 기를 쓰고 스스로 통제하려고 하다 무의식중에 저의 사고를 자립의 지위로 끌어올렸지요. 주님, 용서하여 주소서! 성령께서 제 안에 역사하셔서 생각을 다스려 주시고 저를 완전히 진정시켜 주소서. **전능자의 그늘 아래에 살면서,** 저를 위해 싸우시는 주님을 기뻐하겠습니다.

천하무적이신 예수님의 이름으로 기도합니다. 아멘.

출애굽기 14:14, 시편 46:10, 로마서 8:6, 시편 91:1

우리가 알거니와 하나님을 사랑하는 자 곧 그의 뜻대로 부르심을 입은 자들에게는 모든 것이 합력하여 선을 이루느니라

로마서 8:28

새 힘을 주시는 주 예수님,

안식과 새 힘을 얻고자 주께로 나아옵니다. 힘든 오르막길을 지나느라 저는 완전히 지쳤습니다. 기진맥진한 것을 부끄러워하지 않고 오히려 주님을 더 온전히 의지할 수 있는 기회로 보게 하소서.

제 마음에 들지 않는 것들까지도 포함해서, 주께서 능히 **모든 것을 합력하여 선을 이루심을** 자꾸 일깨워 주소서. 지금 처한 자리를 주의 뜻으로 받아들이고 여기서부터 출발하게 하소서. 오늘도 주의 붙드심에 의지하여 한 걸음씩 한 순간씩 헤쳐 나갈 수 있습니다.

저의 주된 책임은 늘 주님께 주목하면서, 결정을 내려야 할 때마다 주의 인도하심을 구하는 것이지요. 쉬운 일 같지만 제게는 적잖은 도전입니다. 주의 임재를 인식하며 살고 싶지만 이는 세상과 육신과 마귀를 거스르는 일입니다. 제가 지치는 것도 다분히 이 세 적과 늘 맞서 싸우는 데 따르는 결과지요. 그래도 포기하지 않겠습니다! 오히려 **주께 소망을 두겠습니다. 주님이 나타나 도우심으로 말미암아 제가 여전히 찬송하리라**는 것을 믿습니다.

예수님의 존귀하신 이름으로 기도합니다. 아멘.

로마서 8:28, 잠언 3:5, 시편 42:5

내가 네게 명령한 것이 아니냐 강하고 담대하라 두려
워하지 말며 놀라지 말라 네가 어디로 가든지 네 하나
님 여호와가 너와 함께 하느니라 하시니라

여호수아 1:9

사랑하는 하나님,

강하고 담대하도록 도와주소서. 무슨 일이 일어나도 **주께서 저와 함께하심을** 믿게 하소서. 심히 약할 때도 강하고 담대하기로 **선택할** 수 있음을 배웠습니다. 다만 약할 때일수록 이 선택을 하는 데 노력이 더 필요하지요. 모든 것은 제가 어디를 보느냐에 달려 있습니다. 저 자신과 문제에 집중하면 용기가 사라지지만, 한 걸음씩 오라고 저만치서 부르시는 **주님을** 믿음의 눈으로 보면 힘이 납니다. 담대하기로 선택하는 것은 주님이 저와 함께 **계시고** 저를 **위하신다는** 확신에서 나옵니다.

일이 잘못되어 가는 것 같을 때도 주님을 신뢰하면 낙심을 물리칠 수 있습니다. 주님은 뜻밖의 일들로 우리를 놀라게 하시는 하나님이심을 압니다. 상황이나 희박한 가능성 따위에 구애받지 않으시지요. 창의력과 권능이 무한하시기에 **주님은 무엇이든 다 하실 수 있습니다!** 기도 응답을 기다리는 시간이 길어질수록 돌파구에 더 가까워집니다. 주의 임재를 인식하며 주님을 기다리는 것은 복된 삶입니다. 주의 말씀은 **주님이 주님을 기다리는 자들에게 선하신** 분임을 말씀으로 확신시켜 주십니다.

숨 막힐 정도로 대단하신 예수님의 이름으로 기도합니다. 아멘.

여호수아 1:9, 마태복음 19:26, 예레미야애가 3:25~26

April

23

산들이 떠나며 언덕들은 옮겨질지라도 나의 자비는 네게서 떠나지 아니하며 나의 화평의 언약은 흔들리지 아니하리라 너를 긍휼히 여기시는 여호와께서 말씀하셨느니라

이사야 54:10

보배로우신 주 예수님,

주의 자비를 신뢰하며, 제가 보지 못하는 선한 것들로 인해 감사하게 하소서. 악이 성행하는 듯싶을 때면 만사가 통제 불능처럼 느껴집니다. 하지만 제가 아는 **주님은** 어찌할 바를 몰라 무력하게 한탄이나 하시는 분이 아니지요. 주님은 전적으로 세상을 주관하시며 혼란의 와중에도 배후에서 선을 이루십니다. 그러니 보이는 복뿐만 아니라 보이지 않는 복들에 대해서도 믿음으로 감사드립니다.

주님의 **지혜와 지식이** 깊고 풍성하여 말로 표현할 길이 없습니다. **주의 판단은 헤아리지 못할 것이며 주의 길은 찾지 못할 것입니다!** 그러니 저의 가장 지혜로운 선택은 주위가 불안정하게 느껴지고 주님의 길이 이해되지 않을 때도 **언제든지 주를 의지하는** 것입니다.

제가 항상 주와 함께하니 주께서 제 오른손을 붙드심을 잊지 않게 하소서. **후에는 주께서 영광으로 저를 영접하실 것입니다.** 숨어 있는 보화인 하나님 나라의 유산을 묵상하면서, 아직 보이지 않는 이 영광스러운 복으로 인해 주께 감사드립니다!

예수님의 신성하신 이름으로 기도합니다. 아멘.

이사야 54:10, 로마서 11:33, 시편 62:8(우리말성경), 시편 73:23~24

April

참새 두 마리가 한 앗사리온에 팔리지 않느냐 그러나 너희 아버지께서 허락하지 아니하시면 그 하나도 땅에 떨어지지 아니하리라 너희에게는 머리털까지 다 세신 바 되었나니 두려워하지 말라 너희는 많은 참새보다 귀하니라

마태복음 10:29~31

항상 임재하시는 예수님,

제가 하는 모든 일, 지극히 하찮은 일들에까지 주님이 함께 계시니 기쁩니다. 주께서 항상 저를 생각하시며 제 삶의 세세한 것 하나까지도 신경을 쓰신다니 큰 위안이 됩니다. **제 머리털까지 다 세신 바 되었으니** 주의 눈길에서 벗어날 수 있는 것은 아무것도 없지요. 그런데 주의 임재 의식이 가물가물 흔들려서 제 삶의 경험이 산산조각 나는 것처럼 느껴질 때가 있음을 고백합니다. 생각의 폭을 넓혀 주님을 모셔 들이면 제가 안전하고 온전하게 느껴집니다. 하지만 제 생각이 좁아 온통 문제와 시시콜콜한 것으로 머릿속에 꽉 차 있으면 주님을 놓치고 맙니다. 그 결과 제가 비어 있고 모자란 것처럼 느껴지지요.

주님, 매 순간 모든 상황에서 일관되게 주님을 바라보는 법을 가르쳐 주소서. 이 세상은 불안정해 늘 변하지만, 주님의 한결같은 임재를 늘 인식하면 일관성을 유지할 수 있습니다. 보이는 세상이 제 눈앞을 활보할 때도 **보이지 않는 것**에, 특히 **주께 주목**하게 도와주소서.

예수님의 신실하신 이름으로 기도합니다. 아멘.

마태복음 10:29~31, 히브리서 11:27, 고린도후서 4:18

내 형제들아 너희가 여러 가지 시험을 당하거든 온전
히 기쁘게 여기라

야고보서 1:2

신뢰받기에 합당하신 예수님,

힘든 때를 오히려 주님을 의지할 수 있는 기회로 반기도록 도와주소서. 주님이 제 곁에 계시고 성령께서 제 안에 계시니, 제가 감당하기에 너무 벅찬 상황은 없습니다. 그런데 제 앞길 곳곳에 힘든 일이 있으면, 제 힘으로 맞설 수 있는지부터 따지는 것을 고백합니다. 물론 그렇게 계산하다 보면 또 매번 잔뜩 불안해지지요. 주의 도움 없이는 첫 장애물도 통과할 수 없으니까요!

주님은 힘든 하루를 **제대로** 통과하는 길은 주의 손을 꼭 잡고 주님과 긴밀히 소통하는 것임을 가르쳐 주셨지요. 저의 생각과 말에 감사와 신뢰가 넘치면 그날 할 일들에 더 잘 대처할 수 있다는 것도 배웠습니다.

온갖 문제로 염려하기보다 힘을 다하여 **주를 깊이 생각하고 싶습니다.** 주님은 **저를 평강하고 평강하도록 지키시되** 마침내 **제 심지가 견고해져서 주님을 신뢰할** 때까지 지키심을 약속하십니다.

예수님의 위대하신 이름으로 기도합니다. 아멘.

야고보서 1:2, 빌립보서 4:13, 히브리서 3:1, 이사야 26:3

나는 비천에 처할 줄도 알고 풍부에 처할 줄도 알아
모든 일 곧 배부름과 배고픔과 풍부와 궁핍에도 처할
줄 아는 일체의 비결을 배웠노라

빌립보서 4:12

신실하신 구주시여,

매 순간, 최대한 주님과 가까이 지내고 싶습니다. 그런데 때로는 역경
에 정신을 빼앗겨 주의 임재를 놓칠 때가 있습니다.

한때는 환경이 제 삶의 질을 결정짓는 줄 알았습니다. 그래서 에너지
를 쏟아부어 상황을 통제하려 했지요. 일이 잘되면 행복했고 제 뜻대로
되지 않으면 슬프거나 화가 났습니다. 상황에 따라 제 감정이 변하는 것
에 의문을 품지도 않았습니다. 그런데 성경은 **모든 상황에서** 자족할 줄
아는 **일체의 비결을 배우는** 것이 가능하다 말씀하십니다.

주님을 신뢰하고 주의 임재를 누리는 데 더 힘을 쏟게 하소서. 저의 행
복이 환경에 좌우되지 않도록 저의 기쁨을 주님과 주의 소중한 약속에
붙들어 매고 싶습니다.

내가 너와 함께 있어 네가 어디로 가든지 너를 지키리라.

내가 나의 영광 가운데 그 풍성한 대로 너의 모든 쓸 것을 채우리라.

어떤 피조물이라도 너를 나의 사랑에서 끊을 수 없으리라.

이렇게 약속하시는 주님의 말씀을 기억하게 하소서.

사랑하는 예수님의 이름으로 기도합니다. 아멘.

빌립보서 4:12, 창세기 28:15, 빌립보서 4:19, 로마서 8:39

그들이 주를 앙망하고 광채를 내었으니 그들의 얼굴
은 부끄럽지 아니하리로다

시편 34:5

자비로우신 예수님,

즐거이 주의 임재 안에 들어와, 주님께 이해받고 온전히 사랑받는 호
사를 마음껏 누립니다. 주께서 저를 주의 피로 씻음 받고 주님의 의로 광
채를 내는 존재로 보시니, 저 또한 저 자신을 그렇게 보게 하소서. 본래
창조하신 모습이자 천국으로 귀향할 때 **실제로** 변화될 모습으로 보시니
감사합니다. 저를 변화시켜 **영광에서 영광에** 이르게 하는 것이 바로 제
안에 주신 주님의 생명입니다! 이 신비로운 기적이 제게 기쁨이 됩니다.

주의 임재 안에 잠잠히 있으면 제 안에 주신 주님의 생명이 더욱 실감
나게 다가옵니다. 주님은 **제 안에 계신 그리스도시니 곧 영광의 소망이
지요.** 주님이 제 손을 잡고 동행하실 뿐 아니라 제 안에 사시기도 하시니
감사합니다. 이것은 이해할 수 없는 영광스러운 신비입니다. 주의 임재
의 빛이 제 위뿐만 아니라 제 안에도 비추십니다. 주님과 저는 제 존재의
모든 구석구석에까지 떼려야 뗄 수 없이 얽혀 있습니다. 주님이 제 안에
계시고 제가 주님 안에 있지요. 하늘이나 땅의 그 무엇도 저를 주님에게
서 끊을 수 없다는 뜻입니다. 할렐루야!

예수님의 웅대하신 이름으로 기도합니다. 아멘.

시편 34:5, 고린도후서 5:21, 고린도후서 3:18, 골로새서 1:27

이것을 너희에게 이르는 것은 너희로 내 안에서 평안을 누리게 하려 함이라 세상에서는 너희가 환난을 당하나 담대하라 내가 세상을 이기었노라

요한복음 16:33

최고이신 구주시여,

주님을 믿으면 근심걱정 없는 삶을 살 것이라는 환상을 버리게 하소서. 저의 어려움이 모두 해결되기를 여전히 바라지만, 그것이 헛된 희망임을 깨닫습니다. **세상에서는 저도 환난을 당한다**고 주께서 말씀하셨지요. 현세의 문제를 해결하는 데 소망을 두지 말고, 주님과 함께 근심걱정 없이 영원한 삶을 산다고 하신 그 약속에 소망을 두어야 합니다. 이 타락한 세상에서 완전한 것을 찾기보다 완전하신 **주님을** 구하는 데 에너지를 쏟고 싶습니다.

주님은 역경 중에도 주님을 영화롭게 할 수 있다는 것을 가르쳐 주셨습니다. 어둠 속에서도 주님을 신뢰하는 이들에게는 주의 빛이 환히 비쳐들지요. 이 초자연적 신뢰는 저희 속에 계신 성령으로 말미암습니다.

주님, 저를 본래 지으신 모습으로 점점 변화시켜 주소서. 제 안에서 일하시는 주의 창조 활동에 저항하지도 앞서가지도 않고 그대로 따르고 싶습니다. 속도는 **주님이** 정하시니 저는 즐거이 그 속도대로 하나님의 감화를 받아 살기를 소원합니다. **주께서 제 오른손을 붙드시고 주의 교훈으로 저를 인도하시다가 후에는 영광으로 저를 영접하실** 것을 감사드립니다.

승리하신 예수님의 이름으로 기도합니다. 아멘.

요한복음 16:33, 고린도후서 3:18, 시편 73:23~24

믿음의 주요 또 온전하게 하시는 이인 예수를 바라
보자 그는 그 앞에 있는 기쁨을 위하여 십자가를 참
으사 부끄러움을 개의치 아니하시더니 하나님 보좌
우편에 앉으셨느니라

히브리서 12:2

영광의 예수님,

주님을 바라볼 수 있을 만큼 충분히 오랫동안 저의 문제들을 내려놓게
하소서. 때로 웅장한 바닷가에 서 있다고 상상해 봅니다. 해변을 뒤덮은
자갈은 저와 가족과 친구들과 세상의 모든 문제를 상징하지요. 작은 돌
멩이를 집어 눈앞에 바짝 대고 꼼꼼히 들여다보면, 사방의 장관은 제 시
야에서 사라져 버립니다. 대개 자갈(문제) 하나를 내려놓자마자 다른 것
을 집어듭니다. 그 바람에 주께서 임재하신 아름다움과 **주의 인자하심
의** 복을 누리지 못하지요.

바다로 상징되는 **주님은** 한없이 영광스러우시며 늘 제게 임재하십니
다. 자갈을 **모두** 내려놓고 주의 사랑의 임재를 경험하고 싶습니다. 주님
곁에서 기다리면 이런 속삭임이 들려오는 듯합니다. "사랑하는 자여, **나
를** 선택하라. 매 순간 나를 보기로, 나를 찾기로 작정하라."

끊임없이 주님을 구하는 것이 습관이 되게 하소서. 그 즐거운 습관 덕
분에 **생명의 길에서** 늘 주님 곁에 가까이 있고 싶습니다.

예수님의 오묘하신 이름으로 기도합니다. 아멘.

히브리서 12:2, 시편 33:5, 히브리서 11:27, 시편 16:11

여호와는 나의 힘과 나의 방패이시니 내 마음이 그를
의지하여 도움을 얻었도다 그러므로 내 마음이 크게
기뻐하며 내 노래로 그를 찬송하리로다

시편 28:7

위대하신 나의 하나님,

주님은 저의 힘과 방패십니다! 주님이 늘 제 삶 속에 역사하여 저를
강건하게 하시고 지켜 주시니 감사합니다. 때로 기적처럼 역사하시기도
하지요. 주님을 온전히 신뢰할수록 **제 마음이 크게 기뻐함을** 압니다!

마음을 다하여 주를 신뢰하며, 우주를 다스리시는 주님의 주권 안에서
안식하게 하소서. 환경이 통제 불능처럼 보일 때 주께서 알아서 하신다
는 사실을 붙들고 주님을 붙잡아야 합니다. 역경의 고통이 심할 때 가장
힘써야 할 일은 주의 주권과 선하심을 계속 신뢰하는 것이지요. **하늘이
땅보다 높음같이 주의 길이 저의 길보다 높으니** 주의 길이 이해되지 않
아도 주님을 신뢰할 수 있음을 깨닫습니다.

환난 중에도 감사함으로 주를 기쁘시게 하고 싶어요. 가장 힘든 상황
을 통해서도 능히 선을 이루실 주님을 신뢰하고 싶습니다. 그렇게 반응
하면 주님은 영광 받으시고 저는 힘을 얻습니다. 오 주님, **제 노래로 주
님을 찬송합니다.**

기쁨이 넘치시는 예수님의 이름으로 기도합니다. 아멘.

시편 28:7, 시편 18:1~2, 이사야 55:9, 로마서 8:28

May

수고하고 무거운 짐 진 자들아

다 내게로 오라

내가 너희를 쉬게 하리라

마태복음 11:28

May

내 형제들아 너희가 여러 가지 시험을 당하거든 온전
히 기쁘게 여기라 이는 너희 믿음의 시련이 인내를 만
들어 내는 줄 너희가 앎이라

야고보서 1:2~3

귀하신 예수님,

　가장 아닐 것 같은 자리에서도 기쁨을 찾게 하소서. 그러려면 노력해야 함을 압니다. 좋은 점을 찾아야 하고, 본능적인 반응에 얽매여 알맹이를 놓쳐서는 안 되지요. 제 눈을 열어 주셔서 뻔히 보이는 것 너머를 보게 하시고, 환난 속에 숨어 있는 보화를 발견하게 하소서.

　기쁘게 살아가는 것은 선택임을 주께서 가르쳐 주셨습니다. 타락한 세상에 살고 있으니 하루에도 여러 번씩 힘써 즐거움을 선택해야 합니다. 힘든 때일수록 특히 더 그렇습니다. 주님도 **여러 가지 시험을 당하거든 온전히 기쁘게 여기라**고 말씀하셨지요. 이 말씀에 따르면 여러 난관이 닥쳐올 때 저는 시험을 치르는 셈입니다. 이런 시련을 통해 **금보다 더 귀하게** 제 믿음이 굳건해지고, 또 믿음의 확실함(진정성)이 입증되지요.

　예수님, 말할 수 없이 고통스러운 결단을 내리셔서 주님 **앞에 있는 기쁨**, 즉 **많은 아들딸들을 이끌어 영광에 들어가게 하시는** 영원한 즐거움을 **위하여 십자가를 참으셨으니** 감사합니다. 제게도 기쁨을 선택할 수 있는 능력을 주시고, **주님을 바라보며** 시련 속에서 보화를 찾게 하소서.

용감하신 예수님의 이름으로 기도합니다. 아멘.

야고보서 1:2~3, 베드로전서 1:6~7, 히브리서 12:2, 히브리서 2:10

너의 하나님 여호와가 너의 가운데에 계시니 그는 구원을 베푸실 전능자이시라 그가 너로 말미암아 기쁨을 이기지 못하시며 너를 잠잠히 사랑하시며 너로 말미암아 즐거이 부르며 기뻐하시리라 하리라

스바냐 3:17

은혜로우신 하나님,

가끔 **"내가 너로 말미암아 기쁨을 이기지 못하노라."** 제 마음에 속삭이시는 주님의 음성이 들려올 때가 있습니다. 제가 받기 힘든 복이지만, 주의 모든 자녀를 향하신 주님의 무조건적인 사랑 덕분입니다. 주의 임재의 빛 안에서 편히 쉬게 하시고 빛나는 주의 사랑에 흠뻑 젖게 하소서. **주께서 저를 잠잠히 사랑하시는** 동안 말없이 주님과 함께 앉아 있고 싶습니다.

타락한 세상에서 살기가 몹시 힘이 듭니다. 제 안에는 물론이고 사방에 망가진 것이 너무 많습니다. 하지만 순간순간 문제에 집중하는 것을 선택할 수도 있고, 주께 인정받는 것을 즐거워하며 **주의 얼굴을 찾을 수**도 있습니다.

주님이 저를 즐거워하시는 근거가 주께서 십자가에서 다 이루신 일에 있음을 기억해야 합니다. 그 점을 명심해야 저의 노력으로 주의 사랑을 얻어내려는 덫에 빠지지 않을 수 있지요. 저는 **은혜에 의하여 믿음으로 말미암아 구원받은** 주님의 사랑받는 자녀이오니, 진정 자녀답게 살아가는 법을 가르쳐 주소서. 그러면 감사하는 마음으로 늘 주님을 가까이하며, 주께서 어디로 인도하시든 선뜻 따르겠습니다.

예수님의 경이로우신 이름으로 기도합니다. 아멘.

스바냐 3:17, 시편 27:8, 민수기 6:25~26, 에베소서 2:8

내 걸음을 넓게 하셨고 나를 실족하지 않게 하셨나
이다

시편 18:36

긍휼이 풍성하신 주님,

주께서 제 걸음을 넓게 하시고 저를 실족하지 않게 하신다고 하셨습니다. 이것은 주께서 저의 인생 여정에 얼마나 세심하게 개입하시는지를 보여 줍니다. 주님은 저의 앞일을 훤히 아시며, 제 인생길에서 위험한 부분을 미리 고쳐 그 길을 더 쉽게 만드실 수 있습니다. 간혹 주님이 저를 위해 행하신 일을 알려 주실 때도 있습니다. 하지만 고생은 면하게 하시되 어떻게 보호하셨는지는 알려 주지 않으실 때도 있지요. 어느 경우든 주께서 저를 위해 주의깊게 일하시며, 제 삶에 사랑으로 개입하심을 보여 줍니다.

인간인 저의 제한된 관점에서 보면 주님의 길은 신비로울 때가 많습니다. 주님은 역경을 **전부** 없애 주시지는 않으십니다. **주님도** 33년간 이 세상에 사실 때 고난을 면제받지 못하셨지요. 오히려 저를 위해 십자가에서 상상을 초월하는 고뇌와 고통과 수모를 기꺼이 당하셨습니다! 아버지께서 외면하셨을 때 이루 말할 수 없는 고난도 맛보셨지요. 하지만 주께서 아버지와 분리되시는 극단의 고통까지도 기꺼이 감당하셨기에 저는 **결코** 혼자 고난당할 필요가 없습니다. **주님이 저와 항상 함께 계신다**는 영광스러운 진리를 기억하고 즐거워하고 감사하게 하소서!

예수님의 경이로운 이름으로 기도합니다. 아멘.

시편 18:36, 시편 121:3, 마태복음 27:46, 마태복음 28:20

내가 사망의 음침한 골짜기로 다닐지라도 해를 두려워하지 않을 것은 주께서 나와 함께 하심이라 주의 지팡이와 막대기가 나를 안위하시나이다

시편 23:4

사랑하는 예수님,

주님과 함께 기꺼이 위험도 감수하게 하소서. 주께서 인도하시는 곳이라면 그곳이 제가 있을 가장 안전한 자리라는 것을 압니다.

위험 없이 살고 싶은 마음은 사실 믿음이 없는 것임을 가르쳐 주셨지요. 위험을 최대한 없애려는 노력이 주님과 가까이 지내고픈 저의 바람과 상충된다는 것을 더욱더 깨닫습니다. 인생의 갈림길에서 온 마음으로 주님을 따르려면 무사안일주의를 버려야 하지요. 저를 붙드시고 인도하시는 주의 손을 꼭 잡고 힘써 안전지대를 벗어나야 합니다.

주님, 오늘 하루, 아니 남은 모든 날 동안 한 걸음씩 인도하여 주소서. 주께 집중하면 위험한 길도 두려움 없이 지나갈 수 있음을 알았습니다. 언젠가는 긴장을 풀고 주님과 함께하는 모험을 정말 즐기는 법을 배울 수 있기를 소망합니다. 안보하시는 주의 임재가 **제가 어디로 가든지 저를 지킨다**고 말씀하셨지요. 그러니 이 모험에서 제가 할 몫은 담대히 주님을 의지하는 것입니다.

늘 깨어 우리를 지키시는 예수님의 이름으로 기도합니다. 아멘.

시편 23:4, 요한복음 12:26, 시편 9:10, 창세기 28:15

그러므로 내일 일을 위하여 염려하지 말라 내일 일은 내일이 염려할 것이요 한 날의 괴로움은 그 날로 족하니라

마태복음 6:34

영광의 구주여,

주께서 바로 지금 하고 계신 일에 온전히 집중하여 현재에 살게 하소서. **내일 있을지 없을지도 모르는 일로 동요하고** 싶지 않습니다. 그런데 내일 일을 주님께 맡기는 것은 저의 인간 본성과 강한 통제 욕구에 어긋난 일임을 고백합니다. 사실 저는 미래를 생각하느라 시간을 많이 허비합니다.

뭔가를 생각하지 않으려는 노력은 대개 부질없고 역효과를 낸다는 것을 알았습니다. 생각하지 않으려고 할수록 자꾸 그 생각에 얽매이지요. 그러나 주님을 바라보고 주께서 제 삶에 행하시는 일에 집중하면, 그 생각에서 헤어날 수 있습니다. 주님은 살아 계신 저의 주님이시며 늘 **새 일을** 행하시지요.

미래의 생각에 얽매이게 하는 것은 주로 내일 일에 대한 두려움입니다. 과연 감당할 수 있을지 의문을 품는 것이지요. 하지만 **어떠한 어려운 일이 닥쳐도 막상 그때가 되면 주께서 감당할 힘을 주실 것입니다.** 주님의 이 말씀에 안심이 됩니다.

예수님의 자비로우신 이름으로 기도합니다. 아멘.

마태복음 6:34(메시지 성경), 히브리서 12:2, 이사야 42:9

수고하고 무거운 짐 진 자들아 다 내게로 오라 내가
너희를 쉬게 하리라

마태복음 11:28

사랑이 많으신 나의 주님,

주님이 계속 저를 가까이 오라고 부르시며 제 마음을 향해 "사랑하는
자여, **내게로 오라. 내가 영원한 사랑으로 너를 사랑하기에 인자함으로
너를 이끌었노라**" 속삭이십니다. 주님의 아름다운 초대에 응하여 저는
주의 임재 안에 가만히 있습니다. 편히 쉬면서 **주님을 깊이 생각하지요.
주께서 항상 저와 함께하신다는** 영광스러운 진리를 묵상합니다. 이 실
재가 반석처럼 굳건하기에 제 삶의 기초는 탄탄합니다.

제가 살아가는 세상은 늘 변하기 때문에 확실한 근거지가 하나도 없습
니다. 그러니 하루하루를 보내면서 **주님을** 늘 인식해야 합니다. 물론 그
일에 완전할 수는 없지만, 그래도 수시로 주께 돌아와 "예수님, 주님의
사랑의 임재를 늘 인식하게 하소서"라고 기도할 수 있습니다. 이 기도가
제 마음과 생각 속에 계속 울려 퍼졌으면 좋겠습니다. 그리하여 생각이
곁길로 벗어나려 할 때 저를 다시 주님께로 이끌어 주게요.

주님과 가까이 지내며 제 삶이 주님으로 충만할수록 기쁨도 더 풍성해
진다는 것을 알았습니다. 이것은 저뿐 아니라 다른 사람들에게도 복이
됩니다. 주의 기쁨이 저를 통해 다른 이들에게로 흘러가니까요.

예수님의 복되신 이름으로 기도합니다. 아멘.

마태복음 11:28, 예레미야 31:3, 히브리서 3:1, 시편 73:23

나의 하나님이 그리스도 예수 안에서 영광 가운데 그
풍성한 대로 너희 모든 쓸 것을 채우시리라

빌립보서 4:19

부족함 없으신 구주시여,

저의 부족함을 받아들이고 인정하게 하소서. 이것이 무한히 충족하시는 주님께 가는 완벽한 연결고리니까요. 저는 자원이 모자라 보이면 본능적으로 걱정이 됩니다. 이 유혹을 물리치는 최선의 방법은 저의 부족함을 솔직하게 인정하고 그것으로 인해 주님께 감사하는 것입니다. 그러면 주제넘게 스스로 구주와 공급자가 되려 하지 않을 테니까요. 저는 연약한 죄인이므로 강하고 온전하신 구주, **저의 모든 쓸 것을 채우실** 공급자가 필요합니다.

주님의 무한한 자원을 가져다 쓰려면, 가만히 있으면서 또한 행동해야 한다고 가르쳐 주셨습니다. 주님과 단둘이 시간을 보내며 주의 임재 안에서 기다리면 주님과의 소통이 더 원활해지지요. **주님은 주를 앙망하는 자를 위하여 일하십니다.** 제 힘으로 안 되는 일을 대신 해 주십니다. 하지만 제가 **할 수 있는** 일도 많다는 것을 깨닫습니다. **주님이 공급하시는 힘에 의지하여** 일하면, **주님은 영광을 받으시고** 저는 복을 누립니다.

부족하다고 느껴질 때마다 주님을 의지하도록 일깨워 주소서. 이 궁핍의 자리가 주께서 은혜와 사랑으로 저를 만나 주시는 곳입니다.

우리를 구속(救贖)하시는 예수님의 이름으로 기도합니다. 아멘.

빌립보서 4:19, 이사야 64:4, 베드로전서 4:11, 고린도후서 12:9

피곤한 자에게는 능력을 주시며 무능한 자에게는 힘을 더하시나니

이사야 40:29

능력의 하나님,

주님은 피곤한 자에게 능력을 주시고 무능한 자에게 힘을 더하십니다. 저의 연약함 때문에 낙심하지 않게 하소서. 저는 여러모로, 영적으로나 정서적, 신체적으로 약합니다. 주님은 이를 통해 저를 낮추시며, 신뢰하고 의지하는 마음으로 주님을 기다리도록 훈련하시지요. 주님은 **주를 앙망하는 자는 새 힘을 얻는다** 말씀하십니다.

이런 의존적인 생활 방식을 가끔씩만 실천해서는 안 됨을 압니다. 본래 끊임없이 주를 의지하도록, 그리하여 **저를 살피시는 살아 계신 주님을** 경험하도록 저를 지으셨으니까요.

주님을 기다리는 것과 신뢰하는 것은 밀접한 관계가 있습니다. 주께 집중하는 시간이 많을수록 주님을 더 신뢰하게 되고, 주님을 신뢰할수록 더 많은 시간 주님과 함께 보내고 싶어지지요. 순간순간 **주를 앙망하면** 주님을 향한 저의 소망도 깊어집니다. 이 소망은 제게 여러모로 복이 됩니다. 환경을 초월하게 하고, **주의 인자하심으로** 저를 감싸 주지요.

우리의 소망이신 예수님의 이름으로 기도합니다. 아멘.

이사야 40:29, 이사야 40:30~31, 창세기 16:14, 시편 33:20~22

내가 너희에게 분부한 모든 것을 가르쳐 지키게 하라 볼지어다 내가 세상 끝날까지 너희와 항상 함께 있으리라 하시니라

마태복음 28:20

사랑하는 예수님,

주님의 임재와 평강을 늘 인식하며 살고 싶습니다. 둘 다 초자연적 차원의 선물임을 압니다. 부활하신 주님은 지금도 **"내가 너희와 항상 함께 있으리라"**와 **"너희에게 평강이 있을지어다"**라는 놀라운 메시지로 위로해 주십니다. 주님, 이런 영광스러운 선물을 잘 받아들이도록 도와주소서. 주님의 임재와 평강을 얻는 가장 좋은 길은 그것으로 인해 주께 감사하는 것임을 배우고 있습니다.

저를 창조하신 목적이 주님을 영화롭게 하는 것이어서 기쁩니다. 주께 감사하고 찬송하는 데 아무리 시간을 많이 들여도 지나치지 않다는 뜻이지요. 감사와 찬송을 통해 주님과의 관계가 바르게 됨을 압니다. 예배로 주님 가까이 다가갈 때 주의 기쁨이 제 안에 흘러들어올 길이 열리지요.

주님의 임재와 평강으로 인해 감사드리는 것은 지혜로운 시간 투자입니다. 이로써 주님을 그리고 주의 소중한 선물들을 더 풍성히 받을 수 있으니까요.

예수님의 영광스러우신 이름으로 기도합니다. 아멘.

마태복음 28:20, 누가복음 24:36, 히브리서 13:15, 고린도후서 9:15

내 형제들아 너희가 여러 가지 시험을 당하거든 온전히 기쁘게 여기라 이는 너희 믿음의 시련이 인내를 만들어 내는 줄 너희가 앎이라

야고보서 1:2~3

신실하신 하나님,

저와 주님과의 관계는 저의 모든 환경을 초월합니다! 한없이 고달플 때도 주님을 찬송하며 주의 임재를 누리고 싶습니다. 하지만 힘들 때 주님을 찾으려면 힘써 믿음을 구사해야 하지요.

두 세계에서 동시에 사는 것이 만만치 않다는 것을 알았습니다. 하나는 역경이 가득한 자연 세계고, 또 다른 하나는 주님이 최고 통치자이신 초자연적인 세계지요. 가장 힘들 때도 주의 임재를 누리려면 제 신뢰의 근육이 튼튼해야 합니다. 시련은 믿음을 강건하게 해 줄 뿐 아니라, 제가 실제로 주님을 얼마나 깊이, 아니면 얼마나 건성으로 신뢰하는지 알게 해 주니 감사합니다.

신뢰의 근육을 단련하기 위해 저의 마음과 생각을 성경으로 가득 채우고 **주의 얼굴을 항상 구해야** 한다는 것을 깨닫습니다. 확신이 들든 부족함이 느껴지든 계속 생각을 주께 향하며 믿음을 고백하도록 일깨워 주소서. 주님, 저의 만족은 주님과의 관계에 있음을 마음 깊이 정말 믿도록 도와주소서. **주께서 능력을 주시니 제가 모든 것을 할 수 있습니다!**

신뢰받기에 합당하신 예수님의 이름으로 기도합니다. 아멘.

야고보서 1:2~3, 시편 105:4, 빌립보서 4:13

그는 흉한 소문을 두려워하지 아니함이여 여호와를
의뢰하고 그의 마음을 굳게 정하였도다

시편 112:7

자비로우신 하나님,

흉한 소문에 두려워하고 싶지 않습니다. **주님을 의뢰하고 마음을 굳게 정하게** 하소서. 물론 이 세상에는 흉한 소문이 넘쳐납니다. 하지만 실제 벌어지는 그 일들을 두려워하기보다 담대히 주를 의지하고 싶어요. 십자가에서 죽으신 주의 희생과 기적 같은 부활을 묵상하면 제게 소망과 감사가 차오릅니다. 살아 계신 나의 구원자 주님이 전능하신 하나님이시니 기쁩니다! 주님이 **주권적으로** 세상을 다스리신다는 진리도 위로가 되지요.

제 주위의 일이나 세상의 일이 통제 불능처럼 보일 때, 주께 와서 **마음을 쏟아 놓을** 수 있습니다. 안달복달하기보다 그 염려의 에너지를 주님과 소통하는 데 쏟을 수 있지요.

주님, 주께 위로받기 위해서뿐 아니라 인도하심을 받기 위해 주께 나아옵니다. 주의 임재 안에 기다리며 시간을 보내면 주께서 제가 가야 할 바른 길을 보여 주시지요.

저는 주님의 것이니 흉한 소식을 두려워하거나 겁낼 필요가 없습니다. 오히려 담대히 주를 의지함으로 마음을 굳게 정하고 차분하게 유지할 수 있습니다.

예수님의 한결같으신 이름으로 기도합니다. 아멘.

시편 112:7, 이사야 9:6, 이사야 40:10, 시편 62:8(우리말성경)

너는 마음을 다하여 여호와를 신뢰하고 네 명철을 의
지하지 말라

잠언 3:5

나의 소망이신 예수님,

자기연민에 빠지거나 현실을 도피하고 싶어질 때마다 저의 유일한 소
망은 온 마음으로 주님을 신뢰하는 것뿐입니다. 역경 중에는 명료한 생
각으로 지혜롭게 선택하기 힘들다는 것을 알았습니다. 현기증 날 정도로
많은 선택지가 제 둘레를 빙빙 돌면서 정답을 고르기만을 기다리는 것
같습니다. 하지만 항상 적절하고 유효한 선택지는 하나뿐임을 압니다.
바로 **마음을 다하여 주님을 신뢰하기로** 결단하는 것이지요.

제가 낙심되거나 자기연민 속으로 미끄러질 때면, 주님을 신뢰하는 마
음을 고백하여 제동을 걸 수 있습니다. 속으로 말하거나 소리를 내거나
아예 외쳐도 되지요! **주님을 의지할** 만한 많은 이유를 생각하면 **주의 인
자하심**이 저를 기쁘게 합니다.

고통에 무디어지려고 현실을 도피하고 싶어질 때, 주님 앞에 나아와
주를 향한 저의 확신을 고백하게 하소서. 그러면 **궁극의** 실재이신 주님
과 접촉하게 되지요! 제가 주께 마음을 털어놓기를 좋아하는 이유는 주
님이 저와 제 상황을 다 아시기 때문입니다. 오 주님, 주님의 지혜와 지식
은 무궁무진합니다.

우리를 격려해 주시는 예수님의 이름으로 기도합니다. 아멘.

잠언 3:5, 시편 52:8, 로마서 11:33

너희는 이 세대를 본받지 말고 오직 마음을 새롭게 함으로 변화를 받아 하나님의 선하시고 기뻐하시고 온전하신 뜻이 무엇인지 분별하도록 하라

로마서 12:2

소중하신 예수님,

주께서 헌신적으로 **저의 마음을 새롭게 해 주시니** 참 감사합니다. 제멋대로 두면 저의 생각은 대개 문제 쪽으로 흘러감을 고백합니다. 번거로운 문제에 걸려 집중하지 못하고, 문제를 해결해 보려고 계속 그 주위를 맴돌며 헛수고만 합니다. 그 사이에 정작 다른 일에 주목해야 할 에너지가 고갈되지요. 최악의 경우 **주님을 놓칩니다.**

마음을 새롭게 하려면 주의 임재에 집중해야 함을 배웠습니다. 주님이 늘 가까이 계심을 잊지 않게 도와주소서. 저의 생각을 훈련하여 매 순간 모든 상황 속에서 **주님을 구하게** 하소서. 청아한 새소리, 사랑하는 이의 미소, 황금빛 햇살처럼 제 주변에 있는 것들이 간혹 주의 임재를 상기시킵니다. 성령의 처소인 제 영혼 속으로 물러나 거기서 주님을 찾기도 합니다. **주님을 찾는** 가장 중요한 자리는 바로 주의 말씀임을 압니다. 주님을 구하며 주님과 소통하면, 주께서 저의 생각을 혁신하셔서 저를 변화시켜 주십니다!

예수님의 웅대하신 이름으로 기도합니다. 아멘.

로마서 12:2, 히브리서 3:1, 시편 105:4, 예레미야 29:13

나는 오직 주의 사랑을 의지하였사오니 나의 마음은
주의 구원을 기뻐하리이다

시편 13:5

나의 구원의 하나님,

많은 일들이 잘못되고 제 삶이 점점 걷잡을 수 없게 느껴질 때, 주님을 신뢰하며 감사하게 하소서. 이런 초자연적 반응을 통해 환경을 초월할 수 있습니다. 역경 앞에서 **본능에** 휩쓸리면 저는 부정적인 태도의 먹이가 됩니다.

몇 마디 불평만으로 저의 관점이 흐려지면서 나락으로 치달을 수 있습니다. 부정적 태도가 저를 지배하면 입에서 불평이 더 술술 흘러나오지요. 한 번 불평할 때마다 더 밑으로 쭉 미끄러지고, 더 내려갈수록 추락은 더 빨라집니다. 하지만 주님의 이름으로 주께 부르짖으면, 주님을 신뢰하는 마음을 고백하며 **범사에 감사하면** 언제나 거기에 제동을 걸 수 있지요. 부자연스럽게 느껴져도 이렇게 계속 반응하면 제가 점차 거슬러 올라간다는 것을 배웠습니다.

일단 원상 복귀가 되면 겸손한 자세로 상황을 맞이할 수 있습니다. 힘들 때일수록 주님을 신뢰하고 감사하는 초자연적 반응을 선택하면, **모든 지각에 뛰어난 주의 평강이 저의 마음과 생각을 지키실 것입니다.**

독보적이신 예수님의 이름으로 기도합니다. 아멘.

시편 13:5, 에베소서 5:20, 빌립보서 4:6~7

여호와여 우리가 주께 바라는 대로 주의 인자하심을
우리에게 베푸소서

시편 33:22

가장 사랑하는 주 예수님,

온갖 계획과 문제가 저의 생각을 장악할 때마다 주님을 의지하며 주의
이름을 부르게 하소서. 주님 안에서 안식하며 **주의 인자하심을** 즐거워
하면, 주의 임재의 빛이 저를 비추십니다. 저를 지켜 주시고 영원히 사랑
하시니 감사합니다. 예수님, 저도 주님을 사랑합니다. 앞길을 비추어 주
실 주님을 신뢰합니다. 주님은 제게 오늘 해야 할 일과 그렇지 않은 일을
알려 주시지요. 그러하오니 주님, 염려나 두려움에 지배당하지 않으면서
필요에 따라 문제를 처리하도록 도와주소서.

계속 시선을 주께 돌리면 주님이 저의 관점을 환히 밝혀 주시지요. 주
님께 집중하는 놀라운 방법은 생각과 마음을 성경으로 흠뻑 적시는 것입
니다. 성경을 읽고, 공부하고, 특히 의미 있는 구절들을 암송하는 것입니
다. **주의 말씀은 제 발에 등이요 제 길의 빛이니까요.**

그렇게 꾸준히 실천하면 문제와 계획에 온통 정신을 팔던 것이 덜해집
니다. 제 삶 속에서 **주님의** 자리가 더 넓어지지요. 주님, **주님 앞에서 제
게 기쁨이 충만하게** 하소서!

즐거움을 주시는 예수님의 이름으로 기도합니다. 아멘.

시편 33:22, 베드로전서 5:7, 시편 119:105, 사도행전 2:28

May

16

그러므로 이제 그리스도 예수 안에 있는 자에게는 결코 정죄함이 없나니 이는 그리스도 예수 안에 있는 생명의 성령의 법이 죄와 사망의 법에서 너를 해방하였음이라

로마서 8:1~2

나의 목자이신 예수님,

주님 안에 있는 자에게는 결코 정죄함이 없다고 주님이 말씀하십니다. 영광스러운 구원 사역을 통해 **생명의 성령의 법이 죄와 사망의 법에서 저를 해방하셨지요.** 이 완전한 자유는 그리스도인이면 갖게 되는 천부적인 권리지만, 솔직히 저는 자유로워지기 위해 고군분투합니다.

자유의 길을 가려면 단호히 주님께 전념해야 하지요. "이것이 네가 갈 길이다!" 이렇게 주장하는 소리가 많지만, 제게 참된 길을 일러 주시는 것은 **주님** 음성뿐입니다. 화려하게 반짝이는 세상의 길들을 따르면 점점 더 깊이 나락으로 떨어질 것입니다. 심지어 "이렇게 하라," "저렇게 하지 말라," "이렇게 기도하라," "저렇게 기도하지 말라"고 하는 기독교계의 목소리들도 저를 곁길로 가게 할 수 있습니다.

그 모든 목소리를 들으면 더욱더 혼란에 빠집니다. 순진한 '양'의 신분으로 만족하며, 저의 신실하신 목자이신 주의 음성을 듣고 주님을 따르게 하소서. **주님은 저를 쉴 만한 물가로 인도하시고 푸른 풀밭에 누이십니다. 주님은 저를 의의 길로 인도하십니다.**

예수님의 사랑스러우신 이름으로 기도합니다. 아멘.

로마서 8:1~2, 이사야 30:21, 요한복음 10:27, 시편 23:1~3

두려워하지 말라 내가 너와 함께 함이라 놀라지 말라 나는 네 하나님이 됨이라 내가 너를 굳세게 하리라 참으로 너를 도와 주리라 참으로 나의 의로운 오른손으로 너를 붙들리라

이사야 41:10

위로의 하나님,

"두려워하지 말라, 내가 너와 함께함이라. 놀라지 말라, 나는 네 하나님이 됨이라." 제 마음에 속삭여 주시는 이 말씀이 참 좋습니다. 이 사랑의 말씀은 따뜻한 담요처럼 저를 감싸주고 두려움과 낙심의 추위에서 보호해 주지요.

환난이 저를 쫓아올 때 주의 손을 꼭 잡고 주님과 계속 소통하도록 일깨워 주소서. **주님이 저의 힘이시고 노래시니 저는 두려움 없이 신뢰할** 수 있습니다. 주님의 강력하신 임재가 늘 저와 함께 계시니 **아무 일도** 저 혼자 겪지 않지요! **저를 굳세게 하시고 도와주신다는** 주님의 약속으로 인해 감사드립니다.

좋을 때나 궂을 때나 주의 강한 손이 저를 떠받쳐 주십니다. 삶이 순탄할 때는 주님의 신실하신 임재에 덜 주목할지도 모릅니다. 하지만 **사망의 음침한 골짜기로 다닐** 때는 제게 주님이 필요함을 절감합니다. 그럴 때도 주의 손을 붙들면 계속 한 걸음씩 전진할 수 있지요.

주님을 신뢰하고 의지하며 역경을 견딜 수 있도록 주의 임재 안에 평강과 기쁨의 복을 주소서.

예수님의 든든하신 이름으로 기도합니다. 아멘.

이사야 41:10, 이사야 12:2, 시편 23:4

이날은 여호와께서 지으신 날이니 이날에 우리가 즐거워하고 기뻐하자

시편 118:24 (우리말성경)

나의 창조주이신 주님,

이날은 주께서 지으신 날이니 이날에 즐거워하고 기뻐하게 하소서. 하루를 시작하면서 믿음의 손을 높이 듭니다. 인생의 이 짧은 구간에 주님이 부어 주시는 것을 기꺼이 다 받으렵니다. 주님이 저의 환경의 주인이시니 그 무엇이든, 하다못해 날씨에 대해서도 불평하지 않도록 조심해야 합니다.

원치 않는 상황에 대처하는 최선의 방법은 주님께 감사하는 것임을 알았습니다. 이런 믿음의 행동 덕분에 원망을 삼가고 전화위복을 살필 수 있지요. 때로 주께서 어려움을 통해 선(善)을 이루신다는 것을 알려 주십니다. **항상** 주님 자신을 영광스러운 선물로 주시지요!

이날에 기뻐하려면 오늘이라는 테두리 안에서 살아야 함을 압니다. 주께서 하루를 24시간 단위로 나누어 놓으시고 인간의 연약함을 훤히 아시기에, 제가 하루씩의 고생밖에 감당할 수 없음도 아십니다.

내일 일을 염려하거나 과거에 얽매이고 싶지 않습니다. 오늘 주님의 임재 안에서 풍성한 삶을 누리려 합니다.

기쁨이 넘치시는 예수님의 이름으로 기도합니다. 아멘.

시편 118:24 (우리말성경), 히브리서 3:13, 히브리서 4:15, 마태복음 6:34

May

19

사람의 마음에는 많은 계획이 있어도 오직 여호와의
뜻만이 완전히 서리라

잠언 19:21

귀하신 예수님,

계획이나 바람이 꺾일 때마다 저는 중대한 선택의 기로에 놓입니다. 좌절하며 허우적댈 것인지, 주님과 소통할 것인지를 선택해야 합니다. 주님과 대화하는 쪽을 선택하면 여러 가지 복이 임합니다. 먼저, 어떤 상황에서도 주님과 소통하면 주님과의 관계가 돈독해집니다. 또한 낙심하여 쓰러지지 않고 실망을 선으로 바꿀 기회를 갖게 되지요. 이런 변화는 우리가 역경을 만났을 때 독침을 제거하여 역경 중에도 기뻐할 수 있게 합니다.

일상생활에서 작은 실망들이 생길 때 이 훈련을 실천하게 하소서. 저를 주의 임재에서 멀어지게 하는 것은 대개 그런 소소한 좌절입니다. 하지만 **좌절을 기회로** 바꾸면 잃는 것보다 얻는 것이 훨씬 많다는 것을 알았습니다. 그리하여 언젠가는 큰 상실까지도 이렇게 긍정적으로 받아들이는 경지에 이르면 좋겠습니다. 저의 목표는 사도 바울의 관점에 도달하는 것입니다. 바울은 **주를 아는 지식이 가장 고상하기 때문에** 자신이 잃어버린 모든 것을 **배설물로** 여긴다고 했지요!

예수님의 기이하신 이름으로 기도합니다. 아멘.

잠언 19:21, 골로새서 4:2, 빌립보서 3:7~8

내가 너희에게 분부한 모든 것을 가르쳐 지키게 하라
볼지어다 내가 세상 끝날까지 너희와 항상 함께 있으
리라 하시니라

마태복음 28:20

복되신 예수님,

"내가 너와 함께 있느니라. 내가 너와 함께 있느니라. 내가 너와 함께 있느니라." 제 마음에 속삭이시는 주의 음성을 들으면 즐겁습니다. 이 위로의 말씀은 제 영혼의 안전망 같아서 저를 절망으로 추락하지 않게 지켜 줍니다. 저는 인간이라 삶의 경험에 우여곡절이 많지만, 약속된 주의 임재 덕분에 얼마 이상은 추락할 수 없습니다. 그러니 항상 저와 함께 계시는 주의 사랑의 임재를 더욱더 인식하게 하소서.

때로는 한없이 추락하는 것처럼 느껴질 때도 있습니다. 믿었던 사람이나 일에 실망할 때 특히 그렇지요. 하지만 저와 함께 계시는 주님을 기억하는 순간 관점이 확 바뀝니다. 상황을 한탄하며 그 속에 빠져 있는 대신 주님께 도움을 구하게 되지요. 주께서 저의 **가운데에 계실** 뿐 아니라 **제 오른손을 붙드시고 주의 교훈으로 저를 인도하시다가 후에는 영광으로 저를 영접하실** 것을 생각해 봅니다. 이것이 바로 제가 필요로 하는 관점입니다. 즉 주님의 변함없는 임재에 대한 확신, 그리고 하나님 나라의 영원한 영광에 대한 확신입니다!

예수님의 높으신 이름으로 기도합니다. 아멘.

마태복음 28:20, 스바냐 3:17, 시편 73:23~24

사람을 두려워하면 올무에 걸리게 되거니와 여호와
를 의지하는 자는 안전하리라

잠언 29:25

한결같으신 구주시여,

저 자신을 다른 사람들의 눈으로 보는 함정에 빠지지 않게 지켜 주소서. 이런 관행이 여러 모로 상처가 된다는 것을 깨닫습니다. 우선 실제로 남들이 나를 어떻게 생각할지 알아내기란 거의 불가능하지요. 게다가 저를 보는 그 사람들의 시선은 각자의 영적, 정서적, 신체적 상태에 따라 그때그때 달라집니다. 가장 큰 문제점은 남들의 판단에 끌려다니는 것이 일종의 우상 숭배라는 것이지요. 사람의 비위를 맞추려고 하면 저의 창조주이신 주님을 기쁘시게 하려는 마음이 위축되니까요. 남들에게 어떻게 보일지에 정신이 팔려 있는 이 우상 숭배를 용서하여 주소서.

저 자신을 **주님의** 눈으로 보는 것이 훨씬 더 실상에 가깝다는 것을 주께서 보여 주셨습니다. 저를 보시는 주님의 시선은 확고부동하며, 죄나 변덕스러운 성질에 조금도 오염되어 있지 않지요. 주님, 저 자신뿐만 아니라 다른 사람들을 볼 때도 주님의 관점에서 보도록 도와주소서. 주의 임재 안에 시간을 보내면, 제가 영원히 완전하게 사랑받는다는 이 실재를 누릴 수 있습니다. 주님의 사랑의 눈빛 안에서 안식하면 주께서 저를 깊은 평강으로 충만하게 하시지요. 주의 영광스러운 임재에 대한 반응으로 **영과 진리로 주님을 예배하고** 싶습니다.

예수님의 위대하신 이름으로 기도합니다. 아멘.

잠언 29:25, 히브리서 11:6, 로마서 5:5, 요한복음 4:23~24

May

그러므로 누구든지 나의 이 말을 듣고 행하는 자는 그 집을 반석 위에 지은 지혜로운 사람 같으리니 비가 내리고 창수가 나고 바람이 불어 그 집에 부딪치되 무너지지 아니하나니 이는 주추를 반석 위에 놓은 까닭이요 나의 이 말을 듣고 행하지 아니하는 자는 그 집을 모래 위에 지은 어리석은 사람 같으리니 비가 내리고 창수가 나고 바람이 불어 그 집에 부딪치매 무너져 그 무너짐이 심하니라

마태복음 7:24~27

나의 반석이신 예수님,

주님을 의지하는 것이 즐겁습니다! 이곳이 놀랍도록 안전한 자리임을 알게 되었습니다. 저 자신이나 사람, 환경에 의존할 때는 삶을 모래 위에 짓는 것과 같다는 것을 어렵게 깨달았습니다. 폭풍우가 몰아쳤을 때 저의 기초가 얼마나 허술한지 깨달았지요. 완전히 부실해서 저를 떠받치지 못했으니까요. 이제 힘써 저의 삶을 **반석 위에** 세우려고 노력하고 있습니다. 이 기초는 삶의 폭풍에도 저를 떠받치기에 충분하고도 남습니다.

주님, 폭풍이 몰아칠 때뿐 아니라 하늘이 맑고 삶이 평온할 때도 주께 의지할 수 있도록 도와주소서. 이것이 앞으로 닥쳐올 **모든 일에** 대비하는 매일의 훈련입니다. 또한 큰 기쁨의 원천이기도 하다는 것을 알았습니다. 주를 의지하려면 늘 주님과 소통해야 하는데, 이 또한 엄청난 특권이지요! 이 풍성한 복이 제게 힘과 용기를 주고 저를 인도해 줍니다. 주님과의 소통이 끊어지지만 않으면, 저 혼자가 아님을 **알기에** 어떤 난관에도 대처할 수 있지요. **주의 얼굴빛 가운데 다니면** 주께서 **하루 종일 주의 이름을 즐거워할** 능력을 주십니다. 주께 의존하는 삶은 즐겁고 복된 삶입니다.

기쁨이 충만하신 예수님의 이름으로 기도합니다. 아멘.

마태복음 7:24~27, 시편 89:15~16(우리말성경), 데살로니가전서 5:16

대저 하나님의 모든 말씀은 능하지 못하심이 없느
니라

누가복음 1:37

강하신 나의 목자시여,

저의 영적, 정서적, 신체적 연약함을 모두 가지고 주께 나아옵니다. 위로해 주시는 주의 임재 안에서 안식하며, **하나님의 모든 말씀은 능하지 못하심이 없음**을 기억합니다. 그리고 **주님 안에서 기뻐합니다!**

저의 생각을 문제에서 떼어내 주께 더 온전히 집중하게 하소서. 주님, **주님은 제가 구하거나 생각하는 모든 것에 더 넘치도록 능히 하실** 분입니다! 주께 이것저것 해 달라고 주문하기보다 주님이 **이미** 하고 계신 일에 저를 맞추고 싶어요.

저의 생각 속에 불안이 끼어들 때마다 **주님이 저의 목자이심**을 일깨워 주소서. 주께서 저를 돌보시니 아무것도 두려워할 필요가 없습니다! 계속 제 삶을 통제하려고 하기보다 주께 저를 맡기고 싶습니다. 그것이 무섭고 위태롭게 느껴져도, 제가 있을 가장 안전한 자리가 바로 주님 곁임을 압니다.

우리를 위로해 주시는 예수님의 이름으로 기도합니다. 아멘.

누가복음 1:37, 빌립보서 4:4, 에베소서 3:20~21, 시편 23:1

May

주 안에서 항상 기뻐하십시오. 내가 다시 말합니다. 기뻐하십시오. 여러분의 관용을 모든 사람에게 나타내십시오. 주께서 가까이 계십니다라

빌립보서 4:4~5(우리말성경)

온유하고 사랑이 많으신 예수님,

주 안에서 항상 기뻐하며 저의 관용을 모든 사람에게 나타내게 하소서. 주 안에서 기뻐하면 불평하고 싶은 유혹에 빠지지 않는다는 것을 알았습니다. 스트레스가 쌓이는 상황에서는 짜증 내기가 너무 쉽지요. 하지만 주님은 다른 사람들에게 짜증이 아니라 관용을 보이라고 하십니다. 그것은 제가 주님을 기뻐하는 만큼만 가능한 일이지요. **주님이 어제나 오늘이나 영원토록 동일하시므로** 제게는 항상 기뻐할 일이 많습니다.

특히 **주께서 가까우심을** 알기에 기뻐할 수 있습니다. 남녀가 깊이 사랑하면 서로의 가장 좋은 모습을 끌어내는 경향이 있지요. 사랑하는 이와 함께 있기만 해도 짜증이 가라앉고 행복이 커집니다. **주님은** 늘 가까이 계시며, 눈에 보이지 않으실 뿐 자상하게 임재하시는 연인이시지요. 시간을 내서 주의 사랑의 임재에 주파수를 맞추면, 주님이 저의 좌절을 달래 주시고 기쁨으로 충만하게 하십니다.

주님의 끊임없는 임재와 변함없는 사랑으로 인해 자주 감사하도록 일깨워 주소서. 상황이 저를 우울하게 할 때는 주님께로 시선을 돌려 저를 향한 **주의 인자하심을 깨닫게** 하소서!

예수님의 영광스러우신 이름으로 기도합니다. 아멘.

빌립보서 4:4~5(우리말성경), 갈라디아서 5:22~23, 히브리서 13:8, 시편 107:43

May
25

이 날은 여호와께서 정하신 것이라 이 날에 우리가 즐거워하고 기뻐하리로다

시편 118:24

즐거움을 주시는 나의 주님,

이날은 주께서 정하신 것입니다! 이날에 즐거워하면 소중한 선물들과 유익한 훈련이 뒤따르지요. 주님과 함께 감사의 복된 길을 걸으며, 주께서 저를 위해 예비해 두신 모든 즐거움을 발견하고 싶습니다.

감사하는 마음을 잃지 않으려면, 제가 살고 있는 타락한 세상에 복과 슬픔이 무작위로 섞여 있음을 기억해야 합니다. 고생에 너무 집중하면, 하루 종일 아름다움과 빛이 넘쳐나도 저의 칙칙한 생각밖에 보이지 않습니다. 감사하기를 게을리 하면 생각이 어두워지고 시야가 흐려지지요.

주님, 잊지 않고 늘 주께 감사하게 하소서. 그리하여 저의 시야가 환해지게 하소서. 감사하는 마음이 있으면, **주의 얼굴빛이** 여전히 저를 비추심을 알기에 아무리 어두운 날도 기쁜 마음으로 살아갈 수 있습니다. 그러므로 즐거움을 주시는 한결같은 길동무이신 **주님을 기뻐합니다.**

환히 빛나시는 예수님의 이름으로 기도합니다. 아멘.

시편 118:24, 골로새서 4:2, 시편 118:1, 시편 89:15~16

그 중에 이 세상의 신이 믿지 아니하는 자들의 마음을 혼미하게 하여 그리스도의 영광의 복음의 광채가 비치지 못하게 함이니 그리스도는 하나님의 형상이니라

고린도후서 4:4

왕이신 예수님,

주의 영광의 복음의 광채는 깜짝 놀랄 정도로 풍성한 보화입니다! 복음이 이렇게 놀랍도록 기쁜 소식인 이유는 **주의** 엄위하신 영광을 알 수 있는 길을 열어 주시기 때문이지요.

주님을 저의 구주로 처음 믿던 순간, 주님이 저를 하나님 나라의 여정에 들여 놓으셨습니다. 죄 사함과 미래의 천국도 경이로운 선물이지만, 주께서 주신 것은 그 이상입니다! **주의 얼굴의 영광을 아는 빛을 저의 마음에 비추셨**지요. 마음을 다하여 **주의 얼굴을 찾도록** 도와주소서. 주의 영광스러운 임재를 아는 찬란한 지식을 즐거워하게 하소서.

지식이라는 말에는 '경험이나 공부를 통해 얻는 인식'이라는 뜻이 있지요. 주님을 알려면 주님을 인식해야 합니다. 성령을 통해 주의 임재를 경험해야 하지요. 또한 주님에 대해 더 많은 것을 배우기 위해 성경을 공부해야 합니다. **이 세상의 신이 믿지 않는 자들의 마음을 혼미하게 하지만**, 저는 성경을 탐구하고 **주의 영광의 복음의 광채를 누림**으로 주님을 분명하게 알 수 있습니다.

예수님의 놀라우신 이름으로 기도합니다. 아멘.

고린도후서 4:4, 고린도후서 4:6, 시편 27:8

여호와께서는 자기에게 간구하는 모든 자 곧 진실하
게 간구하는 모든 자에게 가까이 하시는도다

시편 145:18

늘 가까이 계시는 나의 하나님,

때로 적막한 곳에 있는 것처럼 느껴질 때가 있습니다. 사랑하는 동반
자이신 주님이 없는 것처럼 말입니다. 하지만 주님의 임재가 느껴지든
그렇지 않든, 주께서 저와 함께 계심을 알고 주님을 부를 수 있습니다. 성
경은 주님이 **주께 간구하는 모든 자에게 가까이하신다고** 약속하셨으니
까요. 애틋하게 신뢰하며 작은 소리로 주의 이름을 부르오니 모든 의심
을 훨훨 날려 버리게 하소서!

잠시 주님께 저의 고충을 아뢰며 인도하심을 구할 시간이 필요합니다.
그런 다음 주제를 **주님으로** 바꾸어 주의 위대하심과 위엄과 권능과 영광
을 찬송하겠습니다. 주께서 제 삶에서 행하셨고 또 행하고 계신 많은 선
한 일로 인해 감사하겠습니다. 주님, 주님은 저의 찬양과 감사 속에 풍성
하게 임재하십니다!

주의 말씀은 주님의 선하심을 맛보아 알라고 가르칩니다. 주님과 주
님의 복에 집중할수록 주의 선하심을 더 배불리 맛볼 수 있지요. **주님의
자비는** 자상하여 저를 즐겁게 하고, 주님의 능력은 차고 넘쳐 제게 용기
를 줍니다. 주님은 저의 갈급한 심령을 주님의 임재의 기쁨과 평강으로
채우시면서, **"내가 너와 함께 있어 네가 어디로 가든지 너를 지키리라"**
말씀하시며 안심시켜 주십니다.

예수님의 너그러우신 이름으로 기도합니다. 아멘.

시편 145:18, 시편 34:8, 이사야 54:10, 창세기 28:15

내가 항상 주와 함께 하니 주께서 내 오른손을 붙드
셨나이다

시편 73:23

보배로우신 예수님,

힘든 상황은 있다가도 없어지지만 **주님은 항상 저와 함께하심을** 잊지 않게 하소서. 변함없는 주님의 임재는 영광스러운 보화입니다!

주께서 좋은 때와 궂은 때 모두를 살펴 제 인생 이야기를 쓰고 계시니 위안이 됩니다. 주님은 제가 태어나기 전부터 죽은 후까지 전체를 다 보시지요. 장차 하나님 나라에서 영원히 살 제 모습이 어떠할지도 정확히 아십니다. 나아가 제 안에서 항상 일하시며 저를 주님이 본래 지으신 모습으로 변화시키십니다. 주님의 나라에서 저는 왕 같은 존재입니다.

제가 주님을 가까이하려고 즐겨 쓰는 방법 중 하나는 사랑으로 주의 이름을 부르는 것입니다. 주님이 정말 저와 함께 계시며 저를 돌보신다는 믿음이 그 단순한 기도로 표현되지요. **소망의 하나님이신 주님이 모든 기쁨과 평강을 믿음 안에서 제게 충만하게 하십니다.**

짐이 아무리 무거워도, 주님이 제게 임재하신다는 이 실재가 저의 모든 어려움을 뛰어넘게 하지요. 주님 곁에서 잠잠히 기다리면 말씀하시는 주님의 속삭임을 들을 수 있습니다. **"수고하고 무거운 짐 진 자들아, 다 내게로 오라. 내가 너희를 쉬게 하리라."**

새 힘을 주시는 예수님의 이름으로 기도합니다. 아멘.

시편 73:23, 베드로전서 2:9, 로마서 15:13, 마태복음 11:28

아침에 나로 하여금 주의 인자한 말씀을 듣게 하소서
내가 주를 의뢰함이니이다 내가 다닐 길을 알게 하소
서 내가 내 영혼을 주께 드림이니이다

시편 143:8

사랑이 많으신 나의 주님,

아침에 저로 하여금 주의 인자한 말씀을 듣게 하소서. 주를 의뢰하면서, 환난 중에도 저를 비추시는 주의 사랑을 즐거워하게 하소서. 낙심하여 힘들 때 주님을 신뢰하는 마음을 고백하며 주님이 어떤 분이신지 기억해야 합니다. 주님은 저의 구주이자 친구시며 우주를 창조하고 운행하는 분이시지요. 주님을 확실히 의지할 수 있는 것은 주의 사랑이 무한하고 한결같기 때문입니다. 주님의 사랑은 고갈되거나 식지 않으며, 제가 얼마나 잘하느냐에 따라 달라지지도 않습니다. **주님이 어제나 오늘이나 영원토록 동일하시니** 주의 완전하신 사랑도 절대 변하지 않습니다.

제 영혼을 주께 드리는 시간을 가지며 잠잠히 주의 임재 안에서 기다리면 제게 복이 임합니다. 주님을 예배하고 기다리며 시간을 쏟을 때, 주께서 제 안에서 일하셔서 하루를 잘 맞이하도록 준비시켜 주시지요. 그리고 **제가 다닐 길을** 한 걸음씩 **알게 하십니다. 주님이 영원히 저의 하나님이시며 저를 죽을 때까지 인도하시니** 감사합니다!

우리를 인도하시는 예수님의 이름으로 기도합니다. 아멘.

시편 143:8, 히브리서 1:2~3, 히브리서 13:8, 시편 48:14

주의 인자하심이 생명보다 나으므로 내 입술이 주를
찬양할 것이라

시편 63:3

위엄 있는 예수님,

주의 인자하심이 생명보다 낫습니다! 질이나 양, 기한으로도 주의 사랑에는 한도가 없으니 감사합니다. **주의 인자하심이 어찌 그리 보배로우신지요!** 이 세상 그 어떤 것보다 무한히 더 좋고, 결코 고갈되지 않습니다. 이 사랑이 워낙 귀하니 다른 것을 다 잃어도 지킬 가치가 있습니다.

주의 사랑을 얻을 수만 있다면 목숨을 잃어도 아깝지 않은데, 이 영광스러운 선물은 제 삶을 한없이 **풍성하게** 해 줍니다. 주님의 한결같은 사랑이 제가 튼튼히 다져나갈 수 있는 기초를 공급해 주시지요. 제가 영원히 완전하게 사랑받고 있음을 알면 대인 관계도 좋아지고, 주님이 본래 지으신 모습으로 성장하는 데도 도움이 됩니다. 나아가 저를 향한 **주의 사랑을 알고 그 너비와 길이와 높이와 깊이가 어떠함을 깨달으면** 제게서 예배가 우러나오지요. 바로 **이럴 때** 주님과의 친밀감이 점점 커집니다. 주의 웅대하신 임재를 즐거이 경축할 때 말이지요!

제 마음도 시편 저자의 고백과 같습니다. **호흡이 있는 자마다 주님을 찬양할지어다.** 할렐루야!

찬송받기에 합당하신 예수님의 이름으로 기도합니다. 아멘.

시편 63:3, 시편 36:7, 에베소서 3:16~19, 시편 150:6

끝으로 형제들아 무엇에든지 참되며 무엇에든지 경
건하며 무엇에든지 옳으며 무엇에든지 정결하며 무
엇에든지 사랑 받을 만하며 무엇에든지 칭찬 받을 만
하며 무슨 덕이 있든지 무슨 기림이 있든지 이것들을
생각하라

빌립보서 4:8

뛰어나신 구주시여,

주께서 **무슨 덕이 있든지 무슨 기림이 있든지 이것들을 생각하라**고
말씀하셨습니다. 쉬워 보이지만 막상 실천하려면 정말 어렵지요.

칭찬받을 만한 일에 집중하는 것이 얼마나 문화에 어긋나는지 잘 압니
다. 언론에 종사하는 이들은 거의 언제나 부정적인 뉴스를 부각시키지
요. 실제로 일어나는 선한 일들, 특히 그리스도인들의 많은 미담은 여간
해서 보도하지 않습니다.

긍정적인 데 초점을 맞추는 것은 반문화적일 뿐만 아니라 우리의 타락
한 본성에 반대되는 것임을 인정합니다. 아담과 하와가 반역했을 때 우
리 마음을 포함하여 **모든 것이** 그 타락으로 인해 망가졌지요. 결과적으
로 덕과 기림을 생각하는 것은 우리에게 전혀 자연스러운 일이 아니어
서, 올바른 선택을 위해 꾸준한 노력이 필요합니다. 주님, 매일 매순간 의
지적으로 선한 것을 찾게 도와주소서.

이 세상은 문제투성이지만 칭찬받을 만한 것도 많습니다. **가장** 칭찬받
으실 주님이 **항상 저와 함께하시니,** 아니, 저의 생각보다 더 가까이 계시
니 얼마나 기쁜지 모르겠습니다!

덕이 있으시고 칭찬받으실 만한 예수님의 이름으로 기도합니다. 아멘.

빌립보서 4:8, 창세기 3:6, 빌립보서 4:4, 시편 73:23

이 하나님은 영원히 우리 하나님이시니
그가 우리를 죽을 때까지 인도하시리로다

시편 48:14

하나님이여 우리가 주의 전 가운데에서 주의 인자하심을 생각하였나이다 하나님이여 주의 이름과 같이 찬송도 땅 끝까지 미쳤으며 주의 오른손에는 정의가 충만하였나이다 … 이 하나님은 영원히 우리 하나님이시니 그가 우리를 죽을 때까지 인도하시리로다

시편 48:9~10, 14

나의 신실하신 인도자 예수님,

주님과 함께 시간을 보내며 **주의 인자하심을 생각하는** 것이 즐겁습니다. **주님은 영원히 저의 하나님이시니까요.** 저의 생각이 곁길로 벗어날 때마다 성령 하나님을 통해 주님께 다잡아오게 하소서.

"여호와께서 과연 여기 계시거늘" 이 야곱의 말이 큰 힘이 됩니다. 제가 어디에 있든지 주님이 함께 계시며, 오늘도, 내일도, 영원무궁토록 저의 하나님이 되심을 감사합니다!

주님은 또한 **저를 인도하시는 분**이지요. 인생길의 걸음마다 주께서 인도하고 계심을 잊어버리면 미래가 두려워지기 쉽습니다. 그런데 주님은 주님을 구주로 믿던 순간부터 임재하셔서 저를 인도하셨고, 매일의 일과에서 주를 더욱더 인식하도록 저를 훈련하셨습니다. 날마다 주님을 가까이하기 위해 작은 소리로 주의 이름 부르는 것을 배웠지요. 그러면 주님이 바로 제 곁에 계심을 상기하게 됩니다. **아무것도 염려하지 말고 기도와 간구로** 저의 구할 것을 **감사함으로** 주님께 아뢸 수 있습니다. **주께서 저를 죽을 때까지 인도하신다는** 놀라운 확신이 얼마나 큰 기쁨이 되는지요!

예수님의 복되시고 영원하신 이름으로 기도합니다. 아멘.

시편 48:9~10, 14, 창세기 28:16, 빌립보서 4:6

내 영혼을 소생시키시고 자기 이름을 위하여 의의 길
로 인도하시는도다

시편 23:3

온유하신 예수님,

가끔은 도움을 구하는 것조차 주의 도움이 필요할 때가 있습니다. 한꺼번에 여러 가지 일을 하려고 하면 이것저것 제대로 하는 것 없이 점점 바빠지고, 전화라도 오면 스트레스가 더 쌓이지요. 그럴 때는 모든 것을 **멈추고** 심호흡을 몇 번 한 후에 작은 소리로 주의 이름을 부를 때 비로소 진정되기 시작합니다. 그제야 이 하루도 주님이 인도해 주셔야 한다는 고백이 나오지요. **주의 이름을 위하여 저를 의의 길로 인도하시기로** 주께서 약속하셨습니다.

뭔가 도전적인 일을 준비할 때는 대개 시간을 내서 주님께 도움을 구합니다. 그런데 일상의 일을 처리할 때는 도움 없이 뛰어드는 경향이 있습니다. 마치 혼자서도 감당할 수 있는 듯 행동하지요. 하지만 **매사에** 겸손히 주님을 의지하며 가는 것이 훨씬 낫습니다. 그러니 그냥 뛰어들고 싶을 때마다, 멈춰 서서 주님을 의지하며 주께 앞길을 보여 달라고 구해야 합니다. **"내가 네 갈 길을 가르쳐 보이리라."** 주의 임재 안에서 기다리며 주께서 하신 이 약속의 말씀을 듣는 것이 즐겁습니다.

우리를 안심시켜 주시는 예수님의 이름으로 기도합니다. 아멘.

시편 23:3, 사도행전 17:27, 시편 32:8

여호와여 주께서 나를 살펴 보셨으므로 나를 아시나이다 주께서 내가 앉고 일어섬을 아시고 멀리서도 나의 생각을 밝히 아시오며 나의 모든 길과 내가 눕는 것을 살펴 보셨으므로 나의 모든 행위를 익히 아시오니 여호와여 내 혀의 말을 알지 못하시는 것이 하나도 없으시니이다

시편 139:1~4

은혜의 하나님,

저보다 저를 훨씬 더 잘 아시는 주님께 깨우침을 받으려 나아옵니다. 저의 복잡한 상황도 다 아시니 제 삶의 세세한 것 하나도 모르시는 것이 없습니다. 그런데 주께서 은혜의 눈으로 저를 보시니, 속속들이 아시는 주님을 두려워할 필요가 없지요. 주님, 저의 가장 깊은 곳에까지 치유하시는 임재의 빛을 비추어 주소서. 저를 정결케 하시고, 치유하시고, 새롭게 하시며, 제게 새 힘을 주소서.

주께서 끊임없이 베푸시는 온전한 용서를 받아들이기에 충분한 믿음을 주소서. 이 영광스러운 선물을 주시려고 주께서 친히 목숨을 대가로 치르셨으니 이 선물은 영원히 저의 것입니다! 주님의 변함없는 임재의 중심에 용서가 있음을 감사합니다. **"내가 너를 떠나지 아니하며 버리지 아니하리니"** 주께서 이 말씀을 통해 제게 확신을 주시지요.

아무도 저를 이해해 주는 것 같지 않을 때, 저를 다 아시고 완전하게 사랑하시는 주님을 기뻐하며 그냥 주께 더 가까이 나아올 수 있습니다. 주께서 저를 주님의 사랑으로 충만하게 하시니 저도 사랑의 저수지가 되기를 갈망합니다. 그 사랑이 다른 사람들의 삶 속으로 흘러들었으면 좋겠습니다.

예수님의 사랑스러우신 이름으로 기도합니다. 아멘.

시편 139:1~4, 요한복음 1:16~17, 여호수아 1:5

수고하고 무거운 짐 진 자들아 다 내게로 오라 내가
너희를 쉬게 하리라

마태복음 11:28

긍휼이 풍성하신 구주시여,

수고하고 무거운 짐 진 심정으로 **주께 나오니 저를 쉬게 하여** 주소서. 오직 주님만이 제 피로의 깊이와 너비를 아십니다. 아무것도 주님께 숨겨져 있지 않지요! 열심히 일할 때가 있고 일손을 놓고 그냥 쉴 때가 있음을 주께서 보여 주셨습니다. 에너지가 무한하신 주님도 세상을 창조하시고 일곱째 날에 안식하셨지요.

주의 얼굴을 제게 비추시는 동안 주의 사랑의 임재 안에 머무르며 시간을 보내고 싶어요. 좋아하는 성경 구절들이 천천히 머릿속을 스쳐가며 저의 마음과 영혼에 새 힘을 줍니다. 뭔가 잊고 싶지 않은 내용이 떠오르면 종이에 적어 놓고 다시 주님께 시선을 돌리겠습니다. 주님과 함께 쉬는 동안, 주의 사랑을 저의 존재 깊은 곳에까지 적셔 주소서. 때론 속삭임으로, 때론 큰 소리와 노래로 **주께** 사랑을 표현하는 것이 즐겁습니다.

주께서 저를 인정해 주시고 안식을 허락해 주심을 믿게 하소서. 주님이 십자가에서 다 이루신 일을 믿고 주의 임재 안에서 쉴 때, 저는 깊이 새 힘을 얻습니다.

우리를 소생시켜 주시는 예수님의 이름으로 기도합니다. 아멘.

마태복음 11:28, 창세기 2:2, 민수기 6:25~26

June

05

믿음의 주요 또 온전하게 하시는 이인 예수를 바라보
자 그는 그 앞에 있는 기쁨을 위하여 십자가를 참으사
부끄러움을 개의치 아니하시더니 하나님 보좌 우편에
앉으셨느니라

히브리서 12:2

귀하신 예수님,

저를 비추시는 주의 영광의 빛이 느껴질 때가 있습니다. 예배하는 마음으로 주를 우러러 보면 주님의 사랑의 빛이 제게 임하여 저의 존재 깊은 곳을 적셔 주시지요. 주님과 함께하는 이 순간이 얼마나 소중한지요! 이 시간을 통해 더욱 주님을 닮아 가게 하소서. 조용한 시간이든 바쁠 때든, **주님을 바라볼수록 주의 영광을** 더 잘 **반사할** 수 있음을 배우는 중입니다.

정신없이 바쁠 때는 주님을 잊어버릴 때가 많습니다. 다행히 여러 가지 일을 병행할 수 있도록 저를 지으셨으니, 그 중 하나를 주의 임재에 할애하여 늘 주님을 염두에 두게 하소서. 주의 임재를 인식하면 주님이 기뻐하지 않으실 말이나 행동을 조심하게 되니 제게 여러모로 유익합니다. 또 주님의 임재 의식은 어려운 환경이나 괴로운 감정 때문에 힘들 때마다 저를 위로하고 격려해 주지요.

주께서 제 삶의 모든 것을 통해 선을 이루시고, **저를 주의 형상으로 변화시켜 영광에서 영광에 이르게** 하실 수 있음을 압니다!

예수님의 영광스러우신 이름으로 기도합니다. 아멘.

히브리서 12:2, 고린도후서 3:18, 로마서 8:28

여호와와 그의 능력을 구할지어다 그의 얼굴을 항상
구할지어다

시편 105:4

위대하신 나의 하나님,

저 자신을 기쁘게 하는 것이 주목표인 날에는 제 삶에 좌절이 가득합니다. 매사가 내 뜻대로 되어야 한다는 태도는 인생의 주인이 나 자신이라는 잘못된 전제에서 비롯된 것입니다. 사실은 **주님이** 중심이시니 모든 것이 주님을 중심으로 돌아가지요. 그러니 저의 계획은 임시로 세우고, **범사에 주의 얼굴과** 주의 뜻을 **구해야** 합니다. 그러면 어느 경우든 결과가 좋을 수밖에 없습니다. 일이 저의 계획대로 되면 주님께 감사하며 기뻐할 수 있습니다. 하지만 저의 바람이 무산되어도 **주님의 도(道)는 완전하심을** 믿으며 계속 주님과 소통하면서 제 뜻을 주의 뜻에 복종시킬 수 있으니까요.

제가 저 자신의 것이 아니라 주님께 속한 자임을 잊지 않게 하소서. 제가 주님의 것, 주의 사랑받는 존재임을 알면 크게 안심이 됩니다. 초점이 저 자신과 제가 바라는 것에 있지 않으니, 제 뜻을 관철하려 애쓰기보다 **주님을 기쁘시게** 하는 것이 저의 주목표가 되지요. 사실 이 말이 버거운 일처럼 들려도 엄청난 해방입니다. **주의 멍에는 쉽고 주의 짐은 가벼우니까요.** 더구나 제가 주님의 것임을 알면 **저의 마음이** 깊고 만족스러운 **쉼을 얻습니다.**

새 힘을 주시는 예수님의 이름으로 기도합니다. 아멘.

시편 105:4, 시편 18:30, 고린도전서 6:19, 마태복음 11:29~30

예수를 너희가 보지 못하였으나 사랑하는도다 이제
도 보지 못하나 믿고 말할 수 없는 영광스러운 즐거움
으로 기뻐하니

베드로전서 1:8

기쁨이 충만하신 주 예수님,

주님 안에서 **말할 수 없는 영광스러운 즐거움을** 얻었습니다! 이 놀라운 기쁨은 다른 어디에서도 얻을 수 없습니다. 오직 주님과의 관계에서만 찾을 수 있지요. 주님, 온 마음으로 주님을 신뢰하며 인생길을 담대히 주님과 동행하게 하소서. 주님과 함께 가는 길에 장애물도 많고, 그중 무척 극복하기 어려운 일도 있다는 것을 압니다.

성경은 **한 날의 괴로움은 그날로 족하다고** 말씀합니다. 그러니 날마다 으레 어려움이 있으려니 예상하고, 그것 때문에 곁길로 벗어나지 않아야 합니다. 역경 때문에 주님의 임재를 놓치지는 말아야 하지요. 주님과 함께하는 저의 삶이 모험이고, 모든 모험에는 어느 정도 위험이 따르게 마련입니다. 괴로움에 담대히 맞서 인내할 수 있는 용기를 주소서.

저의 소망을 주님께, 그리고 주께서 예비하신 하나님 나라에 붙들어매어야 합니다. 영원한 본향에 들어가면 저의 기쁨이 모든 상상을 초월할 정도로, 기하급수적으로 커질 것을 압니다. 거기서 **얼굴과 얼굴을 대하여** 주님을 보며 무한한 기쁨을 누릴 것입니다!

승리하신 예수님의 이름으로 기도합니다. 아멘.

베드로전서 1:8, 마태복음 6:34, 고린도전서 13:12

June

08

내가 그리스도와 함께 십자가에 못 박혔나니 그런즉
이제는 내가 사는 것이 아니요 오직 내 안에 그리스도
께서 사시는 것이라 이제 내가 육체 가운데 사는 것은
나를 사랑하사 나를 위하여 자기 자신을 버리신 하나
님의 아들을 믿는 믿음 안에서 사는 것이라

갈라디아서 2:20

살아 계신 나의 주님,

제게 필요한 것이 구원의 주 하나님 안에 다 있으며, **주께서 제 안에
사신다**니오! 주님이 찬란한 생명과 사랑으로 저를 충만하게 하십니다,
제 안에 있는 주님의 생명이 사람들에게로 흘러가서 좋은 영향을 끼쳤으
면 좋겠습니다. 그리하여 주께서 저를 통해 사시고 저를 통해 사랑하게
하소서. 주님을 즐거이 의지하며 살아가오니 저의 말이 주의 사랑으로
은혜로워지고 저의 행실이 주님의 빛을 반사하게 하소서.

주님, 이 세상에서는 종종 부족하게 느껴지지만 **주 안에서 제가 충만
해졌음을** 압니다. 저의 구원과 영적 성장에 필요한 것이 다 주님 안에 있
습니다. 하나님 나라를 향한 여정에서 인내하는 데 필요한 모든 것이 **주
님의 신기한 능력을** 통해 주어졌지요. **주님을** 친밀하게 **아는** 복을 주시
고, 가장 깊은 고민과 즐거움까지도 마음을 열고 주님과 나누게 하시니
감사합니다.

주 예수님, 주께서 십자가에서 다 이루셨기에 제 영혼이 깊은 안식을
누립니다. 살아 계신 구주, 영원한 친구이신 주님 안에서 영원히 안전하
게 하시니 참 감사합니다.

승리하신 예수님의 이름으로 기도합니다. 아멘.

갈라디아서 2:20, 골로새서 2:9~10, 베드로후서 1:3

모든 것 위에 믿음의 방패를 가지고 이로써 능히 악한
자의 모든 불화살을 소멸하고

에베소서 6:16

신뢰받기에 합당하신 예수님,

저의 모든 감정을 주님께 가져옵니다. 차라리 없었으면 하는 감정도 함께 가져옵니다. 고백하건대 두려움과 불안이 저를 괴롭히며, 주님을 의지하기보다 저 자신에게 초점을 맞추도록 유혹합니다. 불을 뿜는 미사일처럼 두려움이 밤낮없이 저를 공격합니다. 악한 마귀가 저를 노리고 맹공격을 퍼붓습니다. **믿음의 방패를** 잘 활용하여 **이런 불화살을 소멸하는** 법을 가르쳐 주소서.

주님, 감정과 상관없이 늘 믿음을 고백할 수 있게 하소서. 주님을 신뢰하는 마음을 꾸준히 고백할 때 결국 감정이 따라오는 것을 알았습니다.

두려움을 피해 숨거나 두려움이 없는 척하고 싶지 않습니다. 마음속에 불안을 감추면, 두려움이 괴물처럼 커져버리지요. 대신 저의 불안을 어떻게 처리해야 할지 가르쳐 주실 주님의 임재 안으로 가져오려 합니다. 꾸준히 주님을 신뢰하며 주님과 가까이 지내도록 도와주소서. 그러면 두려움이 제 안에서 설 자리를 잃게 될 것입니다.

예수님의 신실하신 이름으로 기도합니다. 아멘.

에베소서 6:16, 요한일서 1:5~7, 이사야 12:2

너희 염려를 다 주께 맡기라 이는 그가 너희를 돌보심
이라

베드로전서 5:7

기쁨을 주시는 예수님,

주께서 저를 돌보시니 저의 염려를 다 주께 맡기라고 주께서 말씀하십니다. 주님이 훌륭한 포수처럼 잘 받아 주실 것을 알기에 저의 모든 염려와 불안과 고민을 주님께 던지고 싶습니다. 걱정거리를 내려놓으며, 주의 임재 안에 편히 쉬며 안도의 숨을 내쉽니다. 하루 종일, 가끔은 밤에도 그렇게 계속해야 하지요. 주께서 늘 깨어 계셔서 언제라도 저의 염려를 받아 주시고 **저의 짐을 져 주시니 감사합니다.**

주님은 힘이 무한하시니 저의 짐에 끄떡없으십니다. '캐치볼' 하듯 저의 걱정을 던지면 주께서 받아 주신다는 것을 알았습니다. 그러면 활기가 살아나며 저의 짐이 가벼워지고 기운이 솟아나지요. 그러니 염려에 짓눌려 있기보다 주님이 저와 함께 계시며 제게 무슨 일이 닥쳐도 언제든지 도와주실 것을 기뻐하겠습니다.

어떤 문제로 고민될 때마다 느긋하게 주님을 의지하면서, 저의 걱정을 주님의 힘센 손안으로 던질 수 있다는 것을 깨닫습니다. 예수님, 늘 **저를 지키시며** 저의 염려를 받아 주시니 감사합니다!

우리를 지키시고 돌보시는 예수님의 이름으로 기도합니다. 아멘.

베드로전서 5:7, 시편 139:23, 시편 68:19, 시편 121:5~6

내게 능력 주시는 자 안에서 내가 모든 것을 할 수 있느니라

빌립보서 4:13

한결같으신 나의 친구 예수님,

오늘 하루도 주님을 의지하며 주의 손을 잡고 기쁘게 주님과 동행하고 싶습니다. 주님이 제 곁에 계시니 오늘의 모든 즐거움을 음미하며 어려움도 견딜 수 있습니다. 아름다운 풍경, 모험의 바람, 지칠 때 쉬어 갈 아늑하고 조용한 곳 등 주께서 저를 위해 예비하신 모든 것을 잘 누리게 도와주소서. 주님이 저의 한결같은 친구이자 인도자도 되시니 감사합니다. 주님은 저의 앞길을 걸음마다 아시되 하나님 나라에 이를 때까지 다 아시지요.

주님 가까이에 머무느냐 길을 가느냐 선택할 필요가 없습니다. **주님이 곧 길이시니** 주님 곁에만 있으면 주의 길로 가는 것이지요. **주님을 깊이 생각하면서** 오늘의 여정을 매순간 인도하실 주를 신뢰합니다. 제가 가는 길에 무슨 일이 닥칠지 염려하지 않게 도와주소서. 주님이 늘 제 곁에 계심을 일깨워 주소서. 그러면 저는 홀가분한 마음으로 주의 임재를 누리며 주님과 보조를 맞출 수 있습니다.

기쁨이 넘치시는 예수님의 이름으로 기도합니다. 아멘.

빌립보서 4:13, 이사야 58:11, 요한복음 14:6, 히브리서 3:1

소중하신 하나님,

고요한 이 순간 주께 가까이 나아와 주의 임재를 누리려 합니다. 이 과정에 신뢰와 감사가 훌륭한 동지임을 배웠습니다.

과거에 머물거나 미래를 염려하면 마음이 흐려져 주님이 곁에 계심을 알아채기 힘들어집니다. 주님을 신뢰할수록 현재의 자리에서 더욱 온전히 살 수 있지요. 주께서 임재하셔서 저를 기다리시는 자리가 바로 현재니까요.

주님과 끊임없이 소통하도록 주께서 저를 훈련하셨습니다. "예수님, 주님을 신뢰합니다." **"나의 힘이신 여호와여, 내가 주를 사랑하나이다."** 이 짤막한 기도들이 저를 주님 곁에 머물게 해 줍니다. 주께서 사랑으로 저를 지키신다는 확신도 이 기도를 통해 더욱 깊어집니다.

주님과 친밀해지려면 감사하는 마음이 꼭 필요함을 주께서 보여 주셨지요. 감사할 줄 모르면 주님을 욕되게 하고 주님과의 관계도 부실해집니다. 그러하오니 주여, 저의 삶이나 세상에서 무슨 일이 일어나든 **제가 흔들리지 않는 나라를 받았음을** 잊지 않게 하소서. 이것이야말로 변치 않고 **감사할 수** 있는 제목이지요. **범사에 감사함으로** 늘 주님 곁에서 주의 사랑을 누리고 싶습니다.

예수님의 귀하신 이름으로 기도합니다. 아멘

시편 18:1, 히브리서 12:28~29, 데살로니가전서 5:18

나는 궁핍에 처할 줄도 알고 풍부에 처할 줄도 압니다.
나는 배부르든 배고프든, 풍족하든 궁핍하든, 모든 형
편에 처하는 비결을 배웠습니다

빌립보서 4:12 (우리말성경)

신실하신 하나님,

모든 형편에 처하는 비결을 배우게 하소서. 다양한 어려움을 견디면
서 자족함을 배웠고, 그 훈련이 힘든 과정이라는 것을 깨닫습니다. 자족
훈련에 제법 진전이 있다고 생각하던 바로 그 때 삶의 상황이 더 힘들어
지곤 했지요. 모든 스트레스에 거뜬히 대처할 수 있는 날도 있고, 그냥 **벗**
어나고 싶은 날도 있습니다! 그 힘든 날을 감당하는 법도 가르쳐 주소서.

제가 얼마나 좌절감을 느끼고 속상한지 **저의 마음을 주께 쏟아 놓을**
수 있으니 너무나 감사합니다. 주의 임재 안에서 이런 답답한 마음을 털
어놓기만 해도 좋습니다. 주님이 저와 제 상황을 완전히 이해하신다는
것을 알면 더욱 힘이 나지요.

주님, 끊임없이 임재하시는 주님을 더 깊이 깨닫게 하소서. 주님과 대
화하고 제 상황에 맞는 성경 말씀들로 저의 생각과 마음을 푹 적시며 늘
주님과 소통해야 함을 압니다. 주님을 찬양하면 다른 무엇으로도 얻을
수 없는 기운이 솟아나지요! **여호와께 감사하며 주의 이름을 찬양하고**
아침마다 주의 인자하심을 알리며 밤마다 주의 성실하심을 베풂이 좋
습니다.

사랑이 많으신 예수님의 이름으로 기도합니다. 아멘.

빌립보서 4:12(우리말성경), 시편 62:8(우리말성경), 시편 92:1~2

June

우리 가운데서 역사하시는 능력대로 우리가 구하거
나 생각하는 모든 것에 더 넘치도록 능히 하실 이에게
교회 안에서와 그리스도 예수 안에서 영광이 대대로
영원무궁하기를 원하노라 아멘

에베소서 3:20~21

능력이 많으신 구주시여,

주님은 제가 구하거나 생각하는 모든 것에 더 넘치도록 능히 하실 분
이라 말씀하십니다. 그래서 주님이 이루실 수 있는 일에는 한계가 없음
을 알고, 확실한 기대감을 품고 주께 나아옵니다.

하지만 오랫동안 기도했음에도 아직 응답되지 않은 것들이 많아서 솔
직히 낙심될 때도 있음을 고백합니다. 불확실한 가운데서도 주님을 신뢰
하며 끈기 있게 기다릴 수 있게 도와주소서. **주님을 앙망하는 자는 새 힘
을 얻으리라**고 주께서 약속하셨지요. 저야말로 힘이 더 필요합니다.

어려운 일을 만날 때, 염려하기보다 주님이 영광스럽게 개입하실 수
있는 무대로 보려 합니다. 저의 상황이 극에 달할수록 그 속에서 역사하
시는 주님의 **권능과 영광**을 볼 가능성이 많아지지요. 주님, 눈을 크게 뜨
고 마음을 활짝 열어 주께서 제 삶 속에서 행하시는 모든 일을 보면서 살
아가게 하소서!

예수님의 거룩하신 이름으로 기도합니다. 아멘.

에베소서 3:20~21, 이사야 40:30~31, 시편 63:2

나는 주의 힘을 노래하며 아침에 주의 인자하심을 높이 부르오리니 주는 나의 요새이시며 나의 환난 날에 피난처심이니이다 나의 힘이시여 내가 주께 찬송하오리니 하나님은 나의 요새이시며 나를 긍휼히 여기시는 하나님이심이니이다

시편 59:16~17

나를 긍휼히 여기시는 하나님,

주님은 저의 힘이십니다! 약하고 피곤한 기분으로 오늘 하루를 시작하지만, 그래도 괜찮습니다. 저의 연약함이 제가 주님을 의지해야 할 존재임을 일깨워 주니까요. 주께서 항상 저와 함께 계시며 제가 가는 길에서 **저를 도우신다**는 것을 기억해야 합니다. 그러므로 주님의 손을 잡고 기뻐하며, **제게 능력을 주시며** 저를 인도해 주시기를 간구합니다. 주께서 사랑으로 임재하시니 기쁩니다!

앞일을 감당하기 부족하다 느낄 때마다 멈추어 제 힘의 근원을 생각해 봅니다. 주님은 **저의 힘이시며,** 주님은 무한하시니 무엇이든 고갈되는 법이 없지요! 그러니 주님과 협력할 때 성취 가능한 일에 제한을 둘 수 없습니다. 오히려 이 노력에 필요한 모든 것을 제게 주시는 주님을 의지하겠습니다. 우리가 목표하는 일들이 빨리든 천천히든, 주님의 완벽한 타이밍에 목표에 도달할 것을 압니다. 그러므로 일이 지체되거나 돌아가더라도 낙심하지 않을 수 있지요.

모든 일에 주님이 함께 일하신다는 것을 온 마음으로 신뢰하며, 한 걸음 한 걸음 계속 나아가도록 도와주소서. 인내와 신뢰가 강력하게 결합을 이룬다는 것을 배우게 하시니 감사합니다!

예수님의 강하신 이름으로 기도합니다. 아멘.

시편 59:16~17, 이사야 41:13, 빌립보서 4:13, 이사야 40:28~29

너희는 여호와를 영원히 신뢰하라 주 여호와는 영원
한 반석이심이로다

이사야 26:4

주권자이신 주님,

저의 전 존재로 주님을 신뢰하는 법을, 정말 신뢰하는 법을 가르쳐 주소서! 이 지극히 중요한 교훈을 배운다면 그 무엇도 저를 주의 평강에서 끊을 수 없습니다. 제 삶의 세세한 것 하나까지도 주님이 주관하심을 압니다. 이는 제가 겪는 **모든 일이** 선하게 사용되어, 주님을 더 신뢰하도록 저를 단련시킬 수 있다는 뜻이지요. **이것이** 제가 악한 활동을 저지하고, 저를 해하려던 바로 그 역경을 통해 은혜 가운데 자라갈 수 있는 방법입니다. 저는 구약에 나오는 요셉의 이야기를 참 좋아합니다. 요셉이 자기를 노예로 팔았던 형들에게 **"당신들은 나를 해하려 하였으나 하나님은 그것을 선으로 바꾸사"**라고 선언했던 것이 하나님의 반전을 단적으로 보여 주는 사례지요.

주님을 신뢰할수록 두려움이 줄어들 것을 압니다. 주님을 신뢰하는 데 집중하오니 주의 주권 안에서 편히 쉬게 하소서. 날마다 주님이 제 안에 계실 뿐 아니라 저를 앞서가심을 잊지 않게 하소서. 그러면 오늘이든 **아무** 날이든 무슨 일이 닥칠지 두려워할 필요가 없습니다.

제가 마주할 모든 상황을 통해 주께서 선을 이루실 것을 알기에 **해**(害) **를 두려워하지 않겠습니다.**

예수님의 높으신 이름으로 기도합니다. 아멘.

이사야 26:4, 창세기 50:20, 고린도후서 4:17, 시편 23:4

여호와는 나의 목자시니 내게 부족함이 없으리로다
그가 나를 푸른 풀밭에 누이시며 쉴 만한 물 가로 인
도하시는도다 내 영혼을 소생시키시고 자기 이름을
위하여 의의 길로 인도하시는도다

시편 23:1~3

나의 목자시여,

평강의 **푸른 풀밭에 눕기를** 갈망합니다. 긴장을 풀고 **목자이신** 주의 임재 안에 안식하게 하소서! 디지털 시대에 전자 기기에 '연결되어' 있는 시간이 많아 늘 긴장해 있으니, 순간순간 주님을 찾기 어렵습니다. 하지만 주님은 저를 안식이 필요한 존재로 지으셨지요.

세상이 뒤틀리고 망가져서, 당연한 휴식을 취하는데도 죄책감이 들기 쉽습니다. 그래서 주님과 함께 시간을 보내며 주의 임재 안에서 새 힘을 얻고 저의 삶을 인도해 주시기를 구하기보다, 늘 바쁘게 사느라 시간과 에너지를 허비합니다.

주 예수님, 주님과 함께 평강의 길을 가고 싶습니다. 그리하여 주의 평화로운 임재 안에 살려는 이들에게 길을 열어 주는 이가 되고 싶어요. 이 모험을 감당하도록 저를 준비시켜 온 것은 저의 강점이 아니라 저의 약한 부분이라는 것을 압니다. 그 약점이 바로 제게 주님이 절실히 필요함을 보여 주는 부분이지요. 주님을 의지할수록 주께서 저의 길에 평강을 더 부어 주심을 깨달았습니다. 주님, 감사합니다!

다정하신 예수님의 이름으로 기도합니다. 아멘.

시편 23:1~3, 창세기 2:2~3, 누가복음 1:79

June

18

내가 여호와로 말미암아 크게 기뻐하며 내 영혼이 나의 하나님으로 말미암아 즐거워하리니 이는 그가 구원의 옷을 내게 입히시며 공의의 겉옷을 내게 더하심이 신랑이 사모를 쓰며 신부가 자기 보석으로 단장함 같게 하셨음이라

이사야 61:10

나의 구원의 하나님,

주께서 구원의 옷을 제게 입히심으로, 주의 **공의의 겉옷**이 영원히 저의 것이 되었으니 기쁩니다! 주님이 영원히 저의 구주시니 제게서 주님의 완전한 의를 **빼앗을** 자가 아무도 없습니다. 이것은 저의 죄를 직시하거나 처리하는 일로 두려워할 필요가 없다는 뜻이지요. 살면서 죄를 깨달으면 주께 자백하고 주님의 온전한 용서를 받을 수 있습니다.

저도 저 자신을 용서하도록 도와주소서. 저를 미워하면 저에게 몹시 해로울 뿐 아니라 주님께도 기쁨이 되지 **않음**을 압니다. 이 해로운 덫을 피하려고, 저의 죄와 실패를 볼 때마다 **주님을** 여러 번 보는 것을 배우는 중입니다.

주님이 보시기에 제가 귀한 존재라고 분명히 말씀하시니 정말 기쁩니다. 저의 가치를 증명하려고 애써 노력하지 않아도 된다고 하시니 너무나 감사합니다. 주님은 제가 완전하게 살 수 없음을 아시고 저를 대신하여 완전하게 사셨습니다. 이제 온전히 용서받고 주님을 따르는 사람으로 이 영광스러운 자유를 누리며 살고 싶습니다. **주님 안에 있는 자에게는 결코 정죄함이 없음**을 잊지 않게 하소서!

우리를 용서하시는 예수님의 이름으로 기도합니다. 아멘.

이사야 61:10, 마태복음 1:21, 요한일서 1:9, 로마서 8:1

June

19

이러므로 우리에게 구름 같이 둘러싼 허다한 증인들이 있으니 모든 무거운 것과 얽매이기 쉬운 죄를 벗어 버리고 인내로써 우리 앞에 당한 경주를 하며 믿음의 주요 또 온전하게 하시는 이인 예수를 바라보자 그는 그 앞에 있는 기쁨을 위하여 십자가를 참으사 부끄러움을 개의치 아니하시더니 하나님 보좌 우편에 앉으셨느니라

히브리서 12:1~2

용감하신 예수님,

주님은 **저의 믿음을 온전하게 하시는 챔피언이십니다.** 삶에 문제가 가득할수록 **주님을 바라보는** 것이 중요하다고 주님이 가르쳐 주셨지요. 저를 괴롭히는 문제나 세상을 너무 오래 바라보면 낙심되기 쉬우니, 마음이 짓눌리거나 낙심될 때마다 주님을 의지하도록 일깨워 주소서. 주님이 한결같이 저와 함께 계시며 늘 저의 기도를 들어 주시니 감사합니다. 저의 생각이 마음대로 흘러가게 두지 말고, 그 방향을 언제나 주께로 돌리고 싶어요. 그러면 생각이 저를 끌어당겨 주님께 더 가까이 가도록 이끌어 주지요.

주님의 품 안에서 평안히 쉬며, 저를 양육하시고 보호하시는 주의 임재를 누릴 수 있도록 도와주소서. 이 망가진 세상 풍경을 바라보면, **아무것도 저를 주의 사랑에서 끊을 수 없다**는 주님의 약속이 제게 기쁨이 됩니다! 상황이 아무리 암담해 보여도 주님이 여전히 주관하고 계심을 알기에 위로 받습니다. 나아가 저를 위해 싸우시는 챔피언이신 주님이, 주님을 이길 수 있다고 생각하는 자들을 **비웃으시지요.**

주를 신뢰하는 자를 인자하심으로 두르시는 주님을 찬양합니다. 예수님, 주님을 신뢰합니다!

천하무적이신 예수님의 이름으로 기도합니다. 아멘.

히브리서 12:1~2, 로마서 8:38~39, 시편 2:4, 시편 32:10

이 모든 것을 이같이 예비하였으니 제사장들이 항상
첫 장막에 들어가 섬기는 예식을 행하고

이사야 9:6

나의 평강이신 예수님,

주님이 저의 안식처이심을 기억하며 주님과 가까이 지내도록 도와주소서. **평강의 왕**이신 주님이 저와 함께 계시고 제 안에도 계시기에, 이 평화로운 안식처에서 주님과 함께 살 수 있습니다.

스트레스가 쌓이는 상황에서도 주께 집중하며 침착할 수 있으면 정말 좋겠습니다. 주님과 함께라면 어떤 문제도 대처할 수 있으니, 상황이 통제 불능으로 보여도 당황할 필요가 없지요. 그런데도 상황이 어려워지면 **제게 능력을 주시는** 주님의 한결같은 임재를 잊어버리고 불안해서 더 안간힘을 쓰고 있음을 고백합니다.

주님의 임재에서 벗어났음을 깨닫는 순간 즉시 주께 돌아와야 한다는 것을 깨닫습니다. 속삭이듯 주의 이름을 부르면, 다시 주님과 이어지면서 마음이 평온해지지요. 너무 자주 주님에게서 벗어나는 것 같아 낙심될 때도 있습니다. 하지만 이 새로운 습관을 기르려고 애쓰는 중이며, 시간과 꾸준한 노력이 필요한 일임을 압니다. 이 고된 훈련에 어떤 수고도 아깝지 않은 보상이 있음을 알려 주시니 감사합니다. 저의 안식처이신 주님을 의지할수록 제 삶에 평안과 기쁨이 더 풍성해짐을 깨닫게 하시니 감사합니다.

예수님의 놀라우신 이름으로 기도합니다. 아멘.

이사야 9:6, 빌립보서 4:13, 잠언 18:10, 마태복음 11:28

우리가 다 수건을 벗은 얼굴로 거울을 보는 것 같이
주의 영광을 보매 그와 같은 형상으로 변화하여 영광
에서 영광에 이르니 곧 주의 영으로 말미암음이니라

고린도후서 3:18

영광의 하나님,

주님의 말씀은 **제가 주님의 형상으로 변화하여 영광에서 영광에 이르고 있다**고 가르칩니다. 이 말씀이 위로도 되고 흥분도 됩니다! 성령께서 제 안에서 이 방대한 작업을 이루시도록 지휘하시니 감사합니다. 삶의 어려움에 부딪힐 때 그 도전적인 상황을 허비하고 싶지 않습니다. 대신 이를 통해 저를 변화시켜 주님을 더욱더 닮아 가게 해 달라고 주님께 구하고 싶습니다. 고통스러운 과정일 수 있지만 주님의 지혜와 길과 뜻이 완전함을 아오니, **주님과 함께 영광을 받기 위하여** 기꺼이 **고난도 함께 받게** 하소서.

때로 환난이 벅차고 끝도 없어 보이지만, **이를 통해 제게 이루어지는 영원한 영광에** 비하면 **잠시 당하는 가벼운** 것임을 압니다. 내 기분이 어떠하든 그 힘든 시간에 대해 감사하고, 계속되는 환난에도 주께 찬양하는 법을 배우는 중입니다. 주님의 주님 되심과 제게 해 주신 모든 일들로 인해 역경 중에도 **항상 감사함으로** 주님을 영화롭게 하고 싶습니다. 나아가 감사하는 태도는 변화에 성큼 더 진전을 이루어 영광에서 영광에 이르도록 도와주지요!

예수님의 아름다우신 이름으로 기도합니다. 아멘.

고린도후서 3:18, 로마서 8:17, 고린도후서 4:17(우리말성경), 에베소서 5:19~20

June

22

이르시기를 너희는 가만히 있어 내가 하나님 됨을 알
지어다 내가 뭇 나라 중에서 높임을 받으리라 내가 세
계 중에서 높임을 받으리라 하시도다

시편 46:10

능력의 하나님,

통제권을 주께 넘겨 드리고 주님을 신뢰하게 하소서. **주님이 하나님이
심을 알고** 다 내려놓게 하소서. 이곳은 주께서 지으시고 다스리시는 **주
님의** 세상입니다. 사랑의 화답 기도에서 저의 역할은 주님께 반응하는
것이지요. 주께서 제 영혼에 주님의 임재를 수용하는 마음을 선물로 심
어 두셨습니다. 주의 사랑의 빛으로 이 선물을 잘 지키며 가꾸게 하소서.

주님께 솔직하게 말씀드릴 수 있게 저를 격려해 주시니 기쁩니다. 관
심사와 구할 것을 주께 아뢰며 **제 마음을 쏟아 놓습니다.** 주께 마음을 열
고 나서 아직 결과가 보이지 않아도 제 기도에 응답해 주신 주님께 감사
드립니다. 문제가 다시 떠오를 때면, 지나온 길에 응답하셨던 주님을 기
억하게 하시고 늘 감사하게 하소서.

제 걱정거리를 계속해서 말씀드릴 때마다, 제가 긴장 속에 살고 있다
는 것을 발견합니다. 그러나 저의 기도에 **응답 중이신** 주님께 감사하면,
마음가짐이 한결 더 긍정적이고 평안해지지요. 감사 기도 덕분에 늘 주
님의 임재와 **보배롭고 지극히 큰 약속에** 집중할 수 있습니다.

예수님의 탁월하신 이름으로 기도합니다. 아멘.

시편 46:10, 시편 62:8(우리말성경), 골로새서 4:2, 베드로후서 1:4

내 영이 내 속에서 상할 때에도 주께서 내 길을 아셨나이다 내가 가는 길에 그들이 나를 잡으려고 올무를 숨겼나이다

시편 142:3

전지하신 하나님,

제 영혼이 제 속에서 상할 때도 주님은 제 길을 아십니다. 이 또한 우리가 연약하기에 누리는 유익 중 하나입니다. 연약함은 주님의 인도하심 없이는 길을 찾을 수 없다는 사실을 강조해 주지요. 지치거나 혼란스러울 때마다 그 감정에서 눈을 돌려 온 마음으로 주를 향하게 하소서. 주께 마음을 쏟아 놓으면 주의 임재 안에서 안식을 얻습니다. 주님은 저의 길을 완전히 아시되 천국에 이를 때까지 다 아십니다.

혼자서 할 수 있겠다는 자신감이 들 때도, 계속 주님을 바라보는 연습을 할 수 있도록 도와주소서. 혼자 잘 할 수 있다 생각할 때 잘못된 방향으로 갈 위험이 가장 커집니다. 다음 걸음을 스스로 안다고 단정하는 대신 저를 인도하시는 주님께 묻고, 주의 임재 안에서 계획하는 법을 배우게 하소서.

하늘이 땅보다 높음같이 주님의 길과 생각이 저의 길과 생각보다 높다는 것을 자주 일깨워 주소서. 이 위대한 진리를 기억하면 **지극히 존귀하며 영원히 거하시는** 주님을 예배하게 됩니다. **높고 거룩한 곳에 계시는 주님**이 이 낮은 곳의 제게 앞길을 가리켜 보이시니 기쁩니다.

예수님의 높으신 이름으로 기도합니다. 아멘.

시편 142:3, 이사야 55:9, 이사야 57:15

주께서 내게 은혜를 베푸셨으니 내가 여호와를 찬송할 것입니다

시편 13:6 (우리말성경)

사랑하는 예수님,

제게 은혜를 베푸셨으니 주님을 찬송하라고 주님이 말씀하십니다. 때로는 찬송할 마음이 전혀 들지 않을 때도 있지만, 그럴 때 제게 찬송이 가장 필요함을 고백합니다. 주님은 정말 제게 은혜를 베푸셨습니다. 그렇게 보이지 않을지라도 사실입니다. 주님과 함께 오르막길을 지나오느라 저는 지쳐 가고 있습니다. 쉬운 날들과 가파르지 않은 길이 나왔으면 좋겠지만 조금이라도 고도를 높여 정상에 가까워지려면 힘들어도 올라가야 함을 압니다.

저의 역경이 오류가 아님을 기억하게 하소서. 그것은 주님의 주권적 뜻이며, 어느 정도 저의 목표와 관련 있습니다. 주님과 가까이 지내며 주께서 본래 창조하신 모습으로 더 온전히 성장하고 싶습니다. 이 목표를 추구하려면 많은 어려움과 위험이 도사리고 있는 모험의 길에 올라야 하지요.

때로는 저보다 삶이 쉬워 보이는 사람들과 저의 삶을 비교합니다. 그러나 그들의 문제를 다 알지 못하며 그들의 미래가 어떠할지도 모르니, 저의 상황을 남들과 비교하기보다 온전히 주님을 의지하게 하소서. "너는 나를 따르라"라고 명령하시는 주의 음성을 듣게 하소서!

풍성하게 베푸시는 예수님의 이름으로 기도합니다. 아멘.

시편 13:6(우리말성경), 사무엘하 22:33~34, 요한복음 21:22

나에게 이르시기를 내 은혜가 네게 족하도다 이는 내
능력이 약한 데서 온전하여짐이라 하신지라 그러므
로 도리어 크게 기뻐함으로 나의 여러 약한 것들에 대
하여 자랑하리니 이는 그리스도의 능력이 내게 머물
게 하려 함이라

고린도후서 12:9

자비로우신 예수님,

주님을 더욱더 의지하기 원합니다. **주님만이** 저의 연약함을 전부 아시
니, 바로 그 연약함의 자리에서 권능으로 임재하셔서 저를 만나 주시지
요. 주님의 힘과 저의 연약함이 완벽하게 맞물립니다. 제가 태어나기 오
래전부터 아름다운 무늬로 디자인되었던 것이지요. 사실 주님은 **주님의
능력이 약한 데서 온전해진다**고 말씀하십니다.

제가 부족하게 느껴지거나 엄두가 나지 않을 때마다 주님을 의지할 수
있어 참 좋습니다. 제게 능력 주시는 주님을 의지하면 마음이 넉넉해집
니다. "내가 네 오른손을 붙들고 네게 이르기를 '두려워하지 말라. 내가
너를 도우리라' 할 것임이라." 하신 주의 말씀이 큰 격려가 됩니다.

제 힘으로 뭔가를 감당할 수 있다고 느껴질 때도 주님을 의지해야 합
니다. 주님의 지혜가 무한하심을 압니다! 일을 계획하고 결정할 때마다
저의 생각을 인도하여 주소서. **결코 저를 떠나거나 버리지 않으실** 주님
을 의지하게 하시고, 주님과 친밀한 관계를 맺게 해 주시니 감사합니다.

지혜로우시며 위로해 주시는 예수님의 이름으로 기도합니다. 아멘.

고린도후서 12:9, 빌립보서 4:13, 이사야 41:13, 신명기 31:6

항상 기뻐하라 쉬지 말고 기도하라 범사에 감사하라 이것이 그리스도 예수 안에서 너희를 향하신 하나님의 뜻이니라

데살로니가전서 5:16~18

긍휼이 풍성하신 주 예수님,

주님은 **항상 기뻐하라고,** 다른 무엇보다 저의 기쁨을 주님과 연결시키라고 가르치셨습니다. 주님이 언제, 어떤 상황에서도 저를 사랑하신다는 것을 기억하면 위로가 되지요. **산들이 떠나며 언덕들은 옮겨질지라도 주님의 자비는 제게서 떠나지 않습니다.** 그러니 일이 뜻대로 풀리지 않거나 이런 저런 실패 가운데서도, 주의 사랑을 의심하려는 유혹에 넘어가서는 안 됩니다. 주님의 사랑은 굳건한 반석이시니 그 위에 **항상** 설 수 있음을, 주님 안에서 제가 영원히 안전함을 압니다. **주께서 저를 긍휼히 여기시니** 감사합니다!

범사에 감사하면 저의 기쁨이 엄청나게 커짐을 알았습니다. 제 삶을 더욱더 감사의 눈으로 보도록 도와주소서. 아무리 힘들 때도 내가 가는 길에 흩뿌려져 있는 주의 복을 찾고, 하나하나 발견할 때마다 주께 감사할 수 있습니다. 꾸준히 감사의 눈으로 보려면, **무엇이든 덕이 있고 기릴 만한 것을 생각해야** 합니다. **참되고 경건하고 옳고 정결하고 사랑받을 만하고 칭찬받을 만한 것을 생각해야** 하지요.

오묘하신 예수님의 이름으로 기도합니다. 아멘.

데살로니가전서 5:16~18, 이사야 54:10, 빌립보서 4:8

여호와와 그의 능력을 구할지어다 그의 얼굴을 항상
구할지어다

시편 105:4

영광의 주님,

주님은 제가 어려움을 견뎌낼 뿐 아니라 그 어려움을 영광으로 변화시키시는 주님과 협력하도록 저를 훈련하십니다. 이것은 성령의 도우심이 필요한 초자연적인 위업이지요. 문제가 저를 무겁게 짓누를 때면, 저는 본능적으로 속도를 높여 미친 듯이 답을 찾으려 애쓰는 경향이 있습니다. 하지만 그럴 때 정말 필요한 것은 속도를 늦추고 **주님의 얼굴을 구하며** 난관에 대해 주님과 의논하는 것이지요. 주님의 말씀은 제게 **주께 기도하고 바라라**고 가르칩니다.

그렇게 바라며 기다려도 주께서 오랫동안 기도에 응답하지 않으실 수 있음을 압니다. 주님은 늘 제 삶 속에 문제 해결을 훨씬 넘어서는, 그 이상의 중요한 일을 하고 계시지요. 주님은 저의 힘든 일들은 훨씬 큰 전투의 일부이며, 제가 그 힘든 일들을 처리하는 방식이 중요한 결과에 기여할 수 있음을 가르쳐 주셨습니다. 주님을 신뢰하며 **감사함으로 기도하여** 주님을 영화롭게 하고 싶습니다. 나아가 꾸준히 기도하는 이 연습이 결국 저를 변화시킬 것입니다. 성령께서 **저를 주님의 형상으로 변화시켜 영광에서 영광에 이르게** 하실 테니까요!

경이로우신 예수님의 이름으로 기도합니다. 아멘.

시편 105:4, 시편 5:3, 빌립보서 4:6, 고린도후서 3:18

천사가 여자들에게 말하여 이르되 너희는 무서워하지 말라 십자가에 못 박히신 예수를 너희가 찾는 줄을 내가 아노라 그가 여기 계시지 않고 그가 말씀 하시던 대로 살아나셨느니라 와서 그가 누우셨던 곳을 보라

마태복음 28:5~6

사랑하는 예수님,

주님은 부활하신, **살아계신 나의 하나님**이십니다. 생명력 넘치게 살아계시는 구세주를 섬기는 기쁨을 경축합니다! 또한 시작부터 영원까지 늘 저와 함께 계신다는 주님의 약속도 저를 기쁘게 합니다. 최악의 시련과 깊은 실망 속에서도 이 진리가 저를 붙들어 주지요. 그러니 인생길에 담대하게 주님과 동행하게 하시고, 결코 제 손을 놓지 않으실 주님을 강한 확신으로 신뢰하게 하소서.

사랑으로 임재하시고, 저의 죄를 온전히 사하셨으며, 장차 하나님과 함께 영원히 즐거움을 누리게 하실 주께서 베풀어 주시는 모든 것들이 기쁩니다. 아낌없이, 풍성하게, 저로서는 이해할 수 없을 만큼 넘치게 주시지요! 그러니 제게는 주님을 예배하는 것이 아주 중요합니다. 저의 좁은 이해력을 초월하시는 주님과 이어지는 강력한 방법이 예배니까요.

저는 다양한 방법으로 주님을 예배하는 것을 즐깁니다. 찬송의 노래를 부르고 찬양하며, 주의 말씀을 공부하며 암송하고, 혼자서나 또는 여럿이 함께 기도하고, 주님의 경이로운 창조 세계를 기뻐함으로 예배합니다. 또한 주의 사랑으로 다른 사람들을 섬기고 사랑함으로 주님을 예배합니다. 주님, **무엇을 하든지 다 하나님의 영광을 위하여 하게** 하소서!

승리하신 예수님의 이름으로 기도합니다. 아멘.

마태복음 28:5~6, 시편 42:2, 골로새서 2:3, 고린도전서 10:31

그런즉 이 일에 대하여 우리가 무슨 말 하리요 만일
하나님이 우리를 위하시면 누가 우리를 대적하리요
로마서 8:31

승리하신 하나님,

"만일 하나님이 우리를 위하시면 누가 우리를 대적하리요." 이렇게
반문하시는 주의 말씀을 봅니다. 저는 주님을 따르는 자이므로 주께서
정말 **저를 위하심**을 믿습니다. 이 구절이 평생 아무도 저를 대적하지 않
는다는 말씀이 아니라는 것을 깨닫습니다. **주님이** 제 편이신 것이 중요
하다는 의미지요.

패배를 경험해도 저는 이기는 팀에 속해 있습니다. 주께서 죽음과 부
활을 통해 이미 결정적인 승리를 거두셨으니까요! 주님이 영원한 승자
시고 저는 영원히 주의 것이기에, 저도 주님의 승리에 함께합니다. 하나
님 나라를 향한 여정이 아무리 험난해도 결국 아무것도 저를 이길 수 없
습니다!

저의 미래가 철저하게 안전하다는 것을 알기에 저의 관점이 몰라보게
바뀌고 있습니다. 방어 태세로, 즉 고난을 면하려고 애쓰기보다 주님이
어디로 인도하시든 담대히 주를 따르는 법을 배우는 중입니다. **주의 얼
굴을 찾으며** 인도하심에 따를 뿐 아니라, 저 자신을 주께 맡기는 이 모험
을 즐기라고 하시지요. 주님이 늘 저와 함께 계시며 **환난 중에 만날 큰
도움이시니** 기쁩니다.

예수님의 웅대하신 이름으로 기도합니다. 아멘.

로마서 8:31, 시편 27:8, 시편 46:1

하나님이여 사슴이 시냇물을 찾기에 갈급함 같이 내
영혼이 주를 찾기에 갈급하니이다 내 영혼이 하나님
곧 살아 계시는 하나님을 갈망하나니 내가 어느 때에
나아가서 하나님의 얼굴을 뵈올까

시편 42:1~2

모든 것을 채워 주시는 하나님,

내 영혼이 주님 곧 살아 계시는 하나님을 갈망합니다. 제 마음의 간절한 소원은 주님과 친밀해지는 것입니다. 주께서 저를 지으실 때 주님을 갈망하도록 지어 주셨으니 감사합니다. **주님의 얼굴을 찾는** 것이 즐겁습니다. 주의 임재 안에 머무르는 데 너무 많은 시간을 들여도 죄책감을 느끼지 않게 하소서. 제 안에서 잡아끄시는 성령께 반응하는 것이니까요. 주님이 저를 주의 형상대로 지으시고, 제 마음에 하나님 나라를 숨겨 놓으셨습니다. 주님을 사모하는 그리움은 하나님 나라의 본향을 갈망하는 향수병과 같습니다.

저의 여정이 다른 사람들과는 다르다는 것을 깨닫습니다. 그러니 인내할 용기가 필요하지요. 주님과 함께 동행하도록 부르신 이 길이 저에게 절묘하게 꼭 맞는 길임을 믿습니다. 주님의 인도하심을 더욱 가까이 따를수록 저의 은사를 더 온전히 개발해 주심을 압니다. 온 마음으로 주님을 따르려면, 다른 사람을 기쁘게 하려는 욕망을 버려야 합니다. 그래도 제가 주님과 더 친밀하면 그것이 다른 사람들에게 복이 될 수 있으니 감사합니다. 주님이 제게 능력 주셔서 이 어두운 세상에서 **주님의 영광을 나타내게** 하소서.

환히 빛나시는 예수님의 이름으로 기도합니다. 아멘.

시편 42:1~2, 역대상 16:11, 시편 34:5, 고린도후서 3:18

July

그러므로 이제
그리스도 예수 안에 있는 자에게는
결코 정죄함이 없나니

로마서 8:1

악인이 의인 치기를 꾀하고 그를 향하여 그의 이를 가는도다 그러나 주께서 그를 비웃으시리니 그의 날이 다가옴을 보심이로다

시편 37:12~13

무한히 지혜로우신 하나님,

주의 선하심을 알지만 주님의 길은 신비로울 때가 많습니다. 악이 너무도 만연한 세상 사건들을 보면 두려워지고 낙담하기 쉽습니다. 주님이 왜 이런 잔혹한 일과 고통을 허락하시는지 저로서는 이해할 수 없으니까요. 물론 주님은 무한하시고 저는 그렇지 못함을 알고 있습니다. 그저 저의 이해력을 벗어나는 일이 아주 많습니다.

감사하게도, 이해의 한계에 부딪힐 때마다 주님을 신뢰함으로 계속 나아갈 수 있습니다. 침묵과 말씀 기도를 통해 주님과 늘 소통할 수 있습니다. **저의 명철을 의지하지 말고 마음을 다하여 주님을 신뢰하게** 하소서.

왜 이런 일이 벌어지는지 알려고 주제넘게 고집하고 싶지 않습니다. 그 대신 "주님, 제가 이 상황을 어떻게 보기를 원하십니까?", "주님, 제가 지금 무엇을 하기 원하시나요?"라고 여쭙는 것이 훨씬 낫다는 것을 압니다. 과거를 바꿀 수는 없지만 지금 이 순간부터 주님의 길을 구하여 앞으로 나아갈 수 있지요.

주님, 하루에 한 번씩 주님을 신뢰하는 법을 가르쳐 주소서. **"두려워하지 말라. 내가 너를 도우리라"**라고 속삭이시는 주님의 귀한 약속을 듣게 하소서.

신뢰받기에 합당하신 예수님의 이름으로 기도합니다. 아멘.

시편 37:12~13, 잠언 3:5, 이사야 41:13

너의 하나님 여호와가 너의 가운데에 계시니 그는 구
원을 베푸실 전능자이시라 그가 너로 말미암아 기쁨
을 이기지 못하시며 너를 잠잠히 사랑하시며 너로 말
미암아 즐거이 부르며 기뻐하시리라 하리라

스바냐 3:17

영광의 구주시여,

주님이 **저의 가운데에 계시며** 전능자이시니 감사합니다. 태양이 태양
계의 중심이듯이 **주님은** 신체적, 정서적, 영적으로 저의 모든 것, 제 존재
의 중심이십니다. 우주를 창조하신 **전능자께서 제 안에 사신다니요!** 이
놀라운 진리를 흠뻑 빨아들이고 싶어요. 저의 뇌리에 울려 퍼지고 제 존
재의 가장 깊은 곳에까지 스며들도록 말이지요.

제 안에 거하시는 이 막강한 권능의 의미를 묵상하면 즐겁습니다. 주
님의 강력한 임재를 생각하면 제게 힘이 부족하다고 염려할 필요가 없
음을 깨닫지요. 더욱이 **주의 능력이 저의 약한 데서 온전해짐을** 알기에
위로가 됩니다.

예수님, 주님이 제 안에 사시는 것과 전능자이심을 자주 일깨워 주소
서! 제 안에 거하시는 주님의 임재를 인식함으로 낙심에서 벗어나 기쁨
으로 충만하게 하소서. 주님의 생명이 계속 제 안에 흘러들어 주의 신령
한 능력으로 제게 힘을 주시니 참 감사합니다.

예수님의 능하신 이름으로 기도합니다. 아멘.

스바냐 3:17, 갈라디아서 2:20, 에베소서 3:20, 고린도후서 12:9

July

03

내가 혹시 말하기를 흑암이 반드시 나를 덮고 나를 두른 빛은 밤이 되리라 할지라도 주에게서는 흑암이 숨기지 못하며 밤이 낮과 같이 비추이나니 주에게는 흑암과 빛이 같음이니이다

시편 139:11~12

귀하신 예수님,

제 삶의 힘든 자리에서 주님을 찾게 하시고 주를 만나도록 도우소서. 기도 응답을 받을 때, 아름다움을 볼 때, 진심에서 우러나온 기쁨 속에서는 주님을 만나기 쉽지요. 하지만 주님은 저의 어려움 속에도 자상하게 임재하심을 압니다. 문제를 만날 때, 제가 은혜 안에서 성장하여 주님의 사랑을 더 깊고 넓게 경험할 수 있는 기회로 보게 하소서. 과거와 현재의 어두운 시간 속에서 **주님을** 찾아야 합니다. 과거의 상처받은 일들이 생각나서 마음이 답답할 때, 그 고통스러운 기억 속에서 주님을 찾겠습니다. 주님은 그런 기억까지도 훤히 아시고 언제라도 그곳에서 저를 만날 준비가 되어 있으시지요. 그 부서진 곳으로 주님을 모셔 들여 주님과 협력하여 **새로운 방식으로** 파편을 끼워 맞출 수 있습니다.

제가 통과하는 힘든 시기가 현재일 때는 주의 손을 꼭 잡도록 일깨워 주소서. 주님의 빛은 어두운 역경을 배경으로 초월적인 광채를 발하십니다. 이 빛이 제게 풍성한 복이 되어 저를 위로하실 뿐 아니라 앞길을 한 걸음씩 비추어 인도하십니다. 주님 가까이 동행하고자 하오니 주님과 더 깊고 풍성한 친밀함으로 저를 이끌어 주소서.

긍휼이 풍성하신 예수님의 이름으로 기도합니다. 아멘.

시편 139:11~12, 요한복음 1:5, 시편 73:23~24

하나님께 감사하리로다 너희가 본래 죄의 종이더니 너희에게 전하여 준 바 교훈의 본을 마음으로 순종하여 죄로부터 해방되어 의에게 종이 되었느니라

로마서 6:17~18

천하무적이신 예수님,

주님의 사랑이 저를 정복하고 **해방시키셨습니다!** 그 사랑의 힘이 어찌나 큰지 저를 주님의 종이 되게 하셨지요. **저는 저 자신의 것이 아니라** 주님의 거룩한 피 **값으로 산 것이 되었습니다.** 주께서 저를 위해 아낌없이 희생하셨으니 저도 제 목숨을 다해 주님을 섬기고 싶습니다. 저의 섬김이 형편없이 부족함을 압니다. 그래도 주님의 뜻을 따르면 제게 기쁨의 복을 주시지요.

주님은 모든 면에서 완전하시므로, 주께서 저의 유익을 가져가실지도 모른다는 두려움 없이 온 마음으로 저를 드릴 수 있습니다. 실제로, 주님께 정복당함으로 오히려 주께 보호받고, 진정으로 자유함을 누립니다. 주님은 제 존재의 가장 깊은 곳에 침투하셨고, 성령님은 제 안의 영토를 점점 더 점령하시는 중이시지요. 주의 말씀대로 **주님의 영이 계신 곳에 자유가 있습니다.** 예수님 안에서 자유를 얻었으니 기쁩니다. 그리고 정복하시는 주님의 사랑에 기꺼이 항복합니다!

권능과 사랑이 많으신 예수님의 이름으로 기도합니다. 아멘.

로마서 6:17~18, 고린도전서 6:19~20, 고린도후서 3:17

이스라엘의 찬송 중에 계시는 주여 주는 거룩하시니
이다

시편 22:3

은혜로우신 하나님,

주님은 정말 위대하시고 영광스러우시며 긍휼이 풍성하시니 아무리 찬송하고 감사해도 지나치지 않습니다! **주께서 주의 백성의 찬송 중에 계시니** 예배를 통해 주님 가까이 나아가는 것이 즐겁습니다. 때로는 기쁨이 흘러넘쳐 저절로 경배하게 되지요. 풍성한 복이나 찬란한 아름다움에 대한 반응으로 드리는 경배지요. 그 반대로 더 훈련되고 절제되게, 의지적인 행동으로 찬송할 때도 있습니다. 주님이 이 모든 찬송 중에 계시니 감사합니다.

감사도 주님의 임재를 누리는 놀라운 방법이라는 것을 알았습니다. 감사하는 마음에는 주님이 계실 자리가 넉넉하지요. 주께서 베풀어 주신 많은 좋은 선물에 감사하는 것은, 주님이 만복의 근원이시라는 저의 고백입니다. 역경 중에도 주의 선하심과 주권을 신뢰하며 감사하도록 도와주소서.

제 삶의 자투리 시간을 찬송과 감사로 채우는 법을 가르쳐 주소서. 이 즐거운 훈련 덕분에 주님의 친밀하신 사랑의 임재 안에 살아갈 수 있을 것입니다.

찬송받기에 합당하신 예수님의 이름으로 기도합니다. 아멘.

시편 22:3, 시편 146:1~2, 데살로니가전서 5:18, 시편 100:4

이는 한 아기가 우리에게 났고 한 아들을 우리에게 주신 바 되었는데 그의 어깨에는 정사를 메었고 그의 이름은 기묘자라, 모사라, 전능하신 하나님이라, 영존하시는 아버지라, 평강의 왕이라 할 것임이라

이사야 9:6

엄위하신 예수님,

평강의 왕이신 주님의 임재 안으로 기쁘게 나아옵니다. "**너희에게 평강이 있을지어다.**" 두려워하는 제자들에게 하셨던 그 말씀을 제게도 속삭여 주시니 참 듣기 좋습니다. 주님이 저의 변함없는 친구이시므로 주님의 평강이 늘 저와 함께하니 기쁩니다. 주께 집중하면 주님의 임재와 평강을 모두 누릴 수 있지요. 주는 만왕의 왕이요 만주의 주요 평강의 왕이시므로 저의 모든 예배를 받으시기에 합당하십니다.

제 삶 속에서 주의 뜻을 이루려면 주님의 평강이 매 순간 필요합니다. 때로는 목표에 빨리 도달하려고 지름길로 가고 싶은 유혹이 생길 때도 있음을 고백합니다. 하지만 지름길로 가느라고 주님이 주시는 평안에서 벗어나야 한다면, 마땅히 더 먼 길을 택해야 하지요.

주님, 이 **평강의 길에서** 늘 주님과 동행하도록 도우소서. 주의 임재 안에서 여정을 즐기게 하소서.

예수님의 존귀하신 이름으로 기도합니다. 아멘.

이사야 9:6, 요한복음 20:19, 시편 25:4, 누가복음 1:79

July

07

두려워하지 말라 내가 너와 함께 함이라 놀라지 말라
나는 네 하나님이 됨이라 내가 너를 굳세게 하리라
참으로 너를 도와 주리라 참으로 나의 의로운 오른손
으로 너를 붙들리라

이사야 41:10

영원하신 하나님,

우주를 창조하신 주님이 **저와 함께** 계시고 **저를 위해** 계십니다. 저는 주님만 있으면 됩니다! 뭔가 부족하게 느껴진다면 그건 제가 주님과 깊이 소통하지 않고 있기 때문이지요. 주님은 제게 풍성한 삶을 주십니다. 주님의 복을 감사히 받음으로 주의 풍성하심에 응답하게 하소서. 주님의 공급하심을 믿고 아무것도 염려하지 않게 하소서.

저를 불안하게 하는 것이 주로 제 주위의 나쁜 일 때문이 아님을 배우는 중입니다. 주범은 그런 사건에 대한 저의 생각이지요. 저는 문제가 생기면 그 상황을 통제하려고 맹렬하게 머리를 쓰기 시작합니다. 결과를 제가 바라는 쪽으로 몰아가지요. 저의 생각은 굶주린 늑대처럼 문제를 향해 바짝 다가갑니다. 기어이 제 뜻을 관철할 생각에 **주님이** 제 삶을 주관하고 계심을 잊어버립니다. 그럴 때는 어떻게든 저의 초점을 문제에서 주님의 임재로 옮겨야 하지요. 불안한 발버둥을 그만두고 **주님을 바라보는** 법을 가르쳐 주소서. 주님이 행하실 일을 **우러러보게** 하소서. 주님은 **저의 선한 목자십니다!**

우리를 구속(救贖)하시는 예수님의 이름으로 기도합니다. 아멘.

이사야 41:10, 로마서 8:31~32, 요한복음 10:10, 미가 7:7

감사함으로 그의 문에 들어가며 찬송함으로 그의 궁
정에 들어가서 그에게 감사하며 그의 이름을 송축할
지어다 여호와는 선하시니 그의 인자하심이 영원하
고 그의 성실하심이 대대에 이르리로다

시편 100:4~5

사랑이 많으신 나의 주님,

주님은 선하시니 주의 인자하심이 영원합니다! 이 약속에 대한 최고
의 반응은 **주께 감사하고 주의 이름을 송축하는** 것이지요. 더욱더 꾸준
히 그렇게 하도록 도와주소서.

주님, 주님의 선하심에 깊이 감사드립니다! 주님께 악이 털끝만큼이
라도 있다면 저는 한없이 위태로울 것입니다. 하지만 주님은 절대적으로
선하시므로 항상 가장 선한 일만 행하실 것이 확실하지요. 이것이 저의
신앙 고백인 이유는 제가 살고 있는 세상이 부서지고 타락한 곳이기 때
문입니다. 그러니 이 세상의 광야 길을 가는 동안 반드시 **믿음으로 행하
고 보는 것으로 행하지 않아야** 합니다.

주께 감사하고 주의 이름을 송축하면 인생 여정에 필요한 힘을 얻습니
다. 감사와 예배 덕분에 저의 시선을 염려와 고민에서 거두어 영광스러
운 보화이신 주께 향하게 되지요. 감사드리면 저의 창조주요 구주이신
주님과 잘 조화를 이루게 되고, 예배드리면 주님과의 친밀한 관계가 더
깊어지고 풍성해집니다. 주님을 찬송할수록 주님과 더 가까워지니 기쁩
니다. 주님을 예배하는 이 시간, **주의 인자하심이 영원함**을 기억하며 즐
거워 합니다!

예수님의 신실하신 이름으로 기도합니다. 아멘.

시편 100:4~5, 고린도후서 5:7, 시편 136:1

수고하고 무거운 짐 진 자들아 다 내게로 오라 내가
너희를 쉬게 하리라

마태복음 11:28

사랑하는 예수님,

수고하고 무거운 짐 진 심정으로 **주께로 옵니다. 저를 쉬게 하여** 주시고, 주의 임재의 평강 안에서 새 힘을 얻게 하소서. **모든 지각에 뛰어난 주님의 평강**을 모든 상황에서 항상 누릴 수 있으니 감사합니다.

세상에서 임무를 수행하는 중에도 **주님의 은밀한 곳에 숨는** 법을 가르쳐 주소서. 주님은 시간과 공간의 제약을 받지 않으시니 한 걸음 한 걸음 제 곁에 동행하시면서 동시에 앞서가시며 길을 여실 수 있습니다. 주님처럼 신실하시고 놀라우신 친구는 세상 어디에도 없습니다!

주님이 저의 영원한 동반자시니, 누가 봐도 제 발걸음이 가벼워 보였으면 좋겠습니다. 문제와 해결되지 않은 일에 짓눌리지 않게 도와주소서. 주님께 짐을 가져와 대신 져 주시기를 구하고 싶습니다. **세상에서는 우리가 환난을 당한다**고 주님이 말씀하시지만, 그 역경이 우리를 끌어내리게 둘 필요가 없습니다. **주님이 세상을 이기셨고** 세상의 힘을 빼앗아 저를 해칠 수 없게 하셨으니, **주님 안에서** 우리는 완전한 **평안과 확신을 누릴 수 있습니다.**

세상을 이기신 예수님의 이름으로 기도합니다. 아멘.

마태복음 11:28, 빌립보서 4:7, 시편 31:20, 요한복음 16:33

내 속에 근심이 많을 때에 주의 위안이 내 영혼을 즐겁게 하시나이다

시편 94:19

즐거움을 주시는 주님,

주님의 위안이 제 영혼을 즐겁게 합니다. 이 세상은 제게 **많은 근심을** 안겨 줍니다. 너무 많아 셀 수도 없습니다. 어디를 봐도 문제와 걱정거리들이 눈에 들어옵니다. 이 모든 혼란 속에서도 계속해서 주님을 바라보고 또 바라보아야 합니다. "예수님" 하고 속삭이듯 작은 소리로 주의 이름을 부르면 주의 임재하심을 새롭게 느끼게 됩니다. 주님의 임재가 저의 생각과 세계관을 밝혀 주시니 저의 관점이 놀랄 정도로 달라지지요. 주님의 위로가 제 영혼을 즐겁게 하고 걱정스러운 마음을 달래 줍니다.

세상이 완전하다면 제가 주께 위로받는 기쁨을 경험할 일도 없다는 것을 알게 됩니다. 그러니 문제 때문에 낙심하는 대신 그 문제들을 통해 주님, 즉 주님의 임재, 주님의 평강, 주님의 사랑을 찾도록 상기시켜 주소서. 눈에 보이지 않는 이런 실재를 저는 언제라도 누릴 수 있으며, 그것이 주는 **기쁨을** 제게서 **빼앗을 자가 없습니다.**

"수고하고 무거운 짐 진 자들아, 다 내게로 오라. 내가 너희를 쉬게하리라." 주님이 이렇게 위로하고 초대해 주시니 제게 큰 복과 격려가됩니다. 주 예수님, 제가 주께 나아갑니다.

예수님의 놀라우신 이름으로 기도합니다. 아멘.

시편 94:19, 요한복음 16:21~22, 마태복음 11:28

우리 가운데서 역사하시는 능력대로 우리가 구하거
나 생각하는 모든 것에 더 넘치도록 능히 하실 이에게

에베소서 3:20

전능하신 하나님,

주님은 제가 구하거나 생각하는 모든 것에 더 넘치도록 능히 하실 수
있으니 감사합니다. 저도 기도할 때 배포가 큰 편이지만, 항상 주님의 생
각이 훨씬 더 크심을 압니다! 제가 보기에 아무 일도 일어나지 않을 때조
차 주님은 끊임없이 제 삶 속에서 역사하시지요.

저는 현재의 순간밖에 보지 못하니 상황이 달라지기만 바라며 꼼짝없
이 갇혀 있는 것처럼 느낄 때가 많습니다. 하지만 **주님은** 전체를 보시지
요. 제 삶의 모든 순간을 다 보시며, 제가 이해할 수 있는 것보다 훨씬 많
은 일을 하고 계십니다.

오늘 하루도 주님과 소통하도록 도와주소서. 즐거이 주님의 임재를 인
식하며 찬송과 간구로 하루를 시작하고 싶습니다. 이 시간에 저의 시선
을 주께 집중하면, 활동 중에도 주님과 계속 대화하기가 더 쉬워집니다.

자꾸 미적거릴수록 주님과의 교제를 시작하기가 더 힘들어짐을 배웠
습니다. 그래서 하루가 막 시작되어 방해거리가 별로 없는 이른 아침에
주께 나아오는 것이 좋습니다. 그만한 시간적 여유가 없다고 생각될 때
도 있지만, 그럴 때는 하루 일과를 저 혼자 해내는 게 아님을 기억합니다.
제가 구하거나 생각하는 것보다 더 능히 하시는 주님과 나란히 함께 일
하니까요!

영광스러우신 예수님의 이름으로 기도합니다. 아멘.

에베소서 3:20, 마태복음 19:26, 시편 139:16, 시편 5:3

나의 예수님,

항상 기뻐하고 쉬지 말고 기도하게 하소서. 제가 계속 기뻐할 수 있는 유일한 방법은 저와 늘 함께하시는 주님과의 관계에서 매 순간 즐거움을 찾는 것임을 배웠습니다. 이 관계에 위로와 격려가 넘치니 제가 역경과 씨름할 때도 **소망 중에 즐거워할** 수 있습니다.

주께서 **범사에 감사하라고** 하셨지요. "예수님, 감사합니다"라는 이 기도가 엄청난 유익이 된다는 것을 알았습니다. 이 짧은 기도가 모든 시간과 상황에 적합한 것은, 주께서 주님을 구주로 아는 모든 사람들과 저를 위해 최고의 희생을 치르셨기 때문입니다. 좋은 것이면 무엇이든 깨닫는 순간 주님을 찬양하라 가르쳐 주셨지요. 이렇게 실천하는 것이 제 삶을 얼마나 복되고 생기있게 하는지 보아 왔습니다.

슬프거나 낙심될 때도 여전히 주님께 감사하게 하소서. 감사는 저의 관점을 밝게 하고, 주님께 대한 신뢰를 표현하는 것입니다. 범사에 감사하면 주님과의 관계도 더 돈독해지고 저의 기쁨도 커집니다.

기쁨이 충만하신 예수님의 이름으로 기도합니다. 아멘.

데살로니가전서 5:16-18, 로마서 12:12, 에베소서 1:7-8, 시편 95:2

완전하신 인도자 예수님,

주님은 저를 인도하시고 보호하시는 **저의 목자십니다.** 주님은 완전한 목자시니 저를 돌보심도 놀랍도록 완벽하시지요. 주님은 끝없는 **인자하심으로** 저를 사랑하시며, 저의 약점과 한계와 고충과 죄와 강점과 능력 등 **모든 것을** 아십니다. 그러니 그 누구와도 다르게 저를 인도하실 수 있지요!

주님을 신뢰하고 의지하여 이 위험한 세상을 헤쳐 나갈 수 있게 도와주소서. 주께서 앞서가시며 길을 열어 주시고 제가 따라갈 길을 세심히 예비하심을 압니다. 앞길의 많은 위험과 장애물을 없애 주시고, 계속되는 어려움에 대응하는 데 필요한 모든 것을 주실 것을 믿습니다.

제가 사망의 음침한 골짜기로 다닐지라도 해(害)를 두려워하지 않을 것은 주께서 저와 함께하시기 때문입니다. 주님이 가까이 계시니 위로가 되고 즐거움이 됩니다. 주님과 계속 소통하며 가오니 오늘뿐 아니라 남은 모든 날 동안 저를 신실하게 인도하소서. **주님은 영원히 저의 하나님이시니 저를 죽을 때까지 인도하실** 것을 믿습니다.

우리를 위로해 주시는 예수님의 이름으로 기도합니다. 아멘.

시편 23:1, 출애굽기 15:13, 시편 23:4, 시편 48:14

복되신 예수님,

저의 매 순간이 주님의 임재로 충만하여 매사를 주님의 관점에서 보게 하소서. 저를 짜증나게 하는 사람이 옆에 있으면, 저는 그 사람의 결점에 집중하게 됩니다. 그렇게 부정적인 데 집중하기보다 마음의 눈으로 **주님을** 바라보게 하시고, 짜증을 속에 담아 두지 말고 흘려보내게 하소서. 다른 사람을 비판하는 것이 죄의 덫임을 압니다. 저를 주님에게서 멀어지게 하니까요. 그저 **저의 구원의 주님으로 말미암아 기뻐하는** 것이 얼마나 더 좋은지요!

능력과 즐거움이 주님의 처소에 있습니다. 주님을 바라볼수록 제게 더욱 힘을 주시고 기쁨을 충만하게 하시지요. 다른 일들에 신경 써야 할 때도 늘 주님을 인식하도록 저의 생각을 훈련하여 주소서. 우리를 창조하실 때 동시에 여러 가지 일을 의식할 수 있는 신기한 두뇌를 주셔서 감사합니다. 주님, 계속해서 주의 임재의 빛을 누리도록, 늘 주님을 바라보게 하소서.

강하신 예수님의 이름으로 기도합니다. 아멘.

마태복음 7:1, 하박국 3:18, 역대상 16:27, 히브리서 12:2

그 이름에 합당한 영광을 여호와께 돌려 드리고 그 거
룩한 아름다움으로 여호와께 경배하라

시편 29:2 (우리말성경)

거룩하신 주님,

거룩한 아름다움으로 여호와께 경배하게 하소서. 나를 둘러싼 세상
에 장엄한 아름다움이 있지만, 그중에 완전히 거룩한 것은 하나도 없습
니다. 그래서 지금의 저로서는 **거룩한 아름다움을** 부분적으로만 알 뿐
이지요. 하지만 때가 되면 **주께서 저를 아신 것같이 저도 온전히 알** 것
입니다.

지금도 주님의 거룩하심을 인식하면 예배가 우러나옵니다. 일절 흠
없는 완전하신 주님을 묵상하면 즐거움과 경외심이 차오르지요. 저도
천사들과 함께 **"거룩하다 거룩하다 거룩하다, 만군의 여호와여. 그의
영광이 온 땅에 충만하도다"**라고 선포하고 싶습니다!

주님을 잘 예배하면 제가 변화됨을 압니다. 예배는 저를 주님이 본래
지으신 모습으로 점점 더 변화시켜 주지요. 주님을 바르게 아는 것이
진정한 예배를 위해 필수적이라는 것을 깨닫습니다. 주님을 완전히, 전
부 이해할 수는 없지만 성경에 계시된 대로 정확히 알려고 애쓸 수 **있
지요.** 주의 말씀을 공부하고 주님을 더 깊이 알아가면, 아름다운 예배
로 저는 변화되고, 주님은 영광을 받으십니다!

웅장하신 예수님의 이름으로 기도합니다. 아멘.

시편 29:2(우리말성경), 고린도전서 13:12, 이사야 6:3

July

16

내가 확신하노니 사망이나 생명이나 천사들이나 권세자들이나 현재 일이나 장래 일이나 능력이나 높음이나 깊음이나 다른 어떤 피조물이라도 우리를 우리 주 그리스도 예수 안에 있는 하나님의 사랑에서 끊을 수 없으리라

로마서 8:38~39

소중하신 예수님,

아무것도 저를 주님의 사랑에서 끊을 수 없다는 것을 믿으며 주의 임재 안에 안식하도록 도와주소서. 이 약속에 밝혀져 있듯이 제 인생 최악의 일, 즉 주님이 더는 저를 사랑하지 않으시는 일은 아예 상상도 할 수 없습니다. 주님의 사랑을 얻어내거나 지키기 위해 저의 행위가 어떤 일정 기준에 부합되지 않아도 되니 감사합니다. 그 대신 저는 이 사랑을 주님의 완전한 의에서 흘러나오는 순전한 선물로 받을 수 있지요. 주님과의 관계가 영원히 안전하다는 뜻입니다!

주님의 사랑을 잃는 것이 불가능하기에 저는 긴장을 풀고 **더 풍성히** 살 수 있습니다. 일이 잘 풀릴 때는, 앞으로 닥칠 일을 염려하지 않고 그런 좋은 때를 마음껏 누리고 싶습니다. 힘든 때를 만났을 때, 사랑으로 제게 힘을 주실 주님을 의지할 수 있음을 압니다. 고난을 피할 수 없는 세상에 살고 있지만 **주님 안에서 평안을 누릴 수 있음**을 배우는 중입니다. 주님은 제게 역경 중에도 **담대하라고,** "**내가 세상을 이기었노라**" 단언하시는 권능의 말씀에서 소망을 찾으라고 가르치셨습니다.

승리하신 예수님의 이름으로 기도합니다. 아멘.

로마서 8:38~39, 요한복음 10:10, 요한복음 16:33

우리가 다 수건을 벗은 얼굴로 거울을 보는 것 같이
주의 영광을 보매 그와 같은 형상으로 변화하여 영광
에서 영광에 이르니 곧 주의 영으로 말미암음이니라

고린도후서 3:18

위대하신 나의 하나님,

주님께 기쁨이 무궁무진함을 알면서도 주님의 기쁨을 받기 주저할 때
가 있습니다. 주의 임재 안에서 두 팔을 크게 벌리고 주님의 기쁨을 넉넉
히 받게 하소서. 주님 곁에서 안식할수록 주의 복이 제게 더 막힘없이 흘
러든다는 것을 알게 되었습니다. 저는 주의 사랑의 빛 안에서 점점 **변화
되어 영광에서 영광에 이르는** 중입니다. 주님과 함께 시간을 보낼수록,
저를 향한 **주님의 사랑을 알고 그 너비와 길이와 높이와 깊이가 어떠한
지를 깨닫기** 시작합니다.

제게 베푸시는 주님과의 관계가 도저히 믿어지지 않을 때가 있습니다.
주님이 주님의 생명을 제게 부어 주셨으니 제가 할 일은 주님을 영접하
는 것뿐이지요. 일을 해야 쟁취할 수 있는 세상에서, 주 안에서 쉬고 그저
받으라는 주님의 가르침은 너무 쉬워 보입니다. 그러나 믿는 것과 받는
것 사이에 밀접한 관계가 있음을 깨달았습니다. 주님을 더 온전히 신뢰
할수록 주님과 주님의 복을 더 풍성히 받을 수 있지요.

오 주님, 주의 임재 안에 **가만히 있어 주님이 하나님이심을 알게** 하
소서.

예수님의 복되신 이름으로 기도합니다. 아멘.

고린도후서 3:18, 에베소서 3:16~18, 요한복음 1:12, 시편 46:10

July

18

너희는 그 은혜에 의하여 믿음으로 말미암아 구원을 받았으니 이것은 너희에게서 난 것이 아니요 하나님의 선물이라 행위에서 난 것이 아니니 이는 누구든지 자랑하지 못하게 함이라

에베소서 2:8~9

나의 목자시여,

긴장을 풀고 오늘 하루를 즐길 수 있도록 도와주소서. 저는 목표에 집중하느라 휴식은 소홀히 한 채 너무 쉽게 무리합니다. 일을 얼마나 해냈느냐에 따라 저 자신을 판단하는 경향이 있지요. 주님이 주시는 기회와 능력을 활용하는 것도 중요하다는 것을 알지만, 일을 성취할 때만큼 쉬고 있을 때도 저 자신을 받아들이는 법을 배우고 싶습니다.

제가 하나님의 사랑받는 자녀이며, **믿음으로 말미암아 은혜로 구원받았다**는 진리 안에 깊이 안식하는 법을 가르쳐 주소서. **이것이** 저의 근본적이고 궁극적인 정체성임을 압니다. 하나님 나라 자녀로 영원히 입양되었으니 기쁩니다! 안간힘을 쓰며 애쓰기보다 제가 진정 누구인지를 늘 유념해야 합니다.

하나님의 자녀라는 저의 참 정체성을 편안하게 받아들여 일과 휴식에 균형을 이루면, 제가 주님의 나라에 더 유용해짐을 알게 되었습니다. 마음이 새로워지면 생각이 더 성경적이고 명료해질 수 있고, 저의 **영혼이 소생되면** 다른 사람들을 더 잘 사랑할 수 있지요.

주님, 오늘도 주의 임재 안에서 시간을 보내며 편히 쉬고 싶습니다. 주님이 주시는 **푸른 풀밭과 쉴 만한 물가를** 누리게 하소서.

새 힘을 주시는 예수님의 이름으로 기도합니다. 아멘.

에베소서 2:8~9, 시편 62:5, 시편 23:3, 시편 23:2

즐겁게 소리칠 줄 아는 백성은 복이 있나니 여호와여
그들이 주의 얼굴 빛 안에서 다니리로다

시편 89:15

항상 임재하시는 하나님,

지금은 저의 삶에서 사랑하는 이들과, 재물과, 통제권을 내려놓는 법을 배워야 할 때입니다. 소중한 것들을 내려놓으려면 주의 임재 안에서 안식할 수 있어야 합니다. 거기서만 제가 온전할 수 있으니까요. 주의 사랑의 빛을 쬐는 시간을 가질수록 더 충분히 안식할 수 있습니다. 그러면 움켜쥐고 있던 손이 서서히 풀리면서 제가 아끼던 소유권을 주님의 보살핌 속에 풀어놓을 수 있지요.

한결같이 저와 함께하시는 주의 임재를 인식하면, 아무리 힘들고 괴로운 상황에서도 안심할 수 있다고 주께서 가르쳐 주셨지요. 주님이 항상 저와 함께 계시고 또한 변하지 않으시니 기쁩니다. **주님은 어제나 오늘이나 영원토록 동일하시지요!** 주의 보살핌 속에 주님께 내려놓는 것들이 점점 많아질수록, 제 손을 결코 놓지 않으신다는 주님의 확실한 약속이 제게 복이 됩니다. 제가 즐겨 듣는 주님의 말씀이 있습니다. **"나 여호와 너의 하나님이 네 오른손을 붙들고 네게 이르기를 '두려워하지 말라. 내가 너를 도우리라' 할 것임이니라."** 주님이 그 누구도 어떤 상황도 저에게서 빼앗아 갈 수 없는, 저의 탄탄하고 안전한 기초가 되어 주셔서 감사합니다.

변함없이 사랑하시는 예수님의 이름으로 기도합니다. 아멘.

시편 89:15, 히브리서 13:8, 이사야 41:13

어두운 데에 빛이 비치라 말씀하셨던 그 하나님께서
예수 그리스도의 얼굴에 있는 하나님의 영광을 아는
빛을 우리 마음에 비추셨느니라

고린도후서 4:6

온유하신 예수님,

주님 안에서 제가 온전해짐을 알기에, 공허한 마음으로 주께 나아옵니다. 주의 임재 안에 잠잠히 안식하면 주의 영광스러운 빛이 제 안을 비추십니다. 제 안의 공허함을 마주하는 것이 주의 충만함으로 채워지는 서막이라 하셨지요. 그래서 제가 못났다는 생각에 무기력한 몸을 억지로 일으켜야 하는 날에도 기뻐할 수 있습니다. 그런 날이 어린아이처럼 주님을 의지할 수 있는 절호의 기회임을 배우는 중입니다.

오늘 하루도 이렇게 의존하는 자세를 유지할 수 있도록 도와주소서. 계속 주님을 믿고 의지하며 걸어가면, 기쁨과 평강이 저의 동반자가 되었음을 밤에 잠자리에서 깨닫게 됩니다. 기쁨과 평강이라는 유쾌한 친구들이 어느 순간에 저의 여정에 합류했는지 정확히 모르지만, 그래도 그 동행 덕분에 유익했음을 느낄 수 있습니다.

이런 날의 완벽한 마무리는 감사의 찬송입니다. 풍성한 복을 주신 주님을 찬양하는 것이지요! **호흡이 있는 자마다 주님을 찬양**할지어다.

예수님의 높으신 이름으로 기도합니다. 아멘.

고린도후서 4:6, 골로새서 2:9~10, 야고보서 1:4, 시편 150:6

우리가 알거니와 하나님을 사랑하는 자 곧 그의 뜻대로 부르심을 입은 자들에게는 모든 것이 합력하여 선을 이루느니라

로마서 8:28

살아 계신 나의 주님,

저 자신을 너무 닦달하지 않게 도와주소서! 주님이 모든 것을 통해 선을 이루실 수 있음을 압니다. 심지어 제 실수까지도 그리 하시지요. 저의 생각이 유한해서 후회스러운 결정을 되돌리고 싶어 자꾸 뒤를 돌아봅니다. 하지만 시간과 에너지를 크게 낭비하고 좌절을 낳을 뿐이니, 과거에서 몸부림치기보다 저의 실수를 주께 내려놓고 싶어요. 주님을 믿고 의지하면, 주께서 무한한 창의력으로 저의 잘한 선택과 잘못된 선택을 **한데** 엮어 아름다운 무늬를 만드시리라 확신합니다.

저는 한낱 인간이니, 살면서 계속 실수할 것을 압니다. 오류 없이 살아야 한다는 생각은 교만의 증상이라 하셨지요. 저의 실패가 실제로 복의 원천이 될 수 있습니다. 저를 겸손하게 하고, 다른 사람들의 약점에 공감하게 해 주니까요. 또한 실패는 제가 주님께 의존적인 존재임을 생생하게 부각시켜 줍니다.

주님이 제 실수의 수렁에서도 아름다움을 이끌어내실 수 있으니 감사합니다. 제가 할 몫은 주님을 신뢰하며 주께서 행하실 일을 지켜보는 것이지요.

예수님의 기이하신 이름으로 기도합니다. 아멘.

로마서 8:28, 잠언 11:2, 잠언 3:5, 미가 7:7

July

22

엿새 후에 예수께서 베드로와 야고보와 그 형제 요한 을 데리시고 따로 높은 산에 올라가셨더니 그들 앞에 서 변형되사 그 얼굴이 해 같이 빛나며 옷이 빛과 같 이 희어졌더라

마태복음 17:1~2

사랑하는 예수님,

이 높은 산을 주님과 함께 끝까지 오를 수 있게 도와주소서. 때로는 향 수에 젖어 아주 오래전 일을 뒤돌아보며, 더 쉽고 덜 복잡했던 그때를 그 리워합니다. 하지만 그것은 베이스캠프 같은 곳이라는 걸 알게 되었지 요. 앞에 놓인 고된 모험을 위해 준비하는 시간이고 자리였습니다.

제가 오르고 있는 이 산은 굉장히 높아서 꼭대기가 구름에 가려 보이 지 않습니다. 그래서 지금까지 얼마나 높이 올라왔고 앞으로 얼마나 더 가야 할지 알 수 없습니다. 하지만 높이 올라갈수록 더 잘 보이지요.

하루하루가 도전이고 지칠 때도 많지만, 그래도 여전히 웅장한 경치를 즐길 수 있습니다. 주님과 동행하는 이 여정은 상황을 초월하여 무엇이 든 하나님 나라의 관점에서 보도록 저를 훈련시킵니다. 고도가 높아질수 록 길은 더 가파르고 힘들어지지만, 모험도 더 박진감이 넘칩니다. 주님 과 함께 높이 올라갈수록, 하나님 나라에서 영원히 주님과 함께 사는 그 **최종** 목표에 더 가까워짐을 늘 일깨워 주소서.

숨 막힐 정도로 대단하신 예수님의 이름으로 기도합니다. 아멘.

마태복음 17:1~2, 하박국 3:19, 빌립보서 3:20~21

이는 내 생각이 너희의 생각과 다르며 내 길은 너희의
길과 다름이니라 여호와의 말씀이니라 이는 하늘이
땅보다 높음 같이 내 길은 너희의 길보다 높으며 내
생각은 너희의 생각보다 높음이니라

이사야 55:8~9

나의 왕이시여,

주님의 생각은 저의 생각과 다르며 주님의 길도 저의 길과 다릅니다. 하늘이 땅보다 높음같이 주님의 길과 생각은 저의 길과 생각보다 높습니다.

주님이 얼마나 위대한 분이신지 묵상하며 즐거워하도록 도와주소서. 우주의 왕이신 주님과 언제 어디서나 교제할 수 있으니 신기하고 놀랍습니다! 이 놀라운 기도의 특권을 당연한 것으로 여기지 않게 하소서.

주님은 저보다 한없이 높고 위대하시지만, 주님의 생각을 품도록 저를 훈련하십니다. 주의 임재 가운데 주의 말씀을 읽고 기도하며 시간을 보내니 머릿속에 점차 주님의 생각이 틀을 잡습니다. 성령께서 이 과정을 지휘하심을 알게 됩니다. 계획을 세우거나 문제 때문에 고민할 때 주의 임재 가운데 기다리면 성령께서 저의 생각을 인도하시지요. 특정한 성경 구절이 떠오르게 하실 때도 있습니다.

이러한 주님과의 소통이 저를 강건하게 하고 삶의 여정에서 제 앞에 놓인 모든 일은 무엇이든 대비시켜 줍니다. 주님, 주님과 함께 보낸 시간은 제가 감히 구하거나 생각한 것보다 훨씬 큰 복이었습니다!

엄위하신 예수님의 이름으로 기도합니다. 아멘.

이사야 55:8~9, 골로새서 4:2, 요한복음 14:26

이 날은 여호와께서 정하신 것이라 이 날에 우리가 즐거워하고 기뻐하리로다

시편 118:24

나를 인도하시는 하나님,

오늘이라는 날을 주셔서 감사합니다. 주께서 주신 하나뿐인 소중한 선물입니다. 주님의 임재가 느껴지든 그렇지 않든 주께서 매순간 저와 함께 계심을 믿습니다. 감사하고 신뢰하는 자세가 있으면 삶의 모든 일을 주님의 관점에서 볼 수 있지요. 주님을 향한 저의 감사와 신뢰가 더욱 많아지게 하소서.

오늘 하루를 인도자 되신 주님이 세심하게 계획하신 모험으로 보게 하소서. 그리하여 앞에 놓인 이날을 저의 뜻대로 하려고 하는 대신 주님께, 그리고 주님이 저를 위해 예비하신 것에 주목하고 싶습니다.

주님과 가까이 지내는 삶이 결코 따분하거나 뻔하지 않은 것에 감사합니다. 날마다 뜻밖의 놀라운 일들을 예상할 수 있지요. 하루 종일 가장 쉬운 길만 찾으려는 저의 본성을 따르기보다 어디로 인도하시든 **주님을** 따르고 싶어요. 주님이 늘 가까이 계시니, 앞길이 아무리 가파르고 위험해도 두려워할 필요가 없습니다.

우리를 보호해 주시는 예수님의 이름으로 기도합니다. 아멘.

시편 118:24, 이사야 41:10, 시편 56:3, 시편 145:18

July

25

영원하신 하나님이 네 처소가 되시니 그의 영원하신
팔이 네 아래에 있도다 그가 네 앞에서 대적을 쫓으시
며 멸하라 하시도다

신명기 33:27

영원하신 하나님,

주님의 영원하신 팔 안에서 안식하기를 갈망하며 주께 나아옵니다.
저의 연약함을 주님의 전능하신 임재 의식이 더 강해질 기회로 보려고
애쓰고 있습니다. 제 힘으로 안 될 때 저는 내면을 들여다보며 저의 부족
함을 한탄하게 됩니다. 그보다 주님과 주님의 충만하심을 바라보게 하시
고, 풍성히 누릴 수 있는 주님의 찬란한 부요를 즐거워하게 하소서.

오늘 하루 동안 잠잠히 주님을 의지하고 주의 임재를 누려야 하지요.
저의 부족함을 받아들이면 주님과의 사이에 신뢰 관계가 쌓이는 것을 깨
닫고, 저의 부족함으로 인해 주님께 감사하는 법을 배우는 중입니다. 지
금까지의 인생길을 돌아보면, 지극히 연약했던 날들이 제게 가장 소중한
시간이었다는 사실에 힘이 납니다. 친밀하신 주님의 임재가 금줄로 짜여
그날을 풍부하게 하셨음을 기억합니다.

예수님의 영광스러우신 이름으로 기도합니다. 아멘.

신명기 33:27, 로마서 8:26, 빌립보서 4:19, 시편 27:13~14

의인의 길은 돋는 햇살 같아서 크게 빛나 한낮의 광명
에 이르거니와

잠언 4:18

의로우신 예수님,

의인의 길은 돋는 햇살 같아서 크게 빛나 한낮의 광명에 이른다고 주께서 말씀하십니다. 이 아름다운 말씀이 **제게도** 적용되는 것은 주께서 주님의 완전한 의를 제게 입혀 주셨기 때문이지요. 주님이 주신 **구원의 옷**은 결코 벗겨지거나 해어지지 않습니다. 제가 영원히 **주님의 것**이듯이 **공의의 겉옷**이 영원히 저의 것입니다.

이 길을 가는 동안 늘 저와 함께하시는 주의 사랑의 임재를 인식하게 하소서. 때로는 힘들고, 또 저는 약합니다. 주님과 가까이 동행하며 저의 목표인 하나님 나라를 향해 가도록 도와주소서. 지금 언뜻 보이는 영광은 새벽의 여명처럼 희미하지만, 인내하며 주님과 함께 이 길을 가고 있으니 영광스러운 목표에 점점 가까워지고 있음을 믿습니다.

이 고된 여정 동안 주님의 빛이 점점 더 밝게 비칠 것을 알기에 기쁩니다. 그리고 결국 주님의 완벽한 때에 저도 **한낮의 광명**을 경험하게 될 것입니다!

환히 빛나시는 예수님의 이름으로 기도합니다. 아멘.

잠언 4:18, 이사야 61:10, 시편 23:3, 빌립보서 3:14

July

27

사랑하는 자들아 우리가 지금은 하나님의 자녀라 장래에 어떻게 될지는 아직 나타나지 아니하였으나 그가 나타나시면 우리가 그와 같을 줄을 아는 것은 그의 참모습 그대로 볼 것이기 때문이니

요한일서 3:2

놀라운 구주시여,

제가 **하나님의 자녀** 된 것이 얼마나 감사한지요! 언젠가 저는 **주님을 참모습 그대로 보며** 영광 중에 주님과 대면할 것입니다! 그러나 지금은 **옛사람을 벗어 버리고 저의 심령이 새롭게** 되고자 훈련 중입니다. 저의 새사람이 주의 형상을 닮아가고 있지만, 이 과정이 저의 본질을 지우지 않음에 감사합니다. 오히려 **주님과 같아질수록** 주께서 본래 창조하신 대로 저는 독특한 존재로 더 발전해 가지요.

주님을 저의 구주로 처음 믿던 순간부터 저는 하나님 나라 왕족의 일원이 되었습니다. 나아가 **주님과 함께한 상속자**로서 어마어마한 유산도 나누어 받지요. 그런데 주님은, **주님과 함께 영광을 받으려면 고난도 함께 받아야 한다**고 말씀하십니다. 힘든 시간을 지날 때 주님을 의지하게 하시고, 환난 속에서 사랑으로 임재하시는 주님을 만나게 하소서. 제게 능력 주셔서 하나님 나라 왕족에 합당하게 고난도 잘 받을 수 있게 하소서. 제가 견뎌내는 모든 일이 주님을 더 닮아가도록 하는 훈련임을 깨닫습니다.

시편 기자가 저의 최종 목표를 아주 훌륭하게 묘사합니다. **저는 의로운 중에 주님의 얼굴을 보며 만족할 것입니다!**

왕이신 예수님의 이름으로 기도합니다. 아멘.

요한일서 3:2, 에베소서 4:22~24, 로마서 8:17, 시편 17:15

수고하고 무거운 짐 진 자들아 다 내게로 오라 내가
너희를 쉬게 하리라

마태복음 11:28

긍휼이 풍성하신 예수님,

새 힘을 주시는 주의 임재 안에서 쉬기를 구하며, 약하고 지친 심정으로 **주께로 옵니다.** 주님이 늘 제 곁에 계심을 알면서도 그 사실을 잊을 때가 있습니다. 저는 다른 사람들의 기대에 쉽게 휘둘림을 고백합니다. 사람들의 요구가 너무 많아 버거워지면 결국은 짐에 깔릴 듯한 심정이 되지요.

오늘 무거운 짐에 눌려 침몰하고 있는 저를 보고, 주께 와서 도움을 구합니다. 제 어깨의 짐을 벗겨 저를 위해 대신 져 주소서. 자꾸 마음에 걸려 걱정되는 일들을 다 주께 아뢰오니 그 하나하나에 주의 임재의 빛을 비춰 주셔서 앞으로 나아갈 길을 보여 주소서. 저의 길을 밝혀 주시는 그 빛이 제 존재의 구석구석에까지 스며들게 하셔서, 저를 진정시키시고 제게 힘을 주소서.

주님, 치유하시는 주님의 거룩하신 임재에 마음을 엽니다. **저의 손을 들고** 즐거이 경배하며, 제 속으로 막힘없이 흘러들 주님의 풍족하심을 고대합니다.

다른 무엇보다 주님을 사모하며, **저의 영혼이 잠잠히 주님만 바랍니다.** 주께서 주님의 백성에게 힘을 주시고 주님의 백성에게 평강의 복을 **주시니** 감사합니다.

평강이신 예수님의 거룩하신 이름으로 기도합니다. 아멘.

마태복음 11:28, 시편 134:2, 시편 62:1, 시편 29:11

내가 사망의 음침한 골짜기로 다닐지라도 해를 두려
워하지 않을 것은 주께서 나와 함께 하심이라 주의 지
팡이와 막대기가 나를 안위하시나이다

시편 23:4

늘 가까이 계시는 예수님,

주님이 말씀하셨듯이 **주께서 저와 함께하시며 주님의 지팡이와 막대기가 저를 안위하시니,** 아무리 절망적인 상황에서도 **두려워할** 필요가 없습니다. 하지만 주님이 늘 저와 함께 계시는데도 주님의 임재를 인식하지 못할 때가 많음을 고백합니다.

두려움이 찾아올 때마다 그 두려움 때문에 저의 마음이 깨어나 경각심을 가지고 주님과 다시 소통하게 하소서. 커지는 불안감에 굴복하지 말고 주님을 의지하오니, 주의 임재의 빛을 제 위에, 그리고 제 안에도 비추어 주소서. 주의 따뜻한 사랑의 빛 안에서 안식하면, 차갑고 딱딱한 두려움은 점차 녹아 없어지지요. 이 경이로운 사랑을 경험하면 주님을 향한 저의 사랑과 신뢰도 더 깊어집니다.

주님의 지팡이와 막대기가 저를 안위하시니 감사합니다. 주님은 제가 상상하는 것보다 더 자주 제게 해(害)가 미치지 못하도록 막아 주시고 제 영혼을 지키십니다. 저는 주님을 따르는 자니 제 영혼은 주 안에서 영원히 안전합니다. 아무도 **저를 주님의 손에서 빼앗을 자가 없습니다!** 그뿐 아니라 하나님 나라를 향해 가는 동안 **주님이 저를 죽을 때까지 인도하실** 것을 확신하며 기뻐합니다.

우리를 지켜 주시고 인도하시는 예수님의 이름으로 기도합니다. 아멘.

시편 23:4, 요한복음 10:28, 시편 48:14

내 마음이 약해질 때에 땅 끝에서부터 주께 부르짖으
오리니 나보다 높은 바위에 나를 인도하소서

시편 61:2

전능하신 하나님,

주님은 **저보다 높은 바위**십니다. 제가 언제 어디서나 **피할 저의** 바위시지요. 오 주님, 평강으로 임재하시는 주님 안에 안식하고자 주께 나아옵니다. 매사를 이해하려고 애쓰던 것을 이제 쉬게 하소서.

제가 전혀 이해하거나 통제할 수 없는 일이 많다는 것을 깨닫습니다. **하늘이 땅보다 높음같이 주님의 길과 생각이 저의 길과 생각보다 높다**고 하셨으니, 놀랄 일도 아닙니다.

주변 세상이 혼란스럽고 악이 이기는 것처럼 보일 때 주님 안에서 소망을 찾게 하소서. 주님은 어떤 상황에서도 늘 빛나는 빛이십니다. 저도 주님을 따르는 자로서 이 험한 세상에서 밝게 빛나게 하소서. 그리하여 다른 사람들에게 주님이 우리의 **구주 곧 그리스도 주시라는 큰 기쁨의 좋은 소식**을 전하고 싶습니다.

저는 주님의 이름을 읊조리고 찬송을 부르며 주께 가까이 가는 것을 좋아합니다. 주님을 계속 바라볼 때 주의 임재가 저의 길을 밝혀 주시지요.

빛을 발하시는 예수님의 이름으로 기도합니다. 아멘.

시편 61:2, 시편 18:2, 이사야 55:9, 누가복음 2:10~11

나의 구원의 하나님,

저의 영혼이 주님을 가까이 따르니 주님의 오른손이 저를 붙드십니다. 주께서 힘든 시기를 통해 저를 영적으로 강건하게 하심을 압니다. 금이 불로 연단되듯이 **저의 믿음은** 시련으로 연단되어 그것이 참됨을 입증하지요. 역경 중에도 주님을 가까이 따르면, 제 믿음이 더 강해지고 주님 안에서 위로를 얻습니다. 주님을 의지하며 시련을 견디면, 미래의 고난도 감당할 수 있다는 확신이 생깁니다. 위기 때마다 늘 저를 도우실 주님을 더욱더 신뢰할 수 있습니다.

한밤중에나 힘들 때, 주의 오른손이 저를 붙들고 계심을 기억합니다. 저를 떠받치시는 이 손은 아주 강하고, 무한한 힘으로 저를 지원해 주시지요. 그러니 엄두가 나지 않을 때도 포기하지 않으려 합니다. 오히려 **주님과 주님의 능력을 구하겠습니다.**

주님의 손은 강하실 뿐 아니라 **의로우십니다.** 말씀을 통해 제게 주시는 이 약속이 저는 참 좋습니다. **"두려워하지 말라, 내가 너와 함께 함이라. 놀라지 말라, 나는 네 하나님이 됨이라. 내가 너를 굳세게 하리라. 참으로 너를 도와주리라. 참으로 나의 의로운 오른손으로 너를 붙들리라."**

예수님의 권능의 이름으로 기도합니다. 아멘.

시편 63:6, 8, 베드로전서 1:7, 시편 105:4, 이사야 41:10

August

너희가 온 마음으로 나를 구하면

나를 찾을 것이요 나를 만나리라

예레미야 29:13

예수께서 또 말씀하여 이르시되 나는 세상의 빛이니 나를 따르는 자는 어둠에 다니지 아니하고 생명의 빛을 얻으리라

요한복음 8:12

세상의 빛이신 주님,

주님의 얼굴빛 안에서 다니며 종일 주의 이름을 기뻐하고 주님의 공의를 높이고 싶습니다. 이 세상이 갈수록 점점 더 어두워지지만 주님의 빛은 여전히 밝습니다. 캄캄한 악을 배경으로 주님의 영광이 찬란하게 빛납니다! 주의 선하심이 세상의 악과 충돌하면, 이 영적 대립으로 인한 충돌에 주님이 강력하게 개입하시기 좋은 여건이 만들어집니다. 그러니 저는 기적을 바라며 주님이 행하실 일을 지켜보겠습니다.

역경에 처할 때도 **주님의 이름을 기뻐**하는 것이 지극히 중요합니다. 주님의 주님 되심이 **예수님이라는** 아름다운 단어에 농축되어 있으니까요. 저는 주님의 이름을 속삭이는 기도로, 찬송으로, 보호막으로 사용하기를 좋아합니다. 결코 능력을 잃지 않는 이름이지요.

저는 가장 어두운 상황에서도 **주님의 공의를 높일** 수 있습니다. 그 어느 것도 주의 영광스러운 의를 더럽힐 수 없습니다. 주께서 그 의를 빛나는 **구원의 옷**에 짜 넣어 제가 영원히 입게 하셨지요. 주의 거룩하신 이름을 선한 일에 사용하며, 주의 **공의의 겉옷**을 즐거이 입음으로 주님의 빛 가운데 걸어갑니다!

의로우신 예수님의 이름으로 기도합니다. 아멘.

요한복음 8:12, 시편 89:15~16, 사도행전 4:12, 이사야 61:10

우리가 감사함으로 그 앞에 나아가며 시를 지어 즐거이 그를 노래하자

시편 95:2

은혜로우신 예수님,

새 하루를 선물로 주시니 감사합니다! 감사는 기쁨에 이르는 지름길이니 저의 감사를 잘 가꾸고 싶습니다. 사실 감사를 표현하지 않으면 어떤 즐거움도 결코 완성될 수 없음을 알게 되었습니다. 사람들을 통해 복을 받으니 그들에게도 감사해야 하지만, 만복의 근원이 주님이심을 기억해야 합니다. 그러니 온종일 자주 주님을 찬송하고 감사하도록 일깨워 주소서. 이 즐거운 훈련은 제 영혼에 양분이 되고, 주님과의 관계도 더 좋아지게 합니다. 주님을 가까이할 수 있는 쉬운 방법이지요.

주께서 영광스러운 은혜의 선물로 제게 복을 주셨습니다. 받을 자격 없이 그저 받은 선물이지요. 어느 누구, 어떤 환경도 제게서 이 후한 선물을 빼앗아 갈 수 없으니 기쁩니다. 저는 영원히 주님의 것입니다! **어떤 피조물이라도 저를 주님의 사랑의 임재에서 끊을 수 없습니다.**

오늘 하루도 주님과 동행하며 계속 주의 임재를 인식하게 하소서. 주께서 저의 삶의 여정에 흩뿌려 놓으신 복과 즐거움을 알아볼 수 있게 늘 깨어 있게 하소서. 가장 귀한 보화는 **주님**, 바로 예수님이십니다. 예수님은 **말할 수 없는 은사**(선물)시니까요!

보배로우신 예수님의 이름으로 기도합니다. 아멘.

시편 95:2, 에베소서 2:8~9, 로마서 8:38~39, 고린도후서 9:15

그를 하나님보다 조금 못하게 하시고 영화와 존귀로
관을 씌우셨나이다

시편 8:5

귀하신 구주시여,

주님은 제게 기쁨이 선택이라는 것을 깨우쳐 주셨습니다. 제가 상황을 통제할 수는 없지만, 여전히 기쁨을 선택할 수 있습니다.

주님은 저를 **하나님보다 조금 못하게** 창조하시고 놀라운 사고력을 주셨습니다. 심사숙고하여 결정하는 능력을 주셨지요. 생각이 감정과 행동에 큰 영향을 미치므로 저의 생각이 지극히 중요하다는 것을 배웠습니다. 그래서 생각을 잘 선택할 수만 있다면 어떤 노력도 아깝지 않지요.

기쁨이 사라질 때마다 잠시 멈추어 주님이 **저와 함께 계시며** 늘 **저를 지키신다**는 사실을 기억해야 합니다. 주님, **인자하심으로** 저를 사랑하시고 주님의 성령을 주셔서 감사합니다. 제 안에 계신 성령의 도우심으로 저의 생각을 성경의 영광스러운 진리에 맞춥니다. 주께서 한결같이 임재하신다는 약속이 성경에 있으니 저의 상황 가운데 **주님을** 찾기를 갈망합니다. 주님을 찾으면서도 처음에는 저의 문제만 보이겠지요. 그러나 계속 주를 바라보면, 결국 저의 어려움을 비추셔서 제게 영롱한 기쁨을 반사하시는 주의 임재의 빛을 보게 될 것입니다!

눈부시고 기쁨이 넘치시는 예수님의 이름으로 기도합니다. 아멘.

시편 8:5, 창세기 28:15, 시편 107:8, 로마서 15:13

나는 선한 목자라 선한 목자는 양들을 위하여 목숨을 버리거니와

요한복음 10:11

선한 목자이신 나의 예수님,

최우선적으로 주님께 집중하고 싶습니다. 주님은 제 주위 어디에나 계셔서 늘 저를 생각하시며 저의 모든 생각과 기도에 주목하시지요. 저의 관심을 끄는 것이 아주아주 많지만, 그것들 때문에 주님을 밀어내서는 안 됩니다. 생각의 방향을 주께 돌리는 데는 별로 힘이 들지 않아도 그에 따른 복은 엄청나지요. 제가 주님께 집중할수록 주님이 더 온전히 제 안에서 사시고 저를 통해 일하십니다. 주께서 삶의 매순간 저와 함께 계시며 완전하신 사랑으로 저를 지키신다는 것을 잊지 않게 하소서. 주의 말씀에 **주님을 신뢰하는 자에게는 인자하심이 두른다고** 하십니다. 주님은 제가 다른 일에 신경 써야 할 때도 더욱 주의 사랑의 임재를 느끼도록 저를 훈련시켜 오셨습니다.

주님, 주님은 예측할 수 없는 환경에서 '안전'과 '방향'을 보여 주시는 불변의 상수같은 분이십니다. **주님은 어제나 오늘이나 영원토록 동일하시지요.** 그래서 늘 변하는 세상을 헤쳐 나갈 때 제가 집중할 수 있는 완벽한 고정점이십니다. 생각의 방향을 계속 주께 돌리오니 나아갈 길을 보여 주시고 **주님의 평강을 주소서.**

한결같으신 예수님의 이름으로 기도합니다. 아멘.

요한복음 10:11, 시편 32:10, 히브리서 13:8, 요한복음 14:27

여호와는 살아 계시니 나의 반석을 찬송하며 내 구원
의 하나님을 높일지로다

시편 18:46

위대하시고 사랑이 많으신 나의 하나님,

주님은 살아 계신 나의 주님이시며, **나의 반석**, 내 구원의 하나님이십니다. 주님과 함께 충분히 시간을 보내며 주님의 위대하심과 저를 향한 끝없는 헌신을 묵상하게 하소서. 저는 헌신하기를 주저하는 문화 속에 살고 있습니다. 혼인 서약을 하고도 나중에 생각이 바뀌어 떠나는 경우가 많지요. 그러나 주님은 저의 영원한 친구시고 제 영혼의 영원한 연인이십니다. 저는 주님 안에서 지극히 안전합니다!

제 삶의 문제와 세상의 문제에 집중하기보다 주님이 어떤 분이신지 더 생각하고 싶습니다. 주님은 살아 계신 주님이시고 변함없는 반석이시며 **제 구원의 하나님이시지요.** 저의 죄를 위해 십자가에 죽으심으로 **저를 온전히 구원하신** 것은 주께서 **영원하신 하나님**이시기 때문입니다. 저의 행위가 기준에 미치지 못해도 주님이 저를 더 이상 사랑하지 않으실까 염려할 필요가 없습니다. **주님의** 선하심과 **주님의** 의가 주를 주님 사랑 안에서 안전하게 하십니다. 저를 향한 주님의 끝없는 헌신이 이 문제 많은 세상을 헤쳐 나갈 힘을 주고 저를 위로해 줍니다. 장차 주님과 함께 영광 중에 살아갈 그날을 간절히 고대합니다!

숨 막힐 정도로 대단하신 예수님의 이름으로 기도합니다. 아멘.

시편 18:46, 히브리서 7:25, 신명기 33:27, 고린도후서 5:21

너희 염려를 다 주께 맡기라 이는 그가 너희를 돌보심
이라

베드로전서 5:7

가장 사랑하는 예수님,

제가 주 안에서 안전하고 무사하고 온전하니 감사합니다. 불안한 마음으로 애쓰는 것을 멈추고 마음에 걸리는 문제들을 가지고 주께 나아오게 하소서. 주님을 충분히 신뢰하여 마음을 열고, 저를 짓누르는 고민을 솔직하게 아뢰게 하소서. **주께서 저를 돌보시니 저의 염려를 다 주께 맡길** 수 있습니다. 주님이 저를 보살펴 주시니 **주님의 은밀한 곳에서** 안식을 얻습니다!

곁길로 벗어나 주님을 빼놓고 살면, 그 때마다 제가 더는 온전하게 느껴지지 않습니다. 그럴 때 찾아오는 불안은 사실 주님의 선물이지요. **저의 처음 사랑**이신 주님께 돌아오도록 일깨워 주니까요. 주님을 중심으로 생각하고 느끼고 계획하고 행동하게 하소서. 주님이 제 삶의 중심이 되시면, 주님의 뜻대로 의미 있게 살아갈 수 있습니다.

저를 하나님 나라의 길에 들여 놓으신 주님은 저의 한결같은 동반자십니다. 주님과 동행하는 여정에서 어려움이 닥칠 때면, **"담대하라, 내가 세상을 이기었노라"**라고 안심시켜 주시는 주의 말씀을 즐겨 듣습니다.

오 주님, 주의 임재 안에서 저는 참으로 안전하고 무사하고 온전합니다!

승리하신 예수님의 이름으로 기도합니다. 아멘.

베드로전서 5:7, 시편 31:20, 요한계시록 2:4, 요한복음 16:33

그러나 여호와께서 기다리시나니 이는 너희에게 은혜를 베풀려 하심이요 일어나시리니 이는 너희를 긍휼히 여기려 하심이라 대저 여호와는 정의의 하나님이심이라 그를 기다리는 자마다 복이 있도다

이사야 30:18

영광의 하나님,

주님을 기다리는 자마다 복이 있다고 주께서 확실하게 말씀하십니다. 끈기 있게 기다리는 것이 쉽지 않지만 노력할 가치가 있음을 압니다. 저는 미리 계획하고 확실히 결정하여 일을 **성사시키는** 것을 좋아합니다. 물론 그래야 할 때도 있지만 지금은 기다릴 때이며, 주의 임재 안에 앉아 저의 전 존재로 힘써 주님을 신뢰할 때인 것 같습니다. 이 훈련이 분명 힘들기는 하지만 매우 즐겁습니다. 더욱이 풍성한 복도 가져다 주지요.

주께서 베풀어 주신 좋은 것들이 미래에도 많습니다. 주의 임재 안에서 안식하는 동안, 주님은 그 미래의 복을 받을 만하게 저를 준비시켜 주시지요. 그 복들은 미래의 신비에 가려져 있어 똑똑히 잘 볼 수 없습니다. 다른 복들은 현재를 위한 것들입니다. 주님을 기다리는 그 과정도 매우 유익하다는 걸 알았습니다. 덕분에 제 영혼은 주님의 주권과 선하심을 인정하며 설레는 마음으로 소망 중에 주님을 우러러봅니다. 왜 이렇게 오래 기다려야 하는지 이해하지 못해 힘들 때에는, **저의 명철을 의지하는** 대신 **마음을 다하여 주님을 신뢰**하는 데로 초점을 옮길 수 있도록 도와주소서.

소망으로 충만하신 예수님의 이름으로 기도합니다. 아멘.

이사야 30:18, 시편 40:1, 시편 143:8, 잠언 3:5

우리 영혼이 여호와를 바람이여 그는 우리의 도움과
방패시로다

시편 33:20

전능하신 주님,

주님은 저의 도움과 방패십니다. '저의'라고 하시니 감사합니다. 주님은 **막연한** 하나의 도움과 방패가 아니라 언제나 영원토록 '**저의**' 도움과 방패시지요. 주께서 영원토록 저를 위해 헌신하신다는 사실이 오늘 하루 주님과 동행하는 제게 힘과 격려가 됩니다. **주께서 결코 저를 떠나지 아니하신다**고 약속하셨으니 주님을 의지할 수 있습니다!

주님이 **저의 도움이시니** 저는 부족해도 두려워할 필요가 없지요. 제 앞에 놓인 일이 버거울 때는 주님을 의지함으로 소망을 얻습니다. 저의 부족함을 솔직하게 인정하고 무한히 풍족하신 주님을 신뢰합니다. **제게 능력 주시는 주님 안에서 저는 모든 것을 할 수 있습니다.**

저는 **저의 방패**이신 주님이 절대적으로 필요합니다. 주님이 많은 신체적, 정서적, 영적 위험에서 저를 지켜 주심을 압니다. 보호하시는 주님의 손길을 가끔 알아챌 때도 있지만, 분명히 주님은 제가 낌새도 못 채는 여러 위험에서도 저를 지키시지요. 주님의 막강하신 임재가 저를 지키심을 알기에 큰 위로가 됩니다. **주께서 저와 함께하시니 저는 해(害)를 두려워하지 않겠습니다.**

우리를 보호해 주시는 예수님의 이름으로 기도합니다. 아멘.

시편 33:20, 신명기 31:8, 빌립보서 4:13, 시편 23:4

여호와께 감사하라 그는 선하시며 그 인자하심이 영
원함이로다

시편 107:1, 43

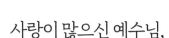

사랑이 많으신 예수님,

주님이 저를 다 아시고 완전한 사랑으로 끝없이 사랑하시니 기쁩니다! 누군가 저를 다 알게 되면 저를 얕잡아보고 비판할지도 모른다는 두려움에 괴롭습니다. 그래서 다른 사람들과 안전한 거리를 유지하고 무난해 보이는 부분만 내보이려 하지요. 이렇게 하는 것이 더 안전하기는 하지만, 외로움으로 이어집니다.

주께서 저의 방어와 가식을 꿰뚫어 보시니 감사합니다. 그 누구도 주님을 피해서 숨을 수 없지요! 주님은 저의 모든 것을 속속들이 아십니다. 주께서 저를 **온전히 아시면서도** 저를 즐거워하신다는 이 경이로움 속에서 안식하도록 도와주소서!

주님의 사랑을 얻으려고 애쓰는 대신 그 무엇도 저를 향한 주님의 사랑을 막을 수 없다는 진리 안에서 편히 쉴 수 있습니다. 제가 주님의 보배로운 피로 사신 주님의 것이기에 영원히 **받아들여졌으니까요.** 이 사실이 저의 내면에 스며들어 저의 자아상이 달라질 때까지 이 진리를 저 자신에게 거듭 되뇌어야 합니다. 주님께 받아들여졌음을 인식하며 사는 것이 곧 저 자신을 초월하여 기쁨에 이르는 길임을 주께서 보여 주셨지요.

환희에 차신 예수님의 이름으로 기도합니다. 아멘.

시편 107:1, 43, 고린도전서 13:12, 시편 149:4~5, 에베소서 1:5~6

너희가 피곤하여 낙심하지 않기 위하여 죄인들이 이
같이 자기에게 거역한 일을 참으신 이를 생각하라

히브리서 12:3

소중하신 예수님,

이 세상에는 부정적으로 생각되는 것들이 아주 많습니다. 때때로 저의
문제든 다른 사람들의 문제든, 문제가 제 관심을 끌려고 아우성치는 것
같습니다. 그 어려운 문제들이 점점 더 많이 제 생각을 지배하면 **피곤하
여 낙심**하게 되지요. 그럴 때는 생각의 주제를 제가 **선택할** 수 있음을 일
깨워 주소서. 낙심의 어둠 속에서 뒹굴기보다 주께 방향을 돌려 주의 빛
을 받을 수 있습니다.

과거에 잘못 선택했던 것 때문에 무너지지 않게 하소서. 과거에 마음
아팠던 결정에 근거하여 지금의 저를 평가하고 한정하지 않게 하소서.
매 순간이 주께 가까이 나아가 주님의 임재를 누릴 수 있는 새로운 기회
입니다. 힘들 때도 어려움에 집중하기보다 그냥 문제의 한가운데서 의지
적으로 **주님을** 구하게 하소서.

**"너희로 내 안에서 평안을 누리게 하려 함이라. 세상에서는 너희가
환난을 당하나 담대하라, 내가 세상을 이기었노라."** 주께서 격려해 주
시는 이 말씀이 좋습니다.

승리하신 예수님의 이름으로 기도합니다. 아멘.

히브리서 12:3, 시편 34:6~7, 요한복음 16:33

August

11

내가 너와 함께 있어 네가 어디로 가든지 너를 지키며 너를 이끌어 이 땅으로 돌아오게 할지라 내가 네게 허락한 것을 다 이루기까지 너를 떠나지 아니하리라 하신지라

창세기 28:15

늘 깨어 나를 지키시는 하나님,

"내가 너와 함께 있어 네가 어디로 가든지 너를 지키리라." 저를 안심시켜 주시는 주님의 이 말씀이 기쁩니다. 모험의 여정이 저를 기다리고 있지만, 그것을 내다보는 제 감정이 복잡합니다. 한편으로는 이 새로운 모험에 어서 뛰어들어 그 과정에서 만날 풍성한 복을 기대합니다. 그러나 다른 한편으로는 편안하고 예측 가능한 평범한 일상을 벗어나기가 두렵기도 합니다. 두려운 생각이 엄습할 때, 제가 어디에 있든지 주께서 늘 저를 지키신다는 것을 일깨워 주소서. 주의 임재의 위로가 영원히 약속되었으니 감사합니다!

앞날의 여정을 위해 매일매일 주의 임재를 연습하는 것이 필수 준비라고 주님이 가르쳐 주셨지요. 주님이 저와 함께 계시며 저를 돌보신다는 것을 계속 떠올려야 합니다. 인생길을 주님과 동행하면서, 제 손을 붙잡고 계신 주님의 강한 손을 상상하곤 합니다. **저를 인도하시며** 한 걸음씩 앞길을 보여 주실 주님을 신뢰하게 하소서. 주님의 방향 감각이 완벽하시니 저는 길을 잃을까 봐 걱정할 필요가 없고, 평생 주님과 함께한다는 이 신비를 기뻐하면서 주의 임재 안에서 안식할 수 있습니다!

우리를 위로해 주시는 예수님의 이름으로 기도합니다. 아멘.

창세기 28:15, 여호수아 1:9, 시편 32:8, 시편 48:14

그 옷과 그 다리에 이름을 쓴 것이 있으니 만왕의 왕
이요 만주의 주라 하였더라

요한계시록 19:16

왕이신 예수님,

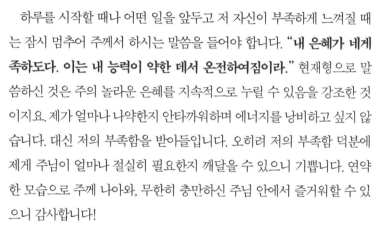

하루를 시작할 때나 어떤 일을 앞두고 저 자신이 부족하게 느껴질 때
는 잠시 멈추어 주께서 하시는 말씀을 들어야 합니다. **"내 은혜가 네게
족하도다. 이는 내 능력이 약한 데서 온전하여짐이라."** 현재형으로 말
씀하신 것은 주의 놀라운 은혜를 지속적으로 누릴 수 있음을 강조한 것
이지요. 제가 얼마나 나약한지 안타까워하며 에너지를 낭비하고 싶지 않
습니다. 대신 저의 부족함을 받아들입니다. 오히려 저의 부족함 덕분에
제게 주님이 얼마나 절실히 필요한지 깨달을 수 있으니 기쁩니다. 연약
한 모습으로 주께 나아와, 무한히 충만하신 주님 안에서 즐거워할 수 있
으니 감사합니다!

주님을 즐거이 의지하며 일하다 보면, 의외로 제가 해낼 수 있는 일이
많아서 놀라곤 합니다. 게다가 주님과 협력하면 일의 질도 크게 향상되
지요. **만왕의 왕이요 만주의 주이신** 주님과 함께 살고 함께 일하는 것은
정말 놀라운 특권입니다.

주님의 뜻에 저를 맞추고자 하오니, **주님이 기뻐하시는 산 제물이** 되
게 하소서. 주께서 이것을 예배라 말씀하셨으니, 저의 삶이 의미 있어지
고 즐거워집니다. 천국에서 저를 기다리고 있는, 말로 표현할 수 없는 영
광스러운 즐거움에 비하면 이것은 작은 맛보기에 불과함을 압니다.

기쁨이 충만하신 예수님의 이름으로 기도합니다. 아멘.

고린도후서 12:9, 요한계시록 19:16, 로마서 12:1, 베드로전서 1:8

그러므로 내가 그리스도를 위하여 약한 것들과 능욕
과 궁핍과 박해와 곤고를 기뻐하노니 이는 내가 약한
그때에 강함이라

고린도후서 12:9

위대하신 예수님,

주님을 의지하며 사는 것은 영광스러운 모험입니다! 대부분의 사람들
이 자신의 힘과 능력으로 일을 성취하려고 바쁘게 뛰어다닙니다. 그 중
보란 듯이 성공하는 사람도 있고 비참하게 실패하는 사람도 있지요. 하
지만 양쪽 다 진정한 삶의 의미를 놓치고 있습니다. 바로 주님과 함께 협
력하며 살아가고 일해야 한다는 것입니다. 주님, 주님을 더욱 더 의지하
도록 저를 훈련하여 주소서.

주님을 의지할 때 저의 관점이 완전히 달라집니다. 자연 발생과 '우연'
으로밖에 보지 못하는 사람들도 있지만, 저는 주님이 역사하시는 기적을
볼 수 있지요. 매일 아침 주님이 행하실 일을 어서 보고 싶은 마음에 즐
거운 기대감으로 하루를 시작합니다. **주님의 능력이 저의 약한 데서 온
전해짐을** 알기에, 연약함을 주님의 선물로 받아들입니다. 주님의 계획이
훨씬 더 나음을 알기에, 저의 계획은 임시로만 두지요. 주님이 제 안에 사
심을 즐거워하면서, 저는 의식적으로 **주님을 힘입어 살며 기동하며 존
재합니다.**

제가 주님 안에 있고 주님이 제 안에 계신 것이 얼마나 신기한지요!
저의 삶을 주님과 함께 나누는 이 친밀한 모험을 경험할 수 있으니 감사
합니다.

감동을 주시는 예수님의 이름으로 기도합니다. 아멘.

고린도후서 12:9, 사도행전 17:28(우리말성경), 요한복음 14:20

긍휼이 풍성하신 예수님,

제가 **침대에서 주를 기억하고 밤에 보초를 서면서도 주를 생각하게 하소서**. 밤에 잠 못 이룰 때면 생각이 사방에서 날아듭니다. 그 생각을 다스리지 않으면 불안해지기 시작하지요. 그럴 때는 무엇이든 마음에 있는 것을 주께 아뢰면서 **주님을** 생각하는 것이 가장 좋다는 것을 알았습니다. **주께서 저를 돌보시니 저의 염려를 다 주께 맡기라**고 말씀하십니다. 주께서 저를 돌보신다는 것을 알기에 주의 임재 안에서 편히 쉴 수 있습니다.

밤중에 주님을 기억하며 주님이 정말 어떤 분이신지 생각하려 합니다. 주님의 사랑, 기쁨, 평강 등 주의 완전하심을 묵상합니다. 목자, 구주, 임마누엘, 평강의 왕 같은 주님의 이름에서 위안을 얻습니다. 주님의 위엄과 지혜와 자비와 은혜를 즐거워하고, **주님이 만왕의 왕이요 만주의 주시니** 주의 권능과 영광도 즐거워합니다! 이렇게 주님을 예배하며 주의 임재를 누립니다. 이렇게 주님을 생각함으로 저의 전 존재가 새로워지고 생각이 명료해져, 매사를 주의 관점에서 볼 수 있게 해 주십니다.

새 힘을 주시는 예수님의 이름으로 기도합니다. 아멘.

시편 63:6(우리말성경), 베드로전서 5:7, 요한계시록 19:16

August

15

오직 주께서 각 사람에게 나눠 주신 대로 하나님이 각
사람을 부르신 그대로 행하라 내가 모든 교회에서 이
와 같이 명하노라

고린도전서 7:17

주권자이신 하나님,

주님이 제게 나누어 주신 삶에 충실하며 자족하게 하소서. 저의 상황을 다른 사람과 비교하며 불만을 느끼지 않도록 조심해야 합니다. 현재의 상황을 과거와 비교하거나, 현실과 동떨어진 환상과 비교하는 것도 상처가 된다는 것을 깨닫습니다. 오히려 최선을 다해, 주님이 제게 주신 삶을 저의 **소명으로** 받아들여야 합니다. 관점이 바뀌면 고통스럽고 어려운 환경에서 고통이 줄어들지요. 주님이 저를 어떤 상황으로 부르시든, 그 상황을 감당하는 데 필요한 모든 것을 주시고 그 속에서 기쁨까지 얻게 하실 줄 압니다.

주님께서 주권적으로 행하시는 방법들을 신뢰하도록 생각을 훈련시키시고, 주님의 신비롭고 무한하신 지성에 복종하게 하소서. 제게 주어진 하루의 세세한 것 속에서 주님을 찾고, 환난을 통해 이루어 가실 선을 기대하며 살펴야 하지요. 더 나은 미래에 대한 소망을 잃지 않으면서 현실을 그대로 받아들이는 법을 배우는 중입니다. 아울러 말할 수 없이 즐거운 삶이 저의 **궁극적** 부르심임을 알기에 하나님 나라의 소망이 즐겁습니다!

지극히 지혜로우신 예수님의 이름으로 기도합니다. 아멘.

고린도전서 7:17, 로마서 11:33~34, 빌립보서 4:12

나의 힘이시여 내가 주께 찬송하오리니 하나님은 나의 요새이시며 나를 긍휼히 여기시는 하나님이심이니이다

시편 59:17

기이하신 구주시여,

주님은 **저의 힘이시니** 주님 안에서 기쁨을 찾게 하소서. 특히 역경에 처했을 때 기쁨을 유지하는 것이 중요함을 압니다. 어려움을 겪을 때마다 저의 생각과 말을 각별히 지켜야 하지요. 잘못된 일에 너무 집중하면 점점 더 낙심되고 힘이 빠집니다. 무슨 일이 일어나고 있는지 깨닫는 순간 즉시 그 고통스러운 과정을 멈추어야 합니다. 얼른 주께 돌아서고, **제가 가야 할 길을 보여 달라고 간구하도록** 주님이 저를 훈련하셨습니다.

힘들 때일수록 시간을 내서 주님을 찬송해야 합니다. 말이나 노래로 주님을 예배하고, 성경에 말씀하신 약속과 찬송을 읽어야 하지요. **저의 힘이시여, 제가 주께 찬송합니다. 주님의 이름의 영광을 찬양합니다!**

저의 문제는 잠깐이지만 **주님은** 영원하시며 주님과의 관계도 그러함을 결코 잊어서는 안 됩니다. 주님 안에서 기쁨을 얻고 주의 **인자하심을** 즐거워하면 어김없이 힘이 솟아납니다.

영광스러우신 예수님의 이름으로 기도합니다. 아멘.

시편 59:17, 야고보서 1:2, 시편 143:8, 시편 66:1~2

예수께서 즉시 이르시되 안심하라 나니 두려워하지
말라

마태복음 14:27

온유하신 예수님,

처해 있는 상황 때문에 중압감을 느낄 때는, 시간을 내서 주님께 집중하며 주님의 음성을 듣도록 일깨워 주소서. "**안심하라. 나니 두려워하지 말라**" 하시는 주님의 말씀을 들으면 참 좋습니다.

스트레스를 받고 있을 때 주의 음성을 들으려면 많은 훈련과 신뢰가 필요하지요. 저의 생각이 정신없이 돌아가면 주님의 **세미한 소리가** 잘 들리지 않거든요. 그래서 제가 도움을 구할 때 마음을 진정시켜 주시는 성령님의 도우심이 참 감사합니다.

평강의 왕이신 주님이 늘 저와 함께 계셔서 기쁩니다. 주님은 저와 함께 계실 뿐 아니라 저의 상황 가운데 계셔서 제게 일어나는 모든 일을 주관하십니다! 주님은 결코 악을 지으신 분이 아니지만, 악을 취하여 선하게 사용하실 수 있음을 압니다. 이것이 항상 저의 고통을 없애 주지는 않지만, 그 고통을 반드시 구속(救贖)하셔서 의미를 부여하신다는 뜻이지요. 그러니 역경의 풍랑을 만날 때마다 "**안심하라. 나다**"라고 말씀하시는 주님의 음성을 듣겠습니다. 폭풍 속에서 주님의 변함없는 임재의 징후를 찾겠습니다. 주님이 약속하신 말씀처럼 **온 마음으로 주님을 구하면 주님을 찾을 것이요 주님을 만날 것입니다.**

우리를 평온하게 하시는 예수님의 이름으로 기도합니다. 아멘.

마태복음 14:27, 열왕기상 19:12, 이사야 9:6, 예레미야 29:13

보라 하나님은 나의 구원이시라 내가 신뢰하고 두려움이 없으리니 주 여호와는 나의 힘이시며 나의 노래시며 나의 구원이심이라

이사야 12:2

장엄하신 하나님,

주님을 신뢰하고 두려움이 없도록 도와주소서. 세상의 사건들과 뉴스 보도들을 보면 무서워질 때가 있습니다. 하지만 그런 뉴스가 편향되어 있음을 알게 됩니다. 마치 주님이 존재하지 않으시는 것처럼 보도되지요. 뉴스는 현재 사건의 작은 편린을 보여 주며, 세상에 임재하시는 주님 이야기는 더 중요한 요인임에도 신중히 배제되지요. 언론인들이 방대한 양의 정보를 분류할 때 **주님과** 주님이 이 지구상에서 이루고 계신 일은 모조리 걸러내기 마련입니다.

세상이 무섭게 느껴질 때마다, 주님을 의지하며 주의 임재 안에서 힘을 얻어야 합니다. 저는 다윗에게 영적 감화를 얻습니다. 부하들이 돌로 치려 했을 때 다윗은 **주님을 힘입고 용기를 얻었지요.** 다윗처럼 저도 주님이 누구신지 기억함으로 용기를 얻을 수 있습니다. 주님의 장엄하신 권능과 영광을 묵상하고 주의 **인자하심을** 즐거워하면서요. 모험의 여정에 주님과 동행하고 있고 최종 목적지가 하나님 나라이니 기쁩니다!

늘 주께 집중하며 주님과의 풍성한 관계를 받아 누리면 두려움이 점차 잦아듭니다. **주님이 저의 힘이시고 노래시니 제가 신뢰하고 두려움이 없겠습니다.**

비할 데 없는 예수님의 이름으로 기도합니다. 아멘.

이사야 12:2, 사무엘상 30:6, 시편 33:5

내 양은 내 음성을 들으며 나는 그들을 알며 그들은 나를 따르느니라 내가 그들에게 영생을 주노니 영원히 멸망하지 아니할 것이요 또 그들을 내 손에서 빼앗을 자가 없느니라

요한복음 10:27-28

나의 구세주이신 예수님,

성경을 통해 주님이 주시는 이 말씀이 참 좋습니다. "**내가 너에게 영생을 주노니 영원히 멸망하지 아니할 것이요 또 너를 내 손에서 빼앗을 자가 없느니라.**" 놀랍도록 기쁜 소식입니다! 주님이 **하늘에 간직하신 썩지 않고 더럽지 않고 쇠하지 아니하는 유업**을 약속하셨습니다.

주님의 선물인 영생은 아무리 어두운 날에도 저를 비추는 빛입니다. 이 빛이 저를 불러 앞으로 나아가게 하고, 낙심에 빠지지 않게 지켜 줍니다. 그러니 역경이나 세상의 악한 것들에 쓰러지지 않을 수 있습니다. 대신 저 멀리 지평선 너머에서 저를 기다리고 있는 빛나는 영광을 바라봅니다.

하나님 나라를 향해 가려면 깊은 물도 지나야 함을 압니다. 그런데 주님은 "**네가 물 가운데로 지날 때에 내가 너와 함께할 것이라. 물이 너를 침몰하지 못할 것이며**"라고 약속해 주셨지요. 주께서 저를 사랑하심과 **아무것도 저를 주님에게서 끊을 수 없음**을 확신하면서, 늘 주님을 신뢰하며 맡길 수 있도록 도와주소서. 힘든 앞날을 겁내기보다 매일의 삶 속에서 주님과 동행하는 모험을 즐기고 싶습니다.

예수님의 강하고 든든하신 이름으로 기도합니다. 아멘.

요한복음 10:27~28, 베드로전서 1:3~4, 이사야 43:2, 로마서 8:39

영원하신 하나님이 네 처소가 되시니 그의 영원하신 팔이 네 아래에 있도다 그가 네 앞에서 대적을 쫓으시며 멸하라 하시도다

신명기 33:27

사랑하는 예수님,

주님의 생각을 점점 더 많이 품을 수 있게 도와주소서. 세상 염려에 짓눌릴 때, 주의 임재 안에서 생각을 정리하는 시간을 가져야 합니다. 주님 곁에서 긴장을 풀면 주의 **영원하신 팔이** 저를 평강으로 품어 주시지요. 고민에 집착하던 데서 벗어나 **주님을 앙망하는** 이 시간을 즐기는 것이 얼마나 큰 복인지요.

고요한 시간 중간중간 성경을 읽고 말이나 노래로 주님을 찬송하곤 합니다. 성경 말씀에 의지하여 기도하고 간구할 수 있도록 인도해 주시니 감사합니다. 제 기도에 말씀이 스며들면 더 담대히 기도할 수 있습니다.

마음을 새롭게 함으로 변화를 받고 싶습니다. 전자기기로 쉴 새 없이 소통하다 보니 주님께 집중하기가 점점 더 어려워집니다. 세상의 틀대로 맞춰가지 않도록 제 생각을 변화시켜 주소서. 제 마음을 새롭게 하셔서 저의 생각과 태도에 계속 **주님이** 더 반사되기를 소원합니다.

우리를 변화시켜 주시는 예수님의 이름으로 기도합니다. 아멘.

신명기 33:27, 시편 34:5, 히브리서 4:12, 로마서 12:2

보라 처녀가 잉태하여 아들을 낳을 것이요 그의 이름
은 임마누엘이라 하리라 하셨으니 이를 번역한즉 하
나님이 우리와 함께 계시다 함이라

마태복음 1:23

임마누엘이시여,

이 불안하고 동요하는 세상에서 가만히 있기가 점점 어려워집니다. 주님을 위한 시간을 떼어내려면 정말 싸워야 하지요. 주님과 함께 잠잠히 앉아 있으려고 하면 사방에서 방해거리가 달려듭니다. 하지만 주님과 친밀하게 교제하기 위해서라면 싸울 가치가 있으니 포기하지 않으렵니다!

방해받지 않는 시간을 떼어 주님과 함께 보내며, 주님과 말씀에 집중할 수 있게 도와주소서. **임마누엘** 하나님이 **우리와 함께 계시니** 너무나 감사합니다. 주의 평안한 임재 안에서 긴장을 풀고 고민을 내려놓으면 **"너희는 가만히 있어 내가 하나님 됨을 알지어다"**라고 속삭이시는 주의 음성을 들을 수 있습니다.

주님을 바라보는 시간이 길어질수록 주의 장엄한 영광을 더욱 기뻐할 수 있고, 주님의 주권적인 통치를 더 신뢰할 수 있습니다. **땅이 변하든지 산이 흔들려 바다 가운데에 빠지든지 주님은 저의 피난처십니다.** 주님, 주의 임재 안에 세상을 초월한 안정이 있습니다. 주님의 광대하신 권능과 영광을 묵상할 때 저의 관점이 변하여 문제가 작아 보일 것입니다. **세상에서는 제가 환난을 당할 것**을 알지만, **주님이 세상을 이기셨다**는 확신에 용기를 얻습니다.

세상을 이기신 예수님의 이름으로 기도합니다. 아멘.

마태복음 1:23, 시편 46:10, 시편 46:1~2, 요한복음 16:33

August

22

아무 것도 염려하지 말고 다만 모든 일에 기도와 간구로, 너희 구할 것을 감사함으로 하나님께 아뢰라 그리하면 모든 지각에 뛰어난 하나님의 평강이 그리스도 예수 안에서 너희 마음과 생각을 지키시리라

빌립보서 4:6~7

귀하신 예수님,

하루가 엉망인 날에도 주님을 신뢰하도록 도와주소서. 주변에 벌어지는 일 때문에 내면의 평정심, 주의 임재 안에서 누리는 평강을 잃고 싶지 않습니다. 덧없는 세상에 살고 있지만, 저의 속사람의 뿌리와 근거는 영원 속에 있음을 압니다. 스트레스가 느껴지면 주변의 방해에서 벗어나야 합니다. 제가 계속 상황을 통제하려는 노력을 그치면, 주께서 능력을 주셔서 주님의 주권적 통치 안에서 편히 쉴 수 있게 하시지요. **지각에 뛰어난 주님의 평강을** 받게 하십니다.

주님의 말씀은 제게 **주님의 얼굴을 항상 구하라고** 가르칩니다! 주님의 생각을 제게 나누어 주시고, 제 눈을 열어 매사를 더욱더 주님의 관점에서 보게 하소서. 주께서 들려주시는 이 말씀이 좋습니다. "**너희는 마음에 근심하지도 말고 두려워하지도 말라. 담대하라, 내가 세상을 이기었노라.**" 주님, 어떤 상황에서도 주님이 주시는 평강으로 충분하니 기쁩니다!

예수님의 전능하신 이름으로 기도합니다. 아멘.

빌립보서 4:6~7, 시편 105:4, 요한복음 14:27, 요한복음 16:33

우리가 다 수건을 벗은 얼굴로 거울을 보는 것 같이
주의 영광을 보매 그와 같은 형상으로 변화하여 영광
에서 영광에 이르니 곧 주의 영으로 말미암음이니라

고린도후서 3:18

자비로우신 예수님,

저의 생각과 마음은 물론 제 삶의 엉킨 것들을 풀어 주소서. 얽히고설켜 아직 해결되지 않은 문제를 들고, 이 모습 이대로 주께 옵니다. 다른 사람들의 문제와 뒤얽혀 어디까지가 제 문제고 어디부터가 그 사람들의 문제인지 구분하기도 어렵습니다. 저의 실수와 죄는 제가 책임지되, 남의 죄와 실패에까지 책임감을 느끼고 싶지 않습니다. 복잡한 상황을 잘 풀어내 최선의 길을 찾도록 도와주소서.

그리스도인의 성장은 평생동안 이룰 변화에 관한 것임을 압니다. 제 과거의 어떤 매듭들은 풀기 매우 어려운데, 특히 계속해서 제게 상처 주는 사람들과 관련된 매듭은 더욱 그렇습니다. 해결 방법에 집착하기보다 계속 주께 향하여 주의 뜻과 **주의 얼굴을 찾게** 하소서. 주님 곁에서 기다리오니, 엉킨 것들을 주님의 타이밍에 풀어 주실 것을 믿고 편히 쉬도록 도와주소서. 해결되지 않은 문제와 더불어 살되 그것 때문에 주님을 놓치지 않으며 살아가는 방법을 가르쳐 주소서. 주님의 변함없는 임재가 저의 **기업이고** 무한한 복이니 기쁩니다!

예수님의 웅대하신 이름으로 기도합니다. 아멘.

고린도후서 3:18, 역대상 16:11, 예레미야애가 3:24

그런즉 이 일에 대하여 우리가 무슨 말 하리요 만일
하나님이 우리를 위하시면 누가 우리를 대적하리요

로마서 8:31

승리하신 하나님,

하나님이 저를 위하시면 누가 저를 대적하겠습니까! 주님이 정말 저를 **위하신다는** 것을 마음 깊이 깨닫게 하소서. 일이 뜻대로 풀리지 않거나 믿었던 사람이 제게 등을 돌리면 버림받은 심정이 들기 쉽습니다. 그럴 때는 주님이 늘 저와 **함께** 계실 뿐 아니라 항상 저를 **위하신다는** 이 진리를 꼭 일깨워 주소서. 이 진리는 제가 잘하는 날이든 그렇지 못한 날이든, 혹은 사람들이 제게 잘해 줄 때든 그렇지 못할 때든 변함이 없지요.

주님이 저를 **위하신다는** 것을 온 마음으로 신뢰하면 역경에 더 침착하고 용감하게 맞설 수 있습니다. 주님이 결코 저를 저버리지 않으심을 알기에 힘들 때도 자신있게 인내할 수 있지요. 저는 영원히 주님의 것이므로 저를 **인정해 주시는** 주의 임재 안에 늘 있습니다. 결국 중요한 것은, 아니 영원토록 계속 중요한 그것은 **주님이** 저를 어떻게 보시느냐이니 감사하지 않을 수 없습니다. 또한 **어떤 피조물이라도 저를 주님의 사랑에서 끊을 수 없으니** 기쁩니다!

천하무적이신 예수님의 이름으로 기도합니다. 아멘.

로마서 8:31, 마태복음 28:20, 민수기 6:26, 로마서 8:39

그러나 이제 그리스도께서 죽은 자 가운데서 다시 살아나사 잠자는 자들의 첫 열매가 되셨도다 사망이 한 사람으로 말미암았으니 죽은 자의 부활도 한 사람으로 말미암는도다

고린도전서 15:20~21

즐거움을 주시는 예수님,

하나님 나라가 현재이자 미래에 있음을 알려 주셔서 감사합니다. 주의 손을 잡고 인생길을 걸으며 저는 이미 하나님 나라의 본질을 접하고 있습니다. 바로 주님과 가까이 지내는 것이지요! 주님과 함께 걷노라면 하나님 나라의 아름다운 징후들이 느껴집니다. 이 땅은 주의 임재로 눈부시게 활기가 넘치고, 반짝이는 햇살은 제 마음을 깨워 주님의 찬란한 빛을 슬며시 환기시킵니다. 새와 꽃과 나무와 하늘은 주님의 거룩하신 이름을 찬양하는 마음을 불러일으키지요. 주의 사랑의 빛 가운데 걸어가는 동안, 하나님의 빛나는 창조 세계에 마음이 활짝 열릴 수 있도록 도와주소서.

이 여정 끝에 천국 문이 있으니 기쁩니다. 그 종착지에 언제 도착할지 **주님만이** 아시지만, 그때를 위해 주께서 저의 걸음마다 저를 빚으시고 계심을 믿습니다. 영원한 본향을 확실히 믿으니 **저는 기쁨과 평강이 충만합니다.** 너무 이르지도 너무 늦지도 않은 완벽한 주님의 시간에 제가 그 영광스러운 안식처에 도착할 것을 압니다. 주님과 함께 **생명의 길을** 걷는 동안, 하나님 나라에 대한 확실한 소망이 제게 힘과 용기를 줍니다!

하늘에 계신 예수님의 이름으로 기도합니다. 아멘.

고린도전서 15:20~23, 히브리서 6:19, 로마서 15:13, 시편 16:11

주께서 내 원수의 목전에서 내게 상을 차려 주시고 기름을 내 머리에 부으셨으니 내 잔이 넘치나이다

시편 23:5

놀라우신 주님,

요즘은 제 삶이 풍요로운 때여서, 많은 복으로 **제 잔이 넘칩니다.** 몇 주 동안 오르막길을 터벅터벅 지나온 뒤라 지금은 햇빛 가득한 푸른 초장을 산책하는 기분입니다. 이 편안하고 상쾌한 시간을 최대한 즐길 수 있도록 도와주소서. 이런 시간을 주심에 감사합니다!

때때로 손을 벌려 주님의 좋은 선물을 받는 것이 망설여질 때가 있습니다. 잘못된 죄책감이 제가 그토록 풍성한 복을 받을 자격이 없으니 선물을 받아서는 안 된다고 속삭이지요. 하지만 이것이 실없는 생각임을 압니다. 주님께 무엇 하나라도 좋은 것을 받을 **자격이 있는** 사람은 아무도 없으니까요. 주님의 나라는 자격으로 얻어내는 것이 **아니라** 믿음으로 받는 것이니 얼마나 기쁜지요!

주의 은혜로운 선물 받기를 주저하기보다 주님의 모든 복을 감사하는 마음으로 받고 싶습니다. 그러면 주시는 주님의 즐거움과 받는 저의 즐거움이 기쁘게 함께 어우러질 수 있지요.

예수님의 너그러우신 이름으로 기도합니다. 아멘.

시편 23:5, 요한복음 3:16, 누가복음 11:9~10, 로마서 8:32

나의 힘이신 여호와여 내가 주를 사랑하나이다 여호와는 나의 반석이시요 나의 요새시요 나를 건지시는 이시요 나의 하나님이시요 내가 그 안에 피할 나의 바위시요 나의 방패시요 나의 구원의 뿔이시요 나의 산성이시로다

시편 18:1~2

나의 힘이신 주님,

주께 의지하며 사는 것이 풍성한 삶을 누리는 길임을 주께서 가르쳐 주셨습니다. 힘든 때일수록 주의 임재를 더 풍성히 알게 되니, 어려울 때 감사하는 법을 배우고 있습니다. 이전에 두려워하던 일들이 지금은 가까이 계신 주님을 누리는 값진 기회가 됩니다. 특히 지칠 때 주님이 **저의 힘이심을** 기억하는 것이 즐겁습니다. 주님을 의지하는 것이 점점 더 자연스럽고 즐거워지고 있지요.

더 꾸준히 주께 집중하도록 도와주소서. 혼자 있을 때는 그렇게 하는 것이 비교적 쉽지만, 솔직히 다른 사람들과 함께 있을 때는 주님의 임재를 자주 놓치곤 합니다. 사람들의 기분에 맞추려는 성향 때문에 남들을 신경 쓰다가 그 사람들을 가장 중심에 두곤 하지요. 다행히 "예수님" 하고 작은 소리로 주의 이름을 부르면 금방 주께 돌아올 수 있습니다. 이 작은 믿음의 행동 덕분에 주님을 제 생각의 앞자리에 모실 수 있습니다. 거기가 본래 주님의 자리지요. 주님이 가까이 계시는 복 안에서 안식하면, 주님의 생명이 저를 통해 흘러나가 다른 사람들도 복되게 할 수 있습니다. 주님이 세상에 오신 것은 **우리로 생명을 얻게 하고 더 풍성히 얻게 하기 위해서입니다!**

풍성하게 베푸시는 예수님의 이름으로 기도합니다. 아멘.

시편 18:1~2, 잠언 29:25, 요한복음 10:10

여호와여 그러하여도 나는 주께 의지하고 말하기를 주는 내 하나님이시라 하였나이다 나의 앞날이 주의 손에 있사오니 내 원수들과 나를 핍박하는 자들의 손에서 나를 건져 주소서

시편 31:14~15

신실하신 하나님,

저의 앞날이 주의 손에 있으므로 어떤 환경에 처하든 저의 최선의 반응은 **주님을 의지하는** 것입니다. 늘 변하는 불확실한 가운데서도 안정감을 느끼도록 저를 훈련 중이시지요. 삶이 제 소관이 아님을 깨달으면 실제로 안도할 수 있다는 것을 알게 되었습니다. 인간의 한계를 받아들이고 주님의 주권 안에서 안식하면 점점 더 자유로워지지요.

수동적인 태도나 운명론에 빠지지 않고 주님이 주신 에너지와 능력을 **기도하는** 마음으로 구사하는 것이 중요함을 압니다. 모든 일에 기도하며 매 순간 주님을 찾으라고 가르쳐 주셨지요. 주님은 뜻밖의 일들로 우리를 놀라게 하시는 하나님이심을 알기에, 예상치 못한 곳에서 주님을 찾는 법을 배우는 중입니다!

이날은 주께서 정하신 것이니 이날에 즐거워하도록 도와주소서. 하루의 모든 일들 세세한 것까지 주의 뜻대로 지휘하소서. **저의 앞날**을 주관하시는 분이 하나님이시니, 더 빨리 일을 이루려고 아등바등 애쓰면서 불안해할 필요가 없습니다. 서두르는 것과 염려는 서로 단짝처럼 같이 생기는데, 주님은 제게 **염려하지 말라고** 가르치셨지요. 그러니 주께서 속도를 정해 주시고, **모든 지각에 뛰어난 평강의** 복을 주소서.

신뢰받기에 합당하신 예수님의 이름으로 기도합니다. 아멘.

시편 31:14~15, 시편 118:24, 빌립보서 4:6~7

이러한 백성은 복이 있나니 여호와를 자기 하나님으로 삼는 백성은 복이 있도다

시편 144:15

복되신 예수님,

행복해지는 것을 두려워하지 않도록 도와주소서. 가끔 걱정 없는 순간에 문득 불안할 때가 있습니다. 해야 할 일이나 짜야 할 계획은 없는지 궁금해지기 시작합니다. 기본적으로 경계를 늦추고 그냥 순간을 음미하는 것은 왠지 안심할 수 없다고 생각합니다. 하지만 이런 생각이 다 잘못된 것임을 압니다. 저는 주님의 것이므로 심히 망가진 세상에서도 마땅히 어느 정도의 행복을 누릴 수 있으니까요.

성경은 제게 노력을 멈추고 **가만히 있어 주님이 하나님이심을 알라**고 하십니다. 주께 내려놓고 긴장을 풀라고 가르치시지요. 전에는 상황이 다 정돈되어 있어야만 긴장을 풀고 주의 임재를 누릴 수 있다고 생각했습니다. 그런데 이 말씀의 전체 문맥을 보니 **"땅이 변하든지 산이 흔들려 바다 가운데에 빠지든지"**라고 하십니다. 이것은 시편 저자가 무서운 재앙을 묘사한 표현이지요! 그러니 저도 감히 행복해지기에 앞서 모든 문제가 해결될 때까지 기다릴 필요가 없습니다. 바로 지금 이 순간이 **주님을 기뻐하기에** 딱 좋은 때입니다.

주 예수님, 바로 지금 여기서 주님을 즐거워하겠습니다!

기쁨이 넘치시는 예수님의 이름으로 기도합니다. 아멘.

시편 144:15, 시편 46:10, 시편 46:1~2, 시편 37:4

끝으로 형제들아 무엇에든지 참되며 무엇에든지 경
건하며 무엇에든지 옳으며 무엇에든지 정결하며 무
엇에든지 사랑 받을 만하며 무엇에든지 칭찬 받을 만
하며 무슨 덕이 있든지 무슨 기림이 있든지 이것들을
생각하라

빌립보서 4:8

사랑스러우신 주 예수님,

오늘 하루를 헤쳐나갈 때 올바른 방향을 보도록 도와주소서. 저를 둘
러싼 세상에는 밝고 아름다운 풍경도 있고 어둡고 흉한 황무지도 있습니
다. 옳은 쪽, 즉 **참되며 경건하며 사랑받을 만한** 것을 보면 격려가 되고
힘이 나지요. 주님이 저를 창조하실 때 아름다움과 선을 즐길 수 있는 놀
라운 능력을 주셨으니까요. 제 영혼이 이런 복에 깊게 울리며 거기서 힘
을 얻습니다.

날마다 저를 움츠리게 하는 잘못되고 흉한 것들과 마주칩니다. 잘 대
응하되 거기에 치중하지 않게 도와주소서. 그 문제들을 주님께 가져와
주의 관점을 구해야 합니다. 그러면 계속 가벼운 마음으로 길을 갈 수 있
지요. "사랑하는 자여, **옳은** 쪽을 보라"라고 하시는 주님의 말씀을 들을
때마다 제게 복이 됩니다.

이 타락한 세상은 결코 저를 충분히 만족시킬 수 없습니다. 저는 늘 온
전해지기를 갈망하는데, 그 깊은 갈망은 오직 **주님만이** 채우실 수 있지
요. 주님은 온전하시고 거룩하신 분이심에도, 죄로 물든 세상을 살아가
는 저를 가까이 하시기로 선택하셨습니다. 주님을 향해 옳은 길, 복된 길
을 바라볼 때, **주님 앞에 있는 기쁨**이 저를 환히 비추십니다.

온전하시고 거룩하신 예수님의 이름으로 기도합니다. 아멘.

빌립보서 4:8, 민수기 6:24~25, 사도행전 2:28

옛적에 여호와께서 나에게 나타나사 내가 영원한 사랑으로 너를 사랑하기에 인자함으로 너를 이끌었다 하였노라

예레미야 31:3

나의 멋진 동반자 예수님,

주님께 즐거이 의존하는 사랑의 매는 줄을 믿으며, 주님과 늘 가까이 동행하고 싶습니다. 주님의 동행은 주께서 완전하고 **영원한 사랑으로** 저를 사랑하신다는 성경의 귀한 약속으로 빛을 발합니다. 주님은 삶의 모든 순간에 항상 저와 함께 계시지요. 저의 모든 것을 아시며, 저의 죗값을 이미 다 치르셨습니다. **저를 위하여 하늘에 간직된 기업은 썩지 않고 더럽지 않고 쇠하지 않습니다.** 주께서 저의 삶을 통해 저를 인도하시고, **후에는 영광으로 저를 영접하실** 것입니다!

주님은 의존이 인간의 필수 요소임을 보여 주셨고, 제가 주님을 계속 의지하도록 지으셨지요. 그러니 제게 주님이 늘 필요한 것을 복으로 여기게 하소서. 의존성을 받아들이고 스스로 서려는 노력을 그치면, 주의 사랑의 임재를 더 잘 느낄 수 있습니다. 주님, 저를 주께로 더 가까이 이끄셔서 경이로운 주님과의 동행을 누릴 수 있게 하소서.

즐거이 주를 의지하며 인생길에 주님과 동행하도록 초대해 주시니 기쁩니다. "사랑하는 자여, 내가 너와 함께 있느니라"라고 말씀하시는 주님의 속삭임도 참 듣기 좋습니다.

놀라우신 예수님의 이름으로 기도합니다. 아멘.

예레미야 31:3, 에베소서 1:7~8, 베드로전서 1:3~4, 시편 73:24

September

이는 나 여호와 너의 하나님이
네 오른손을 붙들고 네게 이르기를
두려워하지 말라 내가 너를 도우리라
할 것임이니라

이사야 41:13

우리가 이 보배를 질그릇에 가졌으니 이는 심히 큰 능력은 하나님께 있고 우리에게 있지 아니함을 알게 하려 함이라

고린도후서 4:7

영광의 구주시여,

주님의 사랑과 기쁨과 평안으로 저를 점점 더 충만하게 하소서! 이 모든 것이 살아 계신 주님의 임재에서 흘러나오는 영광의 선물입니다. 제가 **질그릇**에 불과함을 알지만, 주께서 하늘의 보배로운 것들이 넘치도록 저를 지으셨으니 기쁩니다. 저의 연약함이 성령 충만을 가로막지 못한다는 것을 배웠습니다. 오히려 저의 부족함이 주님의 능력이 더 밝게 빛나게 할 완벽한 무대가 되니 감사합니다.

주님과 동행하는 오늘, 주께서 매 순간 필요한 힘을 공급해 주심을 계속 신뢰하도록 도와주소서. 오늘의 여정에 쓸 힘이 충분한지 따지느라 소중한 에너지를 낭비하고 싶지 않습니다. 오히려 무슨 일이 닥치든 제 안에 계신 성령으로 말미암아 넉넉히 감당할 수 있음을 알고 안식할 수 있지요.

주님, 주님은 제게 필요한 모든 것을 주시는 분입니다. 주님 앞에서 **잠잠하고**(주님과 단둘이 시간을 보내고) 확신으로 주님을 **신뢰**(주님의 충족하심을 의지)할 때 **힘을 얻습니다.**

예수님의 권능의 이름으로 기도합니다. 아멘.

고린도후서 4:7, 에베소서 3:16, 이사야 30:15

나는 포도나무요 너희는 가지라 그가 내 안에, 내가 그 안에 거하면 사람이 열매를 많이 맺나니 나를 떠나서는 너희가 아무 것도 할 수 없음이라

요한복음 15:5

사랑하는 예수님,

어려운 일을 만나면 저는 본능적으로 한탄하거나 피하곤 합니다. 하지만 이런 문제들은 우연히 일어난 오류가 아니라, 주님이 저의 유익과 성장을 위해 맞춤형으로 고안하신 복이라는 것을 주님이 보여 주셨습니다. 주께서 제 삶에 허락하신 모든 환경을 받아들이게 하시고, 이를 통해 선을 이루실 주님을 신뢰하게 하소서. 문제를 겁내기보다 주님을 더 온전히 의지할 기회로 보고 싶어요.

스트레스를 받기 시작할 때마다 그 감정을 계기로 제게 주님이 필요함을 상기할 수 있습니다. 그러면 힘든 일이 오히려 주님을 더 깊이 의지하는 통로가 되니 저는 주님과 더욱 친밀해지지요. 자급자족하는 것이 세상에서는 인정 받지만, 우상 숭배의 한 형태라는 것을 깨닫습니다. 스스로 서려고 애쓰기보다 더욱 주님을 의지하며 자라게 하소서.

주님, 이 타락한 세상에서 제가 부딪히게 되는 어려움으로 인해 감사드립니다. 영원히 주님과 동행하면서, 주의 영광스러운 임재 안에서 끝없이 문제없는 삶을 누릴 그날을 고대합니다!

거룩하시고 장엄하신 예수님의 이름으로 기도합니다. 아멘.

요한복음 15:5, 고린도후서 4:7~8, 에베소서 5:20

나의 힘이시여 내가 주께 찬송하오리니 하나님은 나
의 요새이시며 나를 긍휼히 여기시는 하나님이심이
니이다

시편 59:17

나를 긍휼히 여기시는 하나님,

주님이 **저의 힘이십니다!** 이 약속은 격려와 소망으로 가득한 생명줄이며, 언제나 저와 함께하시지요. 저 스스로 강하다고 느껴지는 날에는이 진리의 말씀이 감사하기는 해도 강하게 와 닿지 않습니다. 오히려 제가 약할 때 이 안전한 생명줄을 꼭 붙들며 감사하게 되지요. 언제라도 **"주여, 나를 구원하소서"** 하고 주님께 부르짖을 수 있음을 압니다.

변함없는 **주님의 사랑하심으로 저를 구원해 주시니** 감사합니다. 힘겹게 나아가다 가라앉는 것처럼 느껴질 때면 반드시, 저를 실망시키지 않으시고 제 목숨까지도 맡길 수 있는 것을 붙들어야 합니다. 주님의 강한임재가 제게 힘을 주실 뿐 아니라 저를 고이 품고 놓지 않으십니다. 주께서 항상 저를 꼭 붙잡고 계심을 잊지 않게 하소서.

주님이 늘 가까이 계시니 제가 약해짐을 두려워할 필요가 없습니다.오히려 **주님의 능력이 저의 약한 데서 온전해진다고** 말씀하셨으니까요.주님의 능력과 저의 약함은 손에 꼭 맞는 장갑처럼 서로 꼭 들어맞지요.언제나 함께하시는 주님의 능력을 믿으며, 저의 약함을 감사할 수 있게하소서.

강하신 예수님의 이름으로 기도합니다. 아멘.

시편 59:17, 마태복음 14:30, 시편 31:16, 고린도후서 12:9

오 백성들아, 언제든지 그분을 의지하라. 너희 마음을
그분께 쏟아 놓으라. 하나님이 우리 피난처시다

시편 62:8 (우리말성경)

전능하신 하나님,

저의 삶이 암울하고 위태롭게 보여 주께 더 가까이 나아옵니다. 주님이 들으시고 돌보심을 믿으며 **저의 마음을 주님께 쏟아 놓습니다.** 이 타락한 세상의 일들이 완전히 통제 불능으로 보일 때도 주께서 주관하고 계심을 알기에 주님의 주권에서 큰 위안을 얻습니다.

망가진 세상에서 고군분투할 때 말씀이 큰 힘과 격려가 됩니다. 잔혹한 바벨론이 유다를 침공하기 전 하박국 선지자가 기록한 말씀이 특히 위안이 됩니다. 지극히 절망적인 상황을 묘사한 뒤에 이렇게 결론을 맺었지요. **"나는 여호와로 말미암아 즐거워하며 나의 구원의 하나님으로 말미암아 기뻐하리로다."**

주님, 저의 깊은 염려에 대해 주님과 씨름할 수 있게 해 주셔서 감사합니다. 하박국에게 하셨던 것처럼 저를 확신 있는 신뢰와 초월적인 기쁨의 자리로 인도하소서. 주님의 신비로운 길을 이해할 수 없어도, 주님께 **소망을 두고, 살아계신 주님의 도우심을 구하며 주님을 찬양할 수 있습니다. 주님은 저의 힘이십니다!**

우리의 소망이신 예수님의 이름으로 기도합니다. 아멘.

시편 62:8(우리말성경), 하박국 3:17~19, 시편 42:5

September

만물이 그에게서 창조되되 하늘과 땅에서 보이는 것
들과 보이지 않는 것들과 혹은 왕권들이나 주권들이
나 통치자들이나 권세들이나 만물이 다 그로 말미암
고 그를 위하여 창조되었고

골로새서 1:16

소중하신 예수님,

제 삶은 주님의 귀한 선물입니다. 그러므로 두 손을 활짝 펴고 마음을 열어 선물로 주신 이 날을 감사함으로 받습니다. 주님을 친구와 구주로 대하는 것도 참 좋지만, 주님이 저의 창조주 하나님이심도 기억해야 합니다. 성경에 선포되어 있듯이 **만물이 다 주님으로 말미암고 주님을 위하여 창조되었**으니까요. 주님이 선물로 주신 이 하루를 살아가는 동안, 주의 변함없는 임재의 징후를 찾을 수 있게 도와주소서. 제 마음의 주파수를 주께 맞추어 **"내가 너와 함께 있어 네가 어디로 가든지 너를 지키리라"**라고 속삭이시는 주님의 음성을 듣게 하소서.

밝고 기쁜 날에는 주님이 주신 '즐거움'을 주께 아뢸 수 있습니다. 그 즐거움에 감사드리면 저의 기쁨이 기하급수적으로 커지지요! 어둡고 힘든 날에는 주님을 믿고 의지하는 마음으로 주의 손을 잡을 수 있습니다. **저를 도우신다는** 주님의 약속을 붙들 수 있지요.

몸의 생명도 놀라운 선물이지만 제 영의 생명이 **무한한** 가치가 있는 보화입니다. 저는 주님의 것이니, 결코 병들거나 지치지 않는 영화로운 몸을 누리면서, 영원히 주님과 함께 동행하렵니다. **은혜에 의하여 믿음으로 말미암아** 구원받게 하신 이 귀중한 선물을 주셔서 감사합니다!

우리를 구원하시는 예수님의 이름으로 구원합니다. 아멘.

골로새서 1:16, 창세기 28:15, 이사야 41:13, 에베소서 2:8

곧 그 아이의 아버지가 소리를 질러 이르되 내가 믿나
이다 나의 믿음 없는 것을 도와 주소서 하더라

마가복음 9:24

신뢰받기에 합당하신 예수님,

저의 믿음 없는 것을 도와주소서! 무슨 일이 닥치든 "예수님, 주님을 신뢰합니다"라고 말하는 습관을 새로 익히는 중입니다. 쉽지는 않지만 그만한 가치가 있음을 알게 되었습니다. 주님을 신뢰하는 마음을 자꾸 고백하면 그 어떤 상황에서도 **주님을** 볼 수 있으니까요.

주님이 참으로 신뢰받기에 합당하신 분임을 생각하는 시간이 좋습니다. **주님의 인자하심을** 즐거워하고 **주의 권능과 영광을** 묵상하며 보내는 시간이 즐겁습니다. 만물을 주관하시는 주님의 주권을 인정하면, 임재하시는 주님의 빛을 통해 모든 것을 바라볼 수 있지요. 그러면 두려움을 떨쳐낼 수 있습니다. 어떤 상황에서도 주님을 신뢰하는 마음을 고백하면, 역경이 성장의 기회가 됩니다. 나아가 모든 복이 주의 은혜의 손에서 나옴을 깨닫고 더욱 감사하게 되지요.

주님을 신뢰하는 마음을 이렇게 말로 자꾸 표현하면, 주님과 더 가까이 동행하고, 주님과의 관계도 더 돈독해집니다. 예수님, 주님을 신뢰합니다. 주님을 더욱더 신뢰할 수 있게 도와주소서!

한결같으신 예수님의 이름으로 기도합니다. 아멘.

마가복음 9:24, 시편 143:8, 시편 63:2, 이사야 40:10~11

September

07

여호와여 주는 나의 등불이시니 여호와께서 나의 어
둠을 밝히시리이다

사무엘하 22:29

오 주님,

주님은 저의 등불이시니 주께서 저의 어둠을 밝히십니다. 저와 함께
하시고 제 안에도 계시는 **주님이** 바로 **세상의 빛이시지요.** 날마다 세상
의 어둠뿐 아니라 제 마음속의 어둠과 마주치지만, **주님이 세상을 이기
셨음을** 알기에 저는 **담대합니다.** 그러니 마음 아프게 하고 잘못된 것들
에 집중하기보다 찬란한 승자이신 **주님께** 의지적으로 집중하려 합니다.

주님은 평강의 길로 가자고 저를 부르셨습니다. 그런데 수많은 방해
거리가 제 의식을 끌어당기고, 또 삶에서 책임 맡은 현실적인 일도 많습
니다. 생각을 더욱더 주께 돌려, 좋을 때뿐 아니라 힘들 때도 주의 평강을
누리게 하소서. 완벽하게 주님께 생각을 돌릴 수는 없어도 조금씩 나아
질 수 **있습니다.** 예수님, 제가 시선을 주님께로 돌리면, 주님이 천하무적
의 빛으로 어둠을 밀어내 주십니다! 그렇게 **주께서 저의 어둠을 밝히십
니다.**

예수님의 눈부신 이름으로 기도합니다. 아멘.

사무엘하 22:29, 요한복음 8:12, 요한복음 16:33, 누가복음 1:76, 79

그러므로 내일 일을 위하여 염려하지 말라 내일 일은 내일이 염려할 것이요 한 날의 괴로움은 그 날로 족하니라

마태복음 6:34

사랑하는 예수님,

주님은 제자들에게 **한 날의 괴로움은 그날로 족하다고** 가르치셨습니다. 그러니 저도 날마다 **얼마간의** 괴로움은 으레 마주치려니 합니다. 어려움이 닥쳐올 때 침착하고 의연하게 대처할 수 있게 도와주소서. 제가 깜짝 놀랄 일에도 주님은 놀라지 **않으심을** 기억하면 위로가 됩니다. 주님은 **처음과 마지막이시며** 모든 것을 아시지요! 그런 주님이 늘 저와 함께 계셔서, 제가 격동의 시기를 지날 때 인도하시고 위로해 주십니다.

한 날의 괴로움은 오히려 복이 될 수도 있습니다. 늘 현재에 집중하게 하니까요. 제 머릿속은 자꾸 고민할 문제를 찾기 바빠서 오늘 걱정할 문제가 부족하면 분명 미래를 염려할 것입니다.

그동안 주님과 함께 어려움을 해결하면서, 그 어려움 덕분에 주님과 더 가까워질 수 있다는 것을 배웠습니다. 문제를 다룰 때 주님과 **함께** 하면, 어떻게 해야 할지 자신이 생기고, 가까이 계신 주님을 누리게 되지요. 주님과 동행하는 그 기쁨이 제게 엄청나게 큰 복입니다!

즐거움을 주시는 예수님의 이름으로 기도합니다. 아멘.

마태복음 6:34, 요한계시록 21:6, 로마서 12:12

내 걸음을 넓게 하셨고 나를 실족하지 않게 하셨나
이다

시편 18:36

긍휼이 풍성하신 하나님,

주께서 제 걸음을 넓게 하시고 저를 실족하지 않게 하신다는 말씀이
얼마나 위안이 되는지요. 주님이 주관하시니 앞일을 염려할 필요가 없
고, 제게 감당할 능력이 있는지 의심할 필요도 없지요. 저의 미래가 어찌
될지, 제가 해낼 수 있을지도 오직 **주님만이** 훤히 아십니다. 주님만이 저
의 미래가 어찌 될지 아시고, 오직 **주님만이** 제가 할 수 있는 일을 완전히
이해하는 유일한 분이시지요. 더욱이 주님은 저의 상황을 점진적으로든
극적으로든 언제든 바꾸어 주실 수 있습니다. 지금 제가 가는 길을 실제
로 넓히실 수도 있지요.

주님이 제 삶의 모든 부분에 세심히 관여하고 계심을 진정으로 깨닫
게 도와주소서. 주님이 늘 저를 돌보시니, 때로는 상황을 반전시켜 불필
요한 고생도 막아 주십니다. **주님은 주께 피하는 모든 사람에게 방패**라
고 말씀하십니다. 주님과 함께하는 모험의 여정에서 제가 할 일은 주님
을 신뢰하고, 주님과 늘 소통하며, 즐거이 의존하며 주님과 동행하는 것
임을 배우고 있습니다.

주께서 제 삶의 역경을 모두 없애 주시지는 않음을 압니다. 그래도 앞
서가시며 길을 넓혀 주시니 감사합니다. 이 또한 주께서 **제게 복을 주시
고 저를** 안전하게 **지키시는** 많은 방법 가운데 하나니까요.

예수님의 복되신 이름으로 기도합니다. 아멘.

시편 18:36, 시편 18:30, 민수기 6:24~26

September

10

이것을 너희에게 이르는 것은 너희로 내 안에서 평안을 누리게 하려 함이라 세상에서는 너희가 환난을 당하나 담대하라 내가 세상을 이기었노라

요한복음 16:33

귀하신 예수님,

늘 주님을 바라보며, 주님을 중요하게 생각할 수 있게 도와주소서. 뉴스, 경제, 사랑하는 이들의 문제, 저 개인의 문제 등 덜 중요한 것에 집중하면 낙심하기 쉽습니다. 이 세상에 환난이 가득하지만 그 어려움에 먼저 집중하고 싶지 않습니다. 주님이 저와 함께하심과 **세상을 이기셨음을** 늘 일깨워 주소서. 주님은 제가 숨 쉬는 공기보다 더 가까이 계시지만, 무한하신 하나님이시며 **만왕의 왕이요 만주의 주**이십니다. 사랑의 구주이자 신실하신 친구도 되시지요. 저는 주님만 계시면 됩니다!

주의 위대하심을 더 깊이 인식하기 위해 주님을 찬송합니다. 찬송을 통해 영광스럽게 성부 성자 성령 하나님과 연결되지요. 주님을 경배하면 어둠이 물러가고 이 세상에 주님의 빛의 나라가 확장됩니다. 시편을 읽거나 시편으로 노래하며 주님을 찬송할 때 제게 복이 됩니다. 생각을 성경의 진리로 가득 채우면 강건해져서 거뜬히 낙심을 물리칠 수 있지요. 어려움이 닥쳐올 때마다 꼭 주님 앞에 나아와, 주님이 누구신지를 생각하는 시간을 갖게 하소서. 저의 구세주시고 친구이신 **전능하신** 하나님을 생각하게 하소서!

예수님의 높으신 이름으로 기도합니다. 아멘.

요한복음 16:33, 요한계시록 19:16, 요한계시록 1:8

그 날에는 내가 아버지 안에, 너희가 내 안에, 내가 너희 안에 있는 것을 너희가 알리라

요한복음 14:20

나의 구원의 하나님,

날로 더 위험해 보이는 세상에서 더욱 더 주님께로 시선을 돌리게 하소서. 주님이 **항상** 저와 함께계심과, 이미 최후의 승리를 거두셨음을 기억할 수 있게 도와주소서. **제가 주님 안에 있고 주님이 제 안에 계시기에,** 스트레스 없는 영원한 삶이 저를 기다리고 있습니다. 그곳은 두려움이나 염려가 조금도 없는 곳이지요. 거기서 저는 주의 임재 안에서 완전한 평안과 무한한 사랑을 누릴 것입니다. **영광의 왕**이신 주님과 함께할 영광스러운 미래를 생각하면 지금도 기쁨이 넘칩니다!

이 **장래의 희망**을 묵상하면 심히 타락한 세상을 살아가는 동안 힘이 나고 용기가 생깁니다. 문제가 보이거나 들리거나 생각나서 불안해지려고 할 때마다 즉시 그 문제를 주께 가져오도록 격려해 주소서. 무슨 일이 닥치든지 저를 안전하게 지키시는 분이 **주님이심을** 압니다. 저의 생각이 우상 숭배로 돌아가 거기서 안전을 찾으려 할 때면, "나를 안전하게 지키는 것은 그것이 아니다."라는 사실을 저 자신에게 말하도록 일깨워 주소서. 그러면 마음껏 주께 향하여 주님이 승리하신 구주시자 저의 영원한 친구이심을 생각할 수 있습니다. 주님 안에서 저는 더없이 안전합니다!

승리하신 예수님의 이름으로 기도합니다. 아멘.

요한복음 14:20, 시편 24:7, 잠언 23:18, 요한복음 15:13

그러므로 함께 하늘의 부르심을 받은 거룩한 형제들아 우리가 믿는 도리의 사도이시며 대제사장이신 예수를 깊이 생각하라

히브리서 3:1

살아 계신 나의 주님,

주께 시선을 집중하오니, 주의 임재가 이슬 같이 임하여 저의 생각과 마음을 새롭게 해 주시기를 갈망합니다. 인스턴트 소통으로 복잡한 시대에, 너무나 많은 것들이 경쟁하며 제 관심을 끕니다. 주께서 **"너희는 가만히 있어 내가 하나님 됨을 알지어다"**라고 명령하신 후로 세상이 엄청나게 달라졌지요. 하지만 제 영혼이 잘되려면 시대를 초월하는 이 진리가 꼭 필요함을 압니다. 이슬이 밤의 고요함 속에서 풀과 꽃을 새롭게 하듯이, 주의 임재도 제가 잠잠히 앉아 주님과 함께 시간을 보낼 때 새로운 활력을 주십니다.

저의 생각이 새로워지고 새로운 활력을 얻으면, 중요한 것과 그렇지 않은 것을 가려낼 수 있습니다. 본능적으로 제 생각은 사소한 문제에 얽매이기 일쑤입니다. 사소한 일에 매달리면 진창에 처박혀 헛도는 차바퀴처럼 제 머리의 톱니바퀴가 맥없이 돌아가지요. 그러나 문제에 대해 주님과 소통하기 시작하면, 즉시 더 중요한 사안들로 넘어갈 수 있게 생각할 힘을 주십니다.

제 머릿속에 주님의 생각을 더욱더 많이 넣어 주소서. 주님, 주님과 늘 소통하도록 도와주소서.

새힘을 주시는 예수님의 이름으로 기도합니다. 아멘.

히브리서 3:1, 시편 46:10, 누가복음 10:39~42

하나님의 도는 완전하고 여호와의 말씀은 진실하니
그는 자기에게 피하는 모든 자에게 방패시로다

사무엘하 22:31

나의 피난처이신 예수님,

주님은 주께 피하는 모든 사람에게 방패가 되신다고 말씀하십니다. 세상이 위협적이고 안전하지 않다고 느껴질 때 이 귀한 약속을 기억하게 하소서. 주님을 피난처로 삼는 **모든 사람을** 주께서 친히 보호해 주신다니 얼마나 위로가 되는지요. 주님은 환난 중에도 안전한 피난처가 되시지요.

주께 피하려면 **주님을 의지하고 마음을 주님께 쏟아 놓아야** 합니다. 저의 삶에 무슨 일이 일어나든, 그때가 바로 주님을 신뢰하는 마음을 말로 표현해야 할 때임을 배우는 중입니다. 물론 가끔은 제 마음을 쏟아 놓을 짬을 내기 전에 먼저 상황에 주의를 기울여야 할 때도 있지요. 그럴 때는 일단 속으로 신뢰를 고백하며 기다릴 수 있습니다. 주께 심정을 토로할 적당한 때와 장소를 찾을 때까지요. 그러다 상황이 허락되면 주님의 안전한 임재 안에서 시원하게 아뢰면 됩니다. 이렇게 주님과 풍성하게 소통하면 정말 안심이 됩니다. 주님과의 관계도 더 돈독해지고 나아갈 길을 찾는 데도 도움이 되지요.

보호해 주시는 주님의 임재를 언제라도 누릴 수 있으니 기쁩니다. 두려울 때마다 주님을 의지하며 "예수님, 주님께 피합니다"라고 아뢰는 것이 좋습니다.

우리를 보호해 주시는 예수님의 이름으로 기도합니다. 아멘.

사무엘하 22:31, 시편 46:1, 시편 62:8(우리말성경)

여호와께서는 자기에게 간구하는 모든 자 곧 진실하게 간구하는 모든 자에게 가까이 하시는도다

시편 145:18

가장 사랑하는 예수님,

주님은 저의 모든 믿음과 신뢰를 받으시기에 합당하십니다! 그러니 세상일에 겁내기보다 혼신을 다해 주님을 신뢰하면서 주께서 세상에 임재하시는 증거를 찾겠습니다. 작은 소리로 주의 이름을 부르면, 저의 마음과 생각이 다시 주님과 이어져서 참 좋습니다. **주님은 주께 간구하는 모든 사람에게 가까이하십니다.** 주님의 변함없는 임재로 저를 두르시고 주의 평강으로 위로하여 주소서.

주님은 사랑이 많으시고 신실하신 분임을 잊지 않게 하소서. **주의 인자하심이 하늘에 있고 주의 진실하심이 공중에 사무칩니다.** 주님의 사랑이 무한하고 영원하며 끝이 없다는 뜻이지요! 나아가 저는 어떤 상황에 부딪치든 주님의 신실하심이라는 반석 위에 설 수 있습니다.

저의 능력이나 학력, 성공을 믿는 것은 부질없고 주님께 기쁨이 되지 않음을 압니다. 온전히 **주님을** 신뢰하는 법을 가르쳐 주소서. 주님은 자신을 희생하신 죽음과 기적 같은 부활로 제게 **영원한 영광**의 길을 열어 주신 구주십니다!

숨 막힐 정도로 대단하신 예수님의 이름으로 기도합니다. 아멘.

시편 145:18, 시편 36:5, 고린도후서 4:17

범사에 기한이 있고 천하 만사가 다 때가 있나니 날 때가 있고 죽을 때가 있으며 심을 때가 있고 심은 것을 뽑을 때가 있으며

전도서 3:1~2

신실하신 하나님,

저는 때가 되기도 전에 문제를 해결하려는 조급증을 버려야 합니다. 하루 단위로 살아가는 삶의 한계를 받아들이도록 도와주소서. 불쑥 새로 해야 할 일이 생길 때 잠시 멈추어 그것이 오늘 할 일인지 주님께 여쭐 수 있습니다. 그날 할 일이 아니라면 그냥 주님의 돌보심과 지키심에 맡기고 오늘의 임무로 넘어갈 수 있지요. 이렇게 실천해 보니 삶이 아름다울 정도로 단순해지는 것을 알았습니다. **범사에 기한이 있다**는 말씀처럼 모든 일이 제때에 이루어지니까요.

주님은 **주님을 앙망하는 자에게 새 힘**을 주시고, 소망을 회복시키시며, 지속적으로 임재하시는 주님을 인식하게 하시는 등 많은 복을 약속하셨습니다. 주님을 앙망하면 주님을 영화롭게 할 수 있습니다. 주님께 깊이 의존하여 살면서 선뜻 주님의 뜻을 행하니까요.

주님과 가까이 살면 삶이 덜 복잡하고 덜 어수선해지는 것을 알게 되었습니다. 세상은 어지럽고 혼란스럽지만 **주님이 세상을 이기셨으니** 기쁩니다. **이것을 제게 이르셔서 주 안에서 평안을 누리게 하시니** 감사합니다.

예수님의 놀라우신 이름으로 기도합니다. 아멘.

전도서 3:1~2, 이사야 40:30~31, 요한복음 16:33

주께서 나의 등불을 켜심이여 여호와 내 하나님이 내 흑암을 밝히시리이다

시편 18:28

자비로우신 예수님,

어두운 시기, 특히 힘든 시기를 통과할 때면 그 어둠을 미래에까지 투사하기 쉽습니다. 불리한 환경과 오래 싸울수록 앞길은 더 어두워 보이고, 다시 밝은 길을 걷는 제 모습은 상상하기 더 어려워지지요. 그냥 포기하고 불행을 벗 삼고 싶은 마음이 간절해집니다. 하지만 예수님, **주님이** 저의 한결같은 친구 되심을 압니다. 그러니 능히 **저의 흑암을 밝히실** 주님을 신뢰하며 주님을 붙들도록 도와주소서.

저를 짓누르는 상황에 초점을 맞추는 대신, **주께서 항상 저와 함께하심을** 잊지 않으며, **제 오른손을 붙드시고,** 어둠 속에서도 **믿음으로 행하라고** 격려하시는 주님을 바라보아야 합니다. 믿음의 눈으로, 더 밝은 앞날을 기대하며 감사함으로 주님을 찬송할 수 있습니다. 주님과 함께 예배하는 마음으로 어둠 속을 지날 때면, 주께서 **돋는 햇살을** 제 앞길에 보여 주시지요. 희미한 빛이 점점 **크게 빛나 한낮의 광명에 이를** 것을 믿고, 인내하며 끝까지 가도록 도와주소서.

웅장하신 예수님의 이름으로 기도합니다. 아멘.

시편 18:28, 시편 73:23, 고린도후서 5:7, 잠언 4:18

네 짐을 여호와께 맡기라 그가 너를 붙드시고 의인의
요동함을 영원히 허락하지 아니하시리로다

시편 55:22

은혜로우신 하나님,

주님 말씀은 **주님이 저를 붙드시니 저의 짐을 주께 맡기라**고 하십니다. 그런데 저는 짐을 주께 맡기지 못하고 지고 오느라 지쳐 가고 있습니다. 제 어깨가 이렇게 무거운 짐을 질 만큼 강하지 못하오니 제 짐을 주께 맡길 수 있도록 도와주소서.

무언가가 저를 짓누르는 것을 깨닫거든, 그 문제를 점검하여 **저의 문제**인지 다른 사람의 문제인지 분간하게 하소서. 저의 문제가 아니라면 그냥 내려놓고 가면 되지만, 저의 문제라면 주님과 대화하며 어떻게 처리하면 좋을지 알려 주시기를 구하겠습니다.

평소에 저는 염려에 집중하다 거기에 눌리는 경향이 있습니다. 염려를 주님께 가져와 내려놓도록 도와주소서. 주님은 강한 어깨로 짐을 쉽게 져 주실 수 있음을 압니다. 주께 짐을 넘겨 드리면 저는 짐이 가벼워져서 마음껏 주를 즐거이 의지하며 살아갈 수 있지요.

주님, 주께서 저를 지탱해 주시고 필요를 채워 주시며 헌신적으로 **저를 붙드시니** 용기를 얻습니다. 주께서 **영광 가운데 그 풍성한 대로 저의 모든 쓸 것을 채우시기로** 약속하셨으니 기쁩니다!

장엄하신 예수님의 이름으로 기도합니다. 아멘.

시편 55:22, 이사야 9:6, 빌립보서 4:19

보라 하나님은 나의 구원이시라 내가 신뢰하고 두려움이 없으리니 주 여호와는 나의 힘이시며 나의 노래시며 나의 구원이심이라 그러므로 너희가 기쁨으로 구원의 우물들에서 물을 길으리로다

이사야 12:2-3

권능의 주님,

주님을 신뢰하고 두려움이 없게 하시며, **주님이 저의 힘이시고 노래이심을** 기억하게 하소서. 주님을 저의 힘으로 갖는 것이 무슨 의미인지 생각해 보는 것은 복된 일입니다. 주님은 말씀으로 우주를 창조하셨지요. 주님의 권능은 완전히 무한하시니까요! 저의 연약함을 알고 주께 맡기면 주의 능력이 제게 막힘없이 흘러들 수 있습니다. 그런데 두려움이 주의 능력이 흘러드는 것을 막을 수 있음을 알게 되었습니다. 두려움과 싸우려고 하면 오히려 역효과가 난다는 것도 배웠습니다. 주님이 아닌 두려움에 초점이 맞추어지기 때문이지요. 그러니 두려움이 아니라 **주님의 크신 성실하심에** 집중해야 합니다. 담대히 신뢰하는 마음으로 주님을 대할 때 주께서 무제한으로 제게 힘을 주실 수 있습니다.

주님이 **저의 노래**시며 주의 기쁨을 제게 나누어 주셔서 감사합니다. 주님 앞에는 **충만한 기쁨이 있으니** 주의 임재를 더욱더 인식하게 하소서. 오 주님, 하나님 나라를 향한 여정에 주님과 동행하며 주님의 노래를 함께 부를 수 있으니 기쁩니다!

기쁨이 넘치시는 예수님의 이름으로 기도합니다. 아멘.

이사야 12:2~3, 시편 56:3, 예레미야애가 3:22~23, 시편 16:11

내가 지혜로운 길을 네게 가르쳤으며 정직한 길로 너를 인도하였은즉

잠언 4:11

주권자이신 하나님,

주께서 지혜로운 길을 제게 가르치시며 정직한 길로 저를 인도하신다고 말씀하십니다. 그런데 저는 가끔 너무 혼란스러워 옳은 길을 찾지 못하고 쩔쩔맵니다. 온갖 것을 다 해 보고 희망에 부푼 적도 있지요. 하지만 저의 희망찬 길들은 실망으로 끝났습니다. 그간의 여정이 얼마나 힘들었는지 주님이 다 아시니 감사합니다. 더 쉬운 상황을 바랐지만, 주께서 모든 문제를 통해 선을 이루실 수 있음을 믿습니다.

제 삶에 무슨 일이 생기든 주님을 신뢰하며, **지혜로운 길을** 가도록 도와주소서. 옳은 길을 찾고 따르려면 주님을 한결같이 신뢰해야 함을 압니다. 길을 가다 보면 엉뚱하거나 잘못된 것처럼 보이는 일도 많이 만나겠지만, 주님이 그 모든 것을 합하여 전체적으로 **선한 계획**, 즉 주님의 마스터 플랜에 맞추어 가심을 믿습니다.

엄청나게 큰 그림에서 저는 아주 작은 부분밖에 보지 못함을 압니다. 저의 좁은 시야로는 여정이 혼란스럽고 굽이굽이 헷갈려 보입니다. 그러나 저는 **믿음으로 행하고 보는 것으로 행하지 않는** 법을 배우는 중입니다. 주님이 진정 **정직한 길로 저를 인도하심을** 믿습니다.

위대하시고 지혜로우신 예수님의 이름으로 기도합니다. 아멘.

잠언 4:11, 로마서 8:28, 잠언 20:24, 고린도후서 5:7

뛰어나신 구주시여,

안식을 구하며 주의 임재로 나아옵니다. 머릿속으로 비판하는 습관을 버리게 하소서. 제가 비판이 본업이라도 되듯이 이 상황 저 상황, 이 사람 저 사람, 심지어 날씨에 대해서도 비판합니다. 성경은 저를 지으신 가장 중요한 목적이 제가 **주님을 알고** 주님과 풍성히 교제하며 사는 것이라 말씀하십니다. 비판하기 바쁠 때는 제가 주님의 역할을 침범하는 것이지요. 이 악한 태도에서 돌이켜 늘 주님을 향하도록 도와주소서. 주의 사랑의 임재를 즐거이 인식하며 살게 하소서.

창조주께 피조물로서, 목자에게 양으로서, 왕에게 신하로서, 토기장이에게 진흙으로서 주님과 관계하는 법을 가르쳐 주소서. 제 삶을 더욱더 주님의 뜻대로 하고 싶습니다. 저를 대하시는 주님의 방식을 따지기보다 신뢰하고 감사하는 마음으로 받아들여야 합니다. 주님이 친밀하게 대하신다고 해서 제가 주님과 동등한 존재인 것처럼 행동해서는 안 된다는 것을 압니다. 제 마음의 소원은 주님을 **만왕의 왕으로** 예배하면서, 인생 길을 주님과 손잡고 동행하는 것이지요.

영광스러운 예수님의 이름으로 기도합니다. 아멘.

마태복음 7:1, 요한복음 17:3, 로마서 9:20~21, 요한계시록 19:16

보라 처녀가 잉태하여 아들을 낳을 것이요 그의 이름
은 임마누엘이라 하리라 하셨으니 이를 번역한즉 하
나님이 우리와 함께 계시다 함이라

마태복음 1:23

귀하신 주 예수님,

주님이 **우리와 함께 계시는 임마누엘 하나님**이시니, 주님 한 분만으로 충분합니다! 삶이 순탄할 때는 주님의 충족하심을 믿기 쉽습니다. 하지만 힘든 시기가 자꾸 반복되면 주님의 공급이 부족한 것처럼 느껴질 때가 있습니다. 이럴 때일수록 제 머리로 상황을 호전시켜 보려고 안간힘을 쓰며 고민하곤 하지요. 문제 해결이 중독으로 변할 수 있음을 알았습니다. 너무 많은 계획과 대안을 생각하느라 혼란과 탈진에 빠질 때가 있지요.

문제에 지나치게 집중하기보다, **주님이 저와 항상 함께 계시며** 저를 돌보고 계심을 기억해야 합니다. 가장 힘든 때라도, **주님으로 말미암아 즐거워하며** 주님만으로 충분함을 고백할 수 있도록 도와주소서. 이것은 초자연적 반응이니, 제게 능력 주실 성령님을 의지해야 합니다. 또한 매일 매순간 지혜롭게 선택할 수 있도록 훈련받아야 합니다. 주님, 주님으로 정말 족하기에, **저는 구원의 주님으로 말미암아 기뻐하겠습니다!**

부족함이 없으신 예수님의 이름으로 기도합니다. 아멘.

마태복음 1:21~23, 마태복음 28:20, 하박국 3:17~18

내 평생에 선하심과 인자하심이 반드시 나를 따르리
니 내가 여호와의 집에 영원히 살리로다

시편 23:6

열심이 많으신 나의 주님,

제 사는 동안 날마다 주님의 사랑이 저를 따릅니다! 그러니 오늘 하루 동안 사랑으로 임재하신 주님의 징후를 찾겠습니다. 주님은 다양한 방식으로 주님을 드러내시지요. 제게 필요할 때 성경 말씀으로, 다른 사람들의 유익한 조언으로, 성령께서 연출하시는 '우연'으로, 자연의 아름다움 등 다양한 방법으로 주님을 드러내십니다. 저를 향한 주님의 사랑은 수동적이지 않습니다. 열심히 저를 뒤쫓아 제 삶 속으로 뛰어 들어오십니다! 제 마음의 눈을 열어 주셔서 크고 작은 무수한 방식으로 제게 복 주시는 주님을 '볼' 수 있게 하소서.

주님의 풍성한 복을 받을 뿐만 아니라 소중히 여기며 **마음에 깊이 새기어 생각하고** 싶습니다. 주께서 수많은 방식으로 제 삶 속에 나타나 주시니 감사합니다. 주님이 주시는 복들을 적어 두었다가 나중에 보고 또 보며 즐길 수 있으니 좋습니다. 주님이 임재하시는 이 징후들이 저를 강건하게 하며, 앞으로 어떤 어려움을 마주하든 잘 대비할 수 있게 해 줍니다. **어떤 피조물이라도 저를 주님의 사랑에서 끊을 수 없음을** 잊지 않게 하소서!

세상을 이기신 예수님의 이름으로 기도합니다. 아멘.

시편 23:6(메시지 성경), 시편 119:11, 누가복음 2:19, 로마서 8:39

September

23

여호와의 인자와 긍휼이 무궁하시므로 우리가 진멸
되지 아니함이니이다 이것들이 아침마다 새로우니
주의 성실하심이 크시도소이다 내 심령에 이르기를
여호와는 나의 기업이시니 그러므로 내가 그를 바라
리라 하도다

예레미야애가 3:22~24

위대하신 나의 하나님,

주님의 긍휼이 무궁하시고 아침마다 새로우니 감사합니다. 그래서 하루하루를 담대히 맞이할 수 있습니다. 주님의 복이 주님의 크고 넓은 저장소에 철철 넘치도록 가득함을 알고 있으니까요! 오랫동안 응답되지 않는 기도도 주의 돌보심과 지키심에 맡기고 기다릴 수 있습니다. 저의 간구가 단 하나도 주님의 눈에 띄지 않고 지나간 적이 없음을 믿습니다. 주의 임재 안에서 기다리오니 주님의 무한한 사랑과 무궁한 긍휼의 샘물을 흡족히 마시게 하소서. 주께서 아낌없이 베푸시는 이 신성한 공급이 저의 영적인 건강에 꼭 필요합니다.

아직 응답되지 않은 기도가 많지만 **주의 크신 성실하심에서** 소망을 얻습니다. 주님은 주님의 완벽한 시간에 완벽한 방법으로 모든 약속을 지키시니까요. 주님이 제 마음속의 근심과 두려움을 몰아낼 수 있는 평안을 주시기로 약속하셨지요. 제가 기다리다 지치면, 주님도 기다리고 계심을 일깨워 주소서. **이는 제게 은혜를 베푸시고 저를 긍휼히 여기려하심입니다.** 사랑으로 예비하신 것을 제가 받을 준비가 될 때까지 주님은 기다리고 계시지요. 주의 임재 안에서 시간을 보내면서 **주님을 기다리는 자마다 복이 있다**는 약속에 기뻐합니다.

은혜로우신 예수님의 이름으로 기도합니다. 아멘.

예레미야애가 3:22~24, 요한복음 14:27, 이사야 30:18

평안을 너희에게 끼치노니 곧 나의 평안을 너희에게
주노라 내가 너희에게 주는 것은 세상이 주는 것과 같
지 아니하니라 너희는 마음에 근심하지도 말고 두려
워하지도 말라

요한복음 14:27

사랑하는 주 예수님,

제 존재의 가장 깊은 곳에 주님의 평안을 불어넣어 주소서. 주의 임재
의 빛 가운데 잠잠히 앉아서, 제 안에 차오르는 주님의 평안을 느끼고 싶
습니다. 이것은 저의 수양이나 의지력으로 되는 일이 아니라, 마음을 열
고 주님의 복을 받아야 하는 것이지요.

이 독립의 시대에 저의 궁핍함을 인정하는 것은 반문화적일 뿐 아니라
반직관적입니다. 그러나 주께서 인도해 오신 길은 제게 주님이 필요함을
부각시켜 주었습니다. 주께서 처하게 하신 상황에서 저의 강점은 힘을
못 쓴 반면 약점은 확연히 드러났지요. 이런 불모의 광야 길을 통해 저를
더욱더 주께로 가까이 이끄셨습니다. 나아가 그 **메마른 곳에서도** 뜻밖
의 아름다운 일들을 베풀어 주셨지요. 가장 황폐한 땅에 피어나는 평안
의 초목을 저는 보았습니다!

힘든 때와 어려운 여정에도 감사하라고 주께서 가르쳐 주셨지요. 그것
을 통해 최고의 일을 이루실줄 믿습니다. 주님이 필요함을 인정하는 것
이 곧 주님을 친밀하게 아는 비결임을 배우는 중입니다. 주님을 친밀하
게 아는 것이야말로 모든 선물 중에 최고의 선물이지요!

그 무엇과도 비교할 수 없는 예수님의 이름으로 기도합니다. 아멘.

요한복음 14:27, 이사야 58:11, 에베소서 5:20

September

25

수고하고 무거운 짐 진 자들아 다 내게로 오라 내가
너희를 쉬게 하리라 나는 마음이 온유하고 겸손하니
나의 멍에를 메고 내게 배우라 그리하면 너희 마음이
쉼을 얻으리니

마태복음 11:28~29

온유하신 예수님,

어제의 실패에 짓눌려 지친 모습으로 주의 임재 안으로 나아옵니다. 후회스러운 결정을 되돌릴 수 있다면 좋겠습니다. 하지만 과거는 달라지거나 번복될 수 없음을 압니다. 시간을 초월하여 사시는 주님도 이 세상에 존재하는 시간의 경계를 존중하시지요. 그러니 잘못된 선택을 한탄하며 에너지를 낭비하고 싶지 않습니다. 그보다 저를 용서하여 주시고 실수를 통해 배우도록 도와주소서.

후회하는 일에 짓눌려 있을 때는 실패를 무거운 사슬처럼 발목에 묶고 질질 끌고 다니는 것 같습니다. 그럴 때는 주님이 저를 구하러 오셔서 사슬을 벗겨 주시는 모습을 상상하면 도움이 됩니다. 주님이 오셔서 주님을 따르는 이들을 해방하셨으니, 저도 **제가 참으로 자유롭다**는 진리 안에서 행하고 싶습니다!

주님, 주께서 저의 실패를 구속해 주셔서 기쁩니다. 저를 용서하시고 새로운 길로 인도하셨지요. 저의 실수에 대해 주님과 대화하며 **주께 배우게** 하소서. 제가 어떻게 변화되기를 원하시는지 알려 주시고, **저를 의의 길로 인도하소서.**

우리를 구속(救贖)하시는 예수님의 이름으로 기도합니다. 아멘.

마태복음 11:28~29, 요한복음 8:36, 시편 23:3

우리가 잠시 받는 환난의 경한 것이 지극히 크고 영원한 영광의 중한 것을 우리에게 이루게 함이니 우리가 주목하는 것은 보이는 것이 아니요 보이지 않는 것이니 보이는 것은 잠깐이요 보이지 않는 것은 영원함이라

고린도후서 4:17~18

승리하신 예수님,

문제 덕분에 시야가 넓어질 수 있으니 문제를 반기도록 도와주소서. 삶이 순탄할 때는 그냥 늘 하던 대로 하루하루를 몽유병 환자처럼 살아가기 쉽습니다. 그러나 제 길을 막는 장애물에 부딪치면 얼른 정신을 차리고 더 주의하게 되지요.

즉각적인 해결책이 없는 문제에 직면할 때, 그 상황에 어떻게 반응하느냐에 따라 비상할 수도 있고 추락할 수도 있다는 것을 알았습니다. 역경 앞에 한바탕 퍼붓고 원망하며 청승을 떨 수 있습니다. 하지만 이런 부정적인 태도가 저를 자기연민의 수렁으로 끌어내린다는 것을 경험으로 배웠습니다. 이 해로운 반응 대신 문제를 사다리로 볼 수 있습니다. 위로 올라가 주님의 관점에서 저의 삶을 바라볼 수 있지요. 그곳에서 문제를 내려다보면 저를 방해한 걸림돌이 **잠시 받는 경한 환난**에 불과하다는 것을 알 수 있습니다.

시야가 넓어지면 홀가분하게 역경에서 눈을 돌려, 온 마음으로 주님을 의지할 수 있습니다. 주께 관심을 집중할 때 **주님의 얼굴빛이** 저를 비추시며 복과 새 힘을 주십니다.

찬란하시고 새 힘을 주시는 예수님의 이름으로 기도합니다. 아멘.

고린도후서 4:17~18, 시편 89:15, 민수기 6:24~25

그의 영광의 풍성함을 따라 그의 성령으로 말미암아 너희 속사람을 능력으로 강건하게 하시오며 믿음으로 말미암아 그리스도께서 너희 마음에 계시게 하시옵고 너희가 사랑 가운데서 뿌리가 박히고 터가 굳어져서 능히 모든 성도와 함께 지식에 넘치는 그리스도의 사랑을 알고

에베소서 3:16~18

사랑이 많으신 구주시여,

중요하지 않은 일에 집착하여 너무 고민하지 않도록 도와주소서. 저는 생각 없이 쉬고 있다가도 자꾸 이것저것 계획을 합니다. 정말 필요하기도 전에 사태를 파악해서 결정을 내리려고 하지요. 이것이 어설프게 통제권을 쥐려는 시도임을 깨닫습니다. 소중한 시간을 낭비하는 일이기도 하지요. 대개는 결국 생각을 바꾸게 되거나 아예 결정했던 내용을 잊어버리기까지 합니다. 계획을 세워야 할 때도 있다는 것을 알지만, 분명 **항상은** 아니며 시도 때도 없이 할 일 또한 아닙니다.

정말 현재의 자리에 살고 싶어요. 주님의 아름다우신 임재가 늘 기다리는 곳이 현재니까요. 가까이 계신 주님 안에서 새 힘을 얻으면 주의 사랑이 제 속사람을 흠뻑 적셔 주십니다. 주님 곁에서 편히 쉼을 누리고, 문제를 제쳐 두고 주께 주목하며 주님의 사랑을 받는 시간을 기뻐합니다. **제 영혼이 주님을 갈망**합니다. 하지만 제가 정말 사모하는 것이 주의 임재를 누리는 것임을 깨닫지 못할 때가 너무 많습니다.

주님, 저를 쉴 만한 물가로 인도하시고 제 영혼을 소생시켜 주소서. 연인들이 별 말이 없이도 깊이 소통할 수 있는 것처럼, 제 영혼의 연인이신 주님과의 관계도 그러합니다.

다정하신 예수님의 이름으로 기도합니다. 아멘.

에베소서 3:16~18, 시편 63:1, 시편 23:2~3

여호와여 우리가 주께 바라는 대로 주의 인자하심을
우리에게 베푸소서

시편 33:22

전능하신 하나님,

제 삶을 주관하시는 주님의 주권적인 손이 환경을 통해 저를 낮추시곤 합니다. 저는 억제당하고 저지당하며, 상황을 바꿀 힘이 없었다고 느낍니다. 너무 불편해서 한편으로 여기서 벗어나 웬만큼 통제권을 되찾고 싶은 마음도 듭니다. 하지만 이렇게 저를 낮추시는 자리가 오히려 제게 유익함을 압니다. 불편함은 나른한 일상에서 깨어나 **주님이** 제 삶을 주관하고 계심을 상기시켜 주지요.

역경이 닥칠 때마다 중대한 선택의 기로에 놓입니다. 환난을 불평하며 저를 대하시는 주님의 방식을 원망할 수도 있고, 주께 더 가까이 나아올 수도 있습니다. 고난당할 때 그 어느 때보다 더욱 절실히 주님을 가까이 해야 합니다. 주님 앞에 나아와 믿는 마음을 고백할수록 **주님의 인자하심에서** 소망을 얻을 수 있지요. 주님이 **소망 중에 즐거워하라고** 가르치시고, 기쁨이 넘치는 주의 임재 안에 기다리라 하십니다!

주님, **때가 되면 저를 높이실** 것을 믿으며 끝까지 주님을 신뢰하게 하소서. 그때까지 계속 **저의 염려를 다 주님께 맡기겠습니다.** 주님이 애정으로 **저를 돌보시**며 늘 지켜 주심을 압니다.

예수님의 권능의 이름으로 기도합니다. 아멘.

시편 33:22, 로마서 12:12, 시편 16:11, 베드로전서 5:6~7

내가 확신하노니 사망이나 생명이나 천사들이나 권세자들이나 현재 일이나 장래 일이나 능력이나 높음이나 깊음이나 다른 어떤 피조물이라도 우리를 우리 주 그리스도 예수 안에 있는 하나님의 사랑에서 끊을 수 없으리라

로마서 8:38~39

너그러우신 주 예수님,

저의 잔이 복으로 넘침을 알기에 감사하는 마음으로 주께 나아옵니다. 감사하면 주님을 더 똑똑히 알아보고 주님과의 사랑의 관계 안에서 즐거워할 수 있지요. **아무것도 저를 주님의 사랑의 임재에서 끊을 수 없으니** 정말 감사합니다! 주님이 제게 끊임없이 임재하신다는 이 약속이 제가 안전한 근거입니다. 불안해지려고 할 때마다 저의 안전이 주께만 있으며 주님은 전적으로 신뢰받기에 합당하신 분임을 일깨워 주소서.

제가 삶의 환경을 결코 통제할 수 없음을 깨닫고, **주님의** 주권을 믿고 안식하는 법을 배우고 있습니다. 주님은 뻔하고 안전한 생활 방식을 추구하기보다 주님을 구하며 주님을 더 깊고 넓게 알라고 가르치시지요. 주님, 저의 낡은 방식을 고집하지 않고 **주님을** 의지할 수 있도록 도와주소서. 저의 영원한 친구이자 한결같은 동반자 되신 주님과 함께 나누는 모험의 삶을 영광스럽게 살고 싶습니다. 주님은 늘 제 안에 새 일을 행하시며 저의 모든 환경 속에 역사하고 계시지요. 그러니 늘 깨어 있어 주께서 저를 위해 예비하신 모든 일을 살피게 하소서.

예수님의 기이하신 이름으로 기도합니다. 아멘.

로마서 8:38~39, 시편 56:3~4, 이사야 43:19

여호와는 나의 반석이시요 나의 요새시요 나를 건지시는 이시요 나의 하나님이시요 내가 그 안에 피할 나의 바위시요 나의 방패시요 나의 구원의 뿔이시요 나의 산성이시로다

시편 18:2

나의 피난처이신 주님,

주님은 저의 모든 믿음과 신뢰를 받으시기에 합당하십니다! 사람들이나 사물, 상황들은 **어느 정도** 믿을 수 있지만, 제가 전적으로 믿고 확신할 분은 주님 뿐이십니다. 점점 더 위험해지고 예측할 수 없는 세상에서 주님은 제 삶의 탄탄한 기초인 반석이시고, **제가 그 안에 피할 저의 바위십니다.**

주님이 **저의 피난처**이시기에 저의 안전은 환경에 있지 않습니다. 저는 본능적으로 어떻게든 삶을 스스로 통제하려고 몸부림치지만, 주님은 주의 주권적인 통치 안에서 저를 편히 쉬도록 훈련하고 계십니다. 주님은 **환난 중에 만날 큰 도움**이시며 늘 저에게 임재하십니다. 반갑지 않은 변화와 불안한 상황을 두려움 없이 맞이하도록 도와주소서.

불안한 생각이 머릿속에 제멋대로 활보할 때마다 주님을 신뢰하는 마음을 말로 표현함으로 제어해야 합니다. 생각을 사로잡아 주의 임재 안으로 가져오면, 주께서 그것을 복종시키시고 제게 평안을 주시지요. 주의 말씀대로 **주님을 의지하는 자는 안전합니다.**

예수님의 강하신 이름으로 기도합니다. 아멘.

시편 18:2, 시편 46:1~2(우리말성경), 고린도후서 10:5, 잠언 29:25

October

소망의 하나님이 모든 기쁨과 평강을
믿음 안에서 너희에게 충만하게 하사
성령의 능력으로 소망이 넘치게
하시기를 원하노라

로마서 15:13

그가 영원토록 지극한 복을 받게 하시며 주 앞에서 기
쁘고 즐겁게 하시나이다

시편 21:6

소중한 나의 예수님,

주님은 저의 기쁨입니다! 이 짧은 고백을 묵상할 때, 작게 속삭일 때,
큰 소리로 말할 때 제 삶이 환하게 밝아집니다. 주님이 늘 저와 함께 계시
기에 언제든 **주님 앞에서 기뻐할** 수 있지요. 주님을 향한 신뢰와 사랑을
고백함으로 주의 임재에 제 마음을 열 수 있습니다. 저의 구주이신 **주님
안에서 기뻐하면** 주님의 빛이 제 위와 제 안을 비추시지요. 주님이 제게
어떤 분이시고 무엇을 해 주셨는지 생각하면 즐겁습니다.

주님을 따르는 자가 되었을 때 주님은 제가 삶의 환경을 뛰어넘을 수
있는 능력을 주셨습니다. 저를 주님의 영으로 충만하게 하셨는데, 이 도
우시는 성령은 능력이 무한하시지요. 더욱이 주님은 **다시 와서 저를 주
님께로 영접하여 주님 계시는 곳에 저도 영원히 있게 하시겠다고** 약속
하셨습니다!

주위가 암울해 보일 때마다 **세상의 빛**이신 주님께 집중하면 저의 관
점이 밝아집니다. 주의 임재 안에서 편히 쉴 때 "사랑하는 자여, 내가 너
의 기쁨이니라"라고 속삭이시는 주의 음성이 들리는 듯합니다.

예수님의 아름다우신 이름으로 기도합니다. 아멘.

시편 21:6, 빌립보서 4:4, 요한복음 14:3, 요한복음 8:12

이 하나님은 영원히 우리 하나님이시니 그가 우리를
죽을 때까지 인도하시리로다

시편 48:14

영광의 하나님,

주님이 저를 죽을 때까지 인도하신다는 이 놀라운 진리가 저를 기쁘
게 합니다! 하루하루 인도해 주시는 주님이 저를 결코 버리지 않으신다
니, 얼마나 위안이 되는지 모릅니다. 주님은 변하지 않고 항상 일정한 상
수(常數) 같으시니 제가 늘 의지할 수 있는 분이십니다. 앞서가시며 길을
열어 주시고 또 늘 제 곁에 계시기도 하지요. **주께서 제 오른손을 붙드시
고 주님의 교훈으로 저를 인도하시다가 후에는 영광으로 저를 영접하
실** 것입니다.

결단력이 부족해서 다른 사람들에게 지나치게 의지하고 싶은 유혹에
빠질 때가 있습니다. 하지만 주님은 훨씬 나은 길을 보여 주셨습니다. 주
님이 저의 주님이요 구주이시며, **항상 저와 함께하시고** 완전히 신뢰받
기에 합당하시며 무한히 지혜로우신 지도자시기 때문입니다. **주님은 주
님의 진리로 저를 지도하시고 교훈하셔서** 결정을 잘 내리도록 준비시켜
주십니다.

주님과 동행하는 여정에 성경이라는 탁월한 지도를 주셔서 감사합니
다. **주님의 말씀은 제 발에 등이요 제 길에 빛입니다.** 제가 가야 할 최고
의 길을 주님이 아시니, 이 빛을 따르고 **주님을** 따르도록 도와주소서.

신뢰받기에 합당하신 예수님의 이름으로 기도합니다. 아멘.

시편 48:14, 시편 73:23~24, 시편 25:5, 시편 119:105

그러므로 이제 그리스도 예수 안에 있는 자에게는 결코 정죄함이 없나니

로마서 8:1

사랑하는 예수님,

제가 재판받는 중이 **아님**을 기억하게 하소서. **주님 안에 있는 자**, 주님을 구주로 아는 이**에게는 결코 정죄함이 없다**고 주님이 말씀하십니다. 주께서 십자가에서 이루신 일을 통해 저는 하늘 법정에서 이미 '무죄' 판결을 받았습니다! 주님이 희생제물이 되어 죽으시고 기적처럼 부활하심으로, 저를 죄의 굴레에서 해방시키셨지요. 주님의 나라에서 긴장을 풀고 죄책감을 모두 벗은 제 신분을 음미하면서, 이 자유 안에서 기쁘게 살고 싶습니다. 그런데 주님, 저는 주님이 쟁취해 주신 이 놀라운 자유 안에 살지 못하고 고군분투합니다.

주께서 은혜의 **풍성함을 따라** 베푸셨으니 참 감사합니다. 제 마음에 역사하셔서, 주님의 은혜에 감사하여 주님 뜻대로 살고픈 소원이 불붙게 하소서. 주님과 가까이 지낼수록 주의 뜻을 더 잘 분별하고 주의 기쁨과 평안도 더 충분히 누릴 수 있지요. 주님을 친밀하게 잘 알면 환난 중에도 주의 평안을 누릴 수 있을 만큼 주님을 충분히 신뢰할 수 있습니다. 또 **감사함을 넘치게 하면** 반가운 '부산물'로 저의 기쁨도 커지지요!

은혜로우신 예수님의 이름으로 기도합니다. 아멘.

로마서 8:1, 요한복음 8:36, 에베소서 1:7~8, 골로새서 2:6~7

여호와의 사심을 두고 나의 반석을 찬송하며 내 구원
의 반석이신 하나님을 높일지로다

사무엘하 22:47

천하무적 주 예수님,

주님은 제 삶의 기초이자 구심점이십니다. 아주 탄탄한 기초시고 아무리 사나운 폭풍에도 흔들리지 않는 **저의 반석**이시니 감사합니다. 전능하신 주님, 주님을 찬양합니다!

주님을 저의 구원자 하나님으로 알기 전에는 제 삶을 쌓아 올릴 기반이 없었습니다. 뭔가 의미 있는 것을 지으려 할 때마다 결국 모래 위에 지은 집처럼 무너졌지요. 주님 없이는 모든 것이 결국 **"헛되고 헛된"** 것이었습니다! 하지만 주님이 저의 구주가 되신 뒤로 주의 임재라는 굳건한 반석 위에 쌓아갑니다. 잘 지은 부분도 있고 그렇지 못한 부분도 있지만, 주님이 기초가 되어서 항상 **제 걸음을 견고하게 하셨습니다.**

안정된 삶의 비결이 **주님을 항상 제 앞에 모시는** 것임을 알게 되었습니다. 주님을 구심점으로 삼으면 인생길을 더 꾸준히 걸을 수 있지요. 많은 방해물이 여전히 경쟁하듯 제 관심을 끌지만 **주님은** 늘 제 앞에 계신 인도자십니다. 계속 주님을 바라볼 때 한 걸음 한 걸음 하나님 나라에 이를 때까지 저를 부르시는 주님을 볼 수 있습니다!

엄위하신 예수님의 이름으로 기도합니다. 아멘.

사무엘하 22:47, 전도서 1:2, 시편 40:2, 시편 16:8

그러므로 하나님의 능하신 손 아래에서 겸손하라 때
가 되면 너희를 높이시리라 너희 염려를 다 주께 맡기
라 이는 그가 너희를 돌보심이라

베드로전서 5:6~7

긍휼이 풍성하신 구주시여,

주님의 말씀은 **주께서 저를 돌보신다고** 가르치십니다. 주님이 저를 돌보고 계신다고요! 그런데 괴로운 상황이 나아지지 않고 악화되면 주님이 저를 저버리시는 것처럼 느끼기 쉽습니다. 마치 제가 겪고 있는 모든 일에 신경쓰지 않으시는 것처럼 느껴지지요. 주님이 저의 환경을 얼마든지 바꾸실 수 있지만, 그렇게 하지 않으신다는 것을 압니다.

통제하려 애쓰던 것을 멈추고 마음을 진정하게 하소서. 문제를 헤쳐 나갈 길을 궁리하는 헛된 노력을 정말 포기하고 싶습니다. 주의 임재 안에 **가만히 있으면서** 주님의 든든한 품에 기대고 싶어요. 신뢰하는 마음으로 안도의 한숨을 내쉬면서요. 이해되지 않는 것이 아주 많지만, 그래도 주의 임재를 누리며 주님의 변함없는 사랑 안에서 안식할 수 있습니다.

주님, 주님의 길은 신비로워 이해할 수 없고 주님의 사랑은 놀랍고도 영원합니다. 주님은 **저를 구원하시는 하나님이시고 제게 귀를 기울이시는** 하나님이시니 **저는 주님을 우러러보겠습니다.**

우리를 구원하시는 예수님의 이름으로 구원합니다. 아멘.

베드로전서 5:6~7, 시편 46:10, 출애굽기 33:14, 미가 7:7

소망 중에 즐거워하며 환난 중에 참으며 기도에 항상
힘쓰며

로마서 12:12

귀하신 예수님,

소망 중에 즐거워하게 하소서. 제 상황과 이 세상의 현실 때문에 기뻐하기 어려울 때가 있습니다. 주님은 진정한 기쁨을 찾기에 가장 좋은 자리가 **소망**임을 가르쳐 주셨습니다. **주님의 부르심의 소망이 무엇이며 그 기업의 영광의 풍성함이 무엇인지** 더욱더 충분히 알고 싶습니다. 주님이 저를 공동 상속자로 삼으셔서 주님의 유산을 나누어 주셨으니 얼마나 놀라운지요!

상황이 저를 짓누를 때면 필사적으로 소망을 붙들어야 합니다! 그래야 제가 살아남을 뿐 아니라 잘 되어서 기쁘게 살아갈 수 있지요.

소망은 열기구와도 같다는 것을 알게 되었습니다. 부력이 좋아서 저를 문제 위로 떠오르게 하니까요. 덕분에 저는 주님과 함께 날아올라, 더 높고 큰 관점으로 전체를 볼 수 있지요. 그런데 하나님 나라의 여정에 오르려면 열기구에 달린 바구니에 올라타야 합니다. 주님께 소망을 두었으니 추락하지 않을 것을 온전히 믿으면서요.

예수님, 주님을 믿습니다. **저의 믿음 없는 것을 도와주소서!**

높으신 예수님의 이름으로 기도합니다. 아멘.

로마서 12:12, 에베소서 1:18, 잠언 23:18, 마가복음 9:24

이 하나님은 영원히 우리 하나님이시니 그가 우리를
죽을 때까지 인도하시리로다

시편 48:14

항상 임재하시는 예수님,

오늘의 모험에 혼신의 힘을 다하고 싶습니다! 항상 임재하시는 친구 되신 주님을 의지하며 담대하게 인생길을 가고 싶어요. 주님의 임재가 일생 동안, 아니 영원토록 함께하시니 제가 자신감을 품을 이유가 충분합니다.

풍성한 삶을 빼앗아가는 두려움이나 염려에 굴복하지 않게 하소서. 주님을 충분히 신뢰함으로 문제에 그때그때 맞서는 법을 가르쳐 주소서. 문제를 예측해서 대비하려는 생각은 통제권을 유지하려는 헛수고입니다. **믿음의 주요 또 온전하게 하시는 주님을 바라보면,** 제가 마주하기도 전에 제 앞에 있는 많은 장애물이 사라질 것을 보여 주셨지요.

두려워지려고 할 때마다 주께서 **제 오른손을 붙들어 주시고** 주께서 늘 저와 함께 계심을 일깨워 주소서. **높음이나 깊음이나 다른 어떤 피조물이라도 저를 주님의 사랑의 임재에서 끊을 수 없다**고 주께서 확실하게 말씀하십니다.

승리하신 예수님의 이름으로 기도합니다. 아멘.

시편 48:14, 히브리서 12:2, 이사야 41:13, 로마서 8:38~39

또 여호와를 기뻐하라 그가 네 마음의 소원을 네게 이루어 주시리로다

시편 37:4

즐거움을 주시는 주님,

기도를 매일 해야 하는 '일'로 생각하지 않고 제가 흠모하는 **주님과의** '소통'으로 보게 하소서. **주님을 기뻐하면** 주님과의 달콤한 교제 속으로 끌려들지요. 주님이 제게 어떤 분이시고 무엇을 해 주시는지 생각하는 시간이 좋습니다. 성경은 **주님이 저로 말미암아 기쁨을 이기지 못하시며** 완전하고 영원한 사랑으로 저를 사랑하신다는 놀라운 확신을 줍니다. 주의 임재 안에 안식하는 동안 저를 따뜻하게 품어 주셔서, 제가 정말 주님의 사랑받는 존재임을 확신시켜 주소서. 주님이 결코 저를 놓지 않으심을 알게 되어 기쁩니다!

주님과 대화를 시작하는 쉬운 방법은 저의 구주이자 하나님, 사랑하는 친구가 되어 주신 주님께 감사하는 것입니다. 저의 삶과 가정, 그 너머에 벌어지는 일들에 대해서도 감사할 수 있고요. 이렇게 감사 기도를 드리면 주님과 이어지면서 다른 기도로도 쉽게 들어갈 수 있지요.

주께서 저와 제 상황을 속속들이 아시니 주님과 거리낌없이 대화할 수 있습니다. 저의 죗값을 다 치르셨기에 주께서 결코 저를 물리치지 않으심을 압니다. 그러므로 스스럼없이 **저의 마음을 주님께 쏟아 놓으며 우리의 피난처이신 주님을 의지합니다.**

우리를 구속(救贖)하시는 예수님의 이름으로 기도합니다. 아멘.

시편 37:4, 스바냐 3:17, 시편 118:28, 시편 62:8(우리말성경)

이는 한 아기가 우리에게 났고 한 아들을 우리에게 주
신 바 되었는데 그의 어깨에는 정사를 메었고 그의 이
름은 기묘자라, 모사라, 전능하신 하나님이라, 영존하
시는 아버지라, 평강의 왕이라 할 것임이라

이사야 9:6

기묘자와 모사이신 주님,

주님이 저보다 저를 훨씬 더 잘 아시니, 저의 문제와 불안을 가지고 주
께 나아와 주님의 지혜를 구합니다. 사랑으로 임재하시는 주의 빛 안에
서만 저의 참 자아를 볼 수 있습니다. 주님의 흠 없는 의로 아름답게 옷
입은 모습이지요. 주님의 의는 완전하지만 제가 이 세상에 사는 한 저의
잘못이든 다른 사람의 잘못이든, 계속해서 불완전한 모습으로 씨름할 거
라는 걸 깨닫습니다. 그래도 주께서 말씀하신 것처럼 주님 앞에서 저의
신분은 확고합니다. **어떤 피조물이라도 저를 주님의 사랑에서 끊을 수
없지요!**

주님은 위대하신 모사(상담자)이시니 제가 진리를 깨닫고 진리대로 살
도록 도와주십니다. 그러니 솔직하게 마음을 열고 주님께 고민을 가져올
수 있지요. 성경은 **진리를 알면 진리가 저를 자유롭게 하며,** 주님의 훌
륭한 상담이 저를 죄와 수치에서 해방하신다고 말씀합니다.

주 예수님, 주님은 무엇보다도 **주님을 기뻐하라고** 가르치시지요. **주님
이** 정말 제 마음의 가장 간절한 소원이어서 기쁩니다. 늘 주님을 가까이
하며 주의 사랑의 임재를 즐거이 인식하게 하소서.

기쁨이 넘치시는 예수님의 이름으로 기도합니다. 아멘.

이사야 9:6, 로마서 8:39, 요한복음 8:32, 시편 37:4

October

10

나의 유리함을 주께서 계수하셨사오니 나의 눈물을
주의 병에 담으소서 이것이 주의 책에 기록되지 아니
하였나이까

시편 56:8

나의 예수님,

주님은 저의 모든 고난을 하나하나 다 아시며 **저의 눈물을 병에 담으셨습니다.** 그러니 눈물이나 눈물짓게 하는 고난을 두려워하지 않게 하소서. 저의 문제가 우연이거나 무의미한 것이 아님을 압니다. 주님을 신뢰하며 주님의 주권 안에서 위로를 얻으라고 하셨지요. 주님이 충분히 알아서 하실 줄로 확신합니다!

주님의 관점은 시간이나 공간의 제약을 받지 않고 무한하십니다. 주님이 세상에서 일하시는 방식은 저의 이해력을 한참 벗어나지요. 만일 제가 매사를 하나님이신 주님의 관점에서 볼 수 있다면, 주의 완전하신 뜻에 경탄하며 주님의 영광을 마냥 기뻐했을 것입니다. 하지만 **지금은 거울로 보는 것같이 희미하니** 신비로움을 안고 살아가야 합니다.

주께서 저의 눈물을 병에 담아 간직하신다고 말씀하신 것을 보면 제가 주님께 얼마나 소중한 존재인지 알 수 있습니다. 언젠가는 **주님이 모든 눈물을 제 눈에서 닦아 주실** 것이라고 성경은 약속합니다. **다시는 사망이 없고 애통하는 것이나 곡하는 것이나 아픈 것도 다시 있지 아니할** 것이라고요. 그 영광스러운 하나님 나라의 미래가 저를 기다리고 있으니 얼마나 기쁜지 모르겠습니다!

승리하신 예수님의 이름으로 기도합니다. 아멘.

시편 56:8, 고린도전서 13:12, 요한계시록 21:4

사랑하는 예수님,

앞에 놓인 과제가 너무 벅차 보일 때 그 도전을 부담스러운 의무가 아닌 특권으로 보게 하소서. 주님이 저의 생각을 "해야만 하니까"에서 "기회를 주셨으니까"로 바꾸도록 훈련하셨지요. 덕분에 관점이 완전히 달라져서 힘든 일이 즐거움으로 변하곤 합니다. 물론 이것이 무슨 마술은 아니지요. 여전히 해야 할 일은 그대로니까요. 하지만 이렇게 관점이 바뀌면 하기 싫고 힘든 일도 즐겁고 자신 있게 할 수 있습니다.

일을 해내는 데 인내가 필수임을 배우는 중입니다. 지치거나 낙심되려 할 때면 "내게 허락하신 **특권인데!**"라는 생각을 떠올려야 합니다. 제게 힘과 능력을 주셔서 꼭 해야 할 일을 하게 하시니 감사합니다. 감사하면 생각이 명료해지고 주님과 더 가까워지지요.

주의 임재 안에서 심사숙고하거나 문제를 곰곰이 생각하며 해결책을 모색할 때 저의 생각을 인도하여 주소서. **무슨 일을 하든지 마음을 다하여 주께 하듯 하고** 싶습니다.

우리를 변화시켜 주시는 예수님의 이름으로 기도합니다. 아멘.

골로새서 4:2, 빌립보서 4:13, 골로새서 3:23

그러므로 내일 일을 위하여 염려하지 말라 내일 일은 내일이 염려할 것이요 한 날의 괴로움은 그 날로 족하니라

마태복음 6:34

나의 보화이신 예수님,

내일 일을 염려하지 말고 현재를 더 충실하게 사는 법을 가르쳐 주소서. 정말 제 삶의 중심에서 **주님을** 추구하며 주의 임재 안에 현재를 살고 싶습니다. 저에게는 꽤 힘든 일이지요. 계획하고 염려하는 것이 제게는 너무 자연스러운 일이니까요.

염려의 유혹을 물리치게 도와주소서. 제가 죄와 고생이 가득한 타락한 세상에 살고 있어서 닥쳐오는 일들을 그냥 두면 불안해집니다. 그런데 **주님은 한 날의 괴로움은 그날로 족하다고** 말씀합니다. 제가 어디까지 감당할 수 있는지 정확히 아셔서 제가 하루 동안 상대할 역경의 양을 세심히 조정해 주시지요. 나아가 늘 가까이 계시면서 언제라도 제게 힘과 용기와 위로를 주십니다.

힘써 주님과 가까이 동행하는 것이 풍성한 삶을 이루는 가장 확실한 길임을 알았습니다. 생각이 곁길로 벗어날 때마다 계속 다시 주님께 돌아와야 합니다. **주님이 저로 말미암아 기쁨을 이기지 못하시고 저로 말미암아 즐거이 부르며 기뻐하심을** 알기에, 기쁘게 주께로 돌이킬 수 있습니다.

즐거움을 주시는 예수님의 이름으로 기도합니다. 아멘.

마태복음 6:34, 이사야 41:10, 요한복음 10:10, 스바냐 3:17

여호와는 그의 얼굴을 네게 비추사 은혜 베푸시기
를 원하며

민수기 6:25

살아 계신 나의 하나님,

주의 은혜로우신 임재 안으로 나아옵니다. 오늘 하루 동안 한 걸음, 한 걸음 인도하여 주소서. 주께서 빛을 하루 단위로만 비추심을 압니다. 미래를 내다보려 할 때마다 어느새 어둠 속을 들여다보고 있는 저를 발견하지요. **주님의 얼굴은** 현재에만 **저를 비추십니다!** 주님의 변함없고 다함없는 사랑을 만나는 자리가 바로 **현재니까요. 엄마는 품안의 아기를 혹시 잊을지라도 주님은 저를 잊지 않으시니,** 주님의 사랑은 엄마와 젖먹이의 유대보다 질깁니다! **주님이 저를 주님의 손바닥에 새기셨습니다.**

지식에 넘치는 주님의 사랑을 알되 실제 경험을 통해 제대로 알고 싶습니다. 주님, 이것은 고귀한 목표이니 제 안에 계신 성령의 도우심이 필요합니다. 성령께서 능력을 주셔야 주님의 무한한 사랑을 경험할 수 있으니까요. **주님의 모든 충만하신 것으로 저를 충만하게 하소서.** 주님의 신성하신 임재를 최대한 풍성하게 받아서 이 몸이 온통 주님으로 차고 넘치기를 소원합니다.

신성하신 예수님의 이름으로 기도합니다. 아멘.

민수기 6:25, 이사야 49:15~16, 에베소서 3:18~19

또 함께 일으키사 그리스도 예수 안에서 함께 하늘에 앉히시니

에베소서 2:6

주 예수님,

저의 생각을 장악하려고 치열한 전투가 벌어지고 있습니다. 하늘과 땅이 제 머릿속에서 교차하지요. 생각을 끌어당기는 양쪽 세계의 힘이 느껴집니다. 주님, 저를 창조하실 때 하나님 나라를 조금이나마 미리 맛볼 수 있는 역량을 주셨으니 감사합니다. 방해거리를 차단하고 주의 임재에 집중하면, 주님과 함께 **하늘에** 앉아 있는 것을 즐길 수 있지요. 이것은 주께 속하여 주님의 얼굴을 구하는 이들에게만 주어진 엄청난 특권입니다. 주님과 교제하며 시간을 보내고 싶은 강한 열망을 주께서 제 안에 불어넣어 주셨지요. 주님과 주의 말씀에 집중하면, 성령께서 저의 생각을 **생명과 평안으로** 충만하게 하십니다.

세상은 저의 생각을 밑으로 끌어내리고, 언론은 냉소와 거짓, 탐욕, 정욕을 퍼붓습니다. 그런 것을 접할 때 분별력을 주시고 저를 보호하여 주소서. 이 세상의 황무지를 통과할 때마다 늘 주님과 소통해야 합니다. 염려의 유혹을 이기도록 도와주소서. 염려는 세상적인 것이니 저를 짓누르고 주의 임재를 인식하지 못하게 가로막습니다. 저의 생각을 쉴 새 없이 대적하는 전투에 늘 깨어 있게 하소서.

오 주님, 영원히 싸움 없이 살아갈 그날이 얼마나 기다려지는지요!

예수님의 권능의 이름으로 기도합니다. 아멘.

에베소서 2:6, 로마서 8:6, 베드로전서 5:8

만물이 그에게서 창조되되 하늘과 땅에서 보이는 것들과 보이지 않는 것들과 혹은 왕권들이나 주권들이나 통치자들이나 권세들이나 만물이 다 그로 말미암고 그를 위하여 창조되었고

골로새서 1:16

엄위하신 예수님,

안식과 새 힘을 구하려고 주의 임재 속으로 나아옵니다. 주님께 집중하는 시간이 제게 힘과 격려가 되지요. 주님, 집에 편히 앉아 이렇게 우주의 창조주이신 주님과 교제할 수 있다니 신기하고 놀랍습니다.

이 땅에서 다스리는 왕들은 여간해서 아무나 만나 주지 않습니다. 평범한 사람은 왕을 알현할 기회도 거의 없고, 고위 인사도 왕과 대화하려면 엄격한 절차와 의전을 거쳐야 하지요. 그런데 저는 이 광대하고 장엄한 우주의 왕이신 **주님께** 언제라도 나아갈 수 있으니 기쁩니다.

주께서 항상, 어떤 상황에서도 저와 함께 계심을 기억하게 하소서. **아무것도** 저를 주의 사랑의 임재에서 **끊을** 수 없습니다! 주님이 십자가에서 **"다 이루었다"**라고 외치실 때 **성소 휘장이 위로부터 아래까지 찢어져 둘이 되었지요.** 이로써 주님을 대면하여 만날 길이 열렸고, 의전이나 제사장은 필요 없어졌습니다. **만왕의 왕**이신 주님이 저의 한결같은 길동무시라니 얼마나 숨 막힐 정도로 대단한 일인지요!

왕이신 예수님의 이름으로 기도합니다. 아멘.

골로새서 1:16, 요한복음 19:30, 마태복음 27:50~51, 디모데전서 6:15

내가 네 갈 길을 가르쳐 보이고 너를 주목하여 훈계
하리로다

시편 32:8

나의 창조주 하나님,

주의 임재를 점점 더 인식할수록 제가 가야 할 길을 분별하기가 더 쉬워진다는 것을 알았습니다. 주님과 가까이 지내면 이런 실제적인 유익도 따르지요. 앞길이 어떨지 궁금하거나 만약 … 또는 언제 … 어떻게 해야 할지 고민하는 대신 주님과 소통을 유지하는 데 집중할 수 있습니다. 그러면 실제로 제가 선택 지점에 이를 때, 어느 방향으로 가야 할지 알려 주실 것을 믿을 수 있습니다.

때때로 미래의 계획과 결정에 너무 몰두해서 지금 선택해야 할 일을 보지 못할 때가 있음을 고백합니다. 제대로 생각하지 않고 그냥 타성에 젖어 하루를 보내지요. 한동안 이렇게 살면 삶이 점차 따분해집니다. 몸에 밴 일상대로 하루하루를 몽유병 환자처럼 살아가니까요.

우주의 창조주이신 **주님은** 세상에서 가장 창조적인 분이십니다! 주님이 저를 판에 박힌 길만 뱅뱅 돌도록 그냥 두지 않으시니 감사합니다. 오히려 새로운 모험의 길로 인도하시며 지금까지 몰랐던 것들을 보여 주시지요. 주님과 늘 소통하며, 인도하시는 주의 임재를 따르게 하소서.

숨 막힐 정도로 대단하신 예수님의 이름으로 기도합니다. 아멘.

시편 32:8, 창세기 1:1, 이사야 58:11

그러므로 함께 하늘의 부르심을 받은 거룩한 형제들
아 우리가 믿는 도리의 사도이시며 대제사장이신 예
수를 깊이 생각하라

히브리서 3:1

사랑하는 구주시여,

제가 자꾸 이 잘못되고 망가진 세상에서 안전을 구하려 하는 것을 고백합니다. 제 삶의 통제권을 쥐기 위해 꼭 해야 할 일들을 머릿속에 점검표로 만들고 실제로 종이에 적기도 합니다. 그 목록대로 전부 완수하고 편히 쉬는 것이 저의 목표이지요. 그런데 목표를 이루려고 노력할수록 목록에 추가할 일이 더 생긴다는 것을 알았습니다. 열심히 할수록 더 좌절하게 됩니다!

주님은 이 땅의 삶을 사는 제게 안전을 찾는 훨씬 좋은 길을 보여 주셨습니다. 점검표를 꼼꼼히 살피기보다 **주님을 깊이 생각하며** 제 안에 임재하시는 주님을 즐거워하는 것입니다. 늘 주님께 주목하면 **주께서 저를 평강하고 평강하도록 지키신다**고 성경이 말씀합니다. 나아가 주님과 소통하면 중요한 일과 그렇지 않은 일, 지금 해야 할 일과 그렇지 않은 일을 구분할 수 있지요.

주님, **보이는 것이 아니라 보이지 않는 것에 주목하도록** 저를 훈련하소서. 환경을 보지 말고 사랑으로 임재하시는 주님을 바라보게 하소서.

비길 데 없이 좋으신 예수님의 이름으로 기도합니다. 아멘.

히브리서 3:1, 이사야 26:3, 고린도후서 4:18

주께서 생명의 길을 내게 보이시리니 주의 앞에는 충만한 기쁨이 있고 주의 오른쪽에는 영원한 즐거움이 있나이다

시편 16:11

위대하신 구주시여,

주님 안에서 누리는 기쁨은 환경을 초월합니다. 저는 결코 주님과 떨어져 있지 않으며, **주님 앞에는 충만한 기쁨이 있지요!** 오늘도 길을 가면서, 눈에 보이지 않지만 엄연한 실재이신 주의 임재 징후를 찾아 보렵니다. 때로 주님은 거창하고 분명한 방식으로 제게 소통하십니다. 주님의 손으로 역사하신 것이 분명한 '우연의 일치'를 통해 소통하시지요. 그와 반대로 주님이 더 미묘하게 살짝만 보일 때도 있습니다. 대개 아주 사적이고 내밀해서 다른 사람들은 알아차리지 못합니다. 하지만 이런 미묘한 징후가 저에게 깊은 기쁨을 안겨 주지요.

더 주의깊게 볼수록 하루의 세세한 것 속에서 주님이 더 많이 보입니다. 그러니 늘 깨어 있게 하소서. 즐겁게 드러날 주의 임재를 살피게 하소서.

성경에 주님을 가장 명확히 계시하시니, 저의 마음과 생각을 성경으로 가득 채우고 싶습니다. 주님의 약속들이 저의 생각에 스며들어 저를 주님 곁에 머물게 합니다. **"내 음성을 들으라. 내가 너를 아니 너는 나를 따르라. 내가 네게 영생을 주노니 너를 내 손에서 빼앗을 자가 없느니라."** 이렇게 말씀으로 이야기하시는 주의 음성을 듣는 것이 좋습니다.

천하무적이신 예수님의 이름으로 기도합니다. 아멘.

시편 16:11, 예레미야 29:13, 요한복음 10:27~28

주 여호와는 나의 힘이시라 나의 발을 사슴과 같게 하사 나를 나의 높은 곳으로 다니게 하시리로다 이 노래는 지휘하는 사람을 위하여 내 수금에 맞춘 것이니라

하박국 3:19

주권자이신 주님,

주님은 저의 힘이시며 저를 높은 곳으로 다니게 하십니다! 주께서 임재하신 영광 속을 주님과 함께 거닐게 하시지요. 하지만 가끔은 이 긴 오르막길에서 겨우 한 걸음밖에 더 뗄 수 없을 것처럼 느낄 때가 있습니다. 앞을 보면 산이 가팔라서 넘을 수 없을 것만 같지요. 그래도 **제가 항상 주님과 함께하니 주께서 제 오른손을 붙드시고 주님의 교훈으로 저를 인도하십니다.** 그 높은 곳에 올라갈 가장 좋은 길을 찾도록 도와주시지요.

주님과 동행하는 여정이 힘들고 때로 진이 빠지지만, 그것은 인내심 싸움 그 이상입니다. 주님이 저와 함께 계신다는 사실은 가장 힘든 등반에도 기쁨을 불어넣어 주니까요! 그러니 주께서 저를 위해 예비해 두신 모든 즐거움을 살피겠습니다. 물론 그 어떤 즐거움을 만나더라도 가장 귀한 보화는 저의 사랑하는 길동무이신 **주님이십니다.**

전에는 '높은 곳'이 제가 오르고 있는 산의 맨 꼭대기인 줄 알았습니다. 그런데 멈추어 저의 여정이 시작된 곳을 뒤돌아보니 이미 얼마나 높이 올라왔는지 보입니다. 잠시 쉬면서 사랑으로 주님을 바라보면 저를 에워싸고 계신 주의 임재의 영광이 느껴집니다!

영광스러운 예수님의 이름으로 기도합니다. 아멘.

하박국 3:19, 시편 73:23~24, 히브리서 1:3

내가 새벽 날개를 치며 바다 끝에 가서 거주할지라도 거기서도 주의 손이 나를 인도하시며 주의 오른손이 나를 붙드시리이다

시편 139:9~10

자비로운 예수님,

안전을 찾으려고 할 때 주님께 초점을 맞추고 싶습니다. 저 혼자만의 생각 속에서 늘 삶을 예측 가능하고 안전하게 정리하려 노력해 왔습니다. 하지만 그것은 불가능한 목표이며 저의 영적 성장에도 역효과를 낸다는 것을 깨닫습니다.

특히 저의 삶이 불안정하게 느껴질 때 더욱더 주님을 의지하도록 도와주소서. 통제권을 되찾으려 애쓰기보다 주의 손을 잡고 주님께 의식적으로 의존하며 살아야 합니다.

늘 문제없는 삶을 동경했지만, 환난 덕분에 제가 오히려 주의 임재를 더 의식할 수 있었다는 것을 보여 주셨지요. 역경의 어둠 속에서 주의 얼굴의 광채가 환히 비쳐 격려와 위로의 빛을 발하십니다.

삶의 문제들을 유익한 것으로 볼 수 있게 하시고, **여러 가지 시험을 당할 때마다 온전히 기쁘게 여기게 하소서.** 영원히 환난 없는 하나님 나라의 삶이 저를 기다리고 있으니 무슨 일을 만나든 늘 기뻐할 수 있습니다!

놀라우신 예수님의 이름으로 기도합니다. 아멘.

시편 139:9~10, 야고보서 1:2, 빌립보서 4:4

여호와와 그의 능력을 구할지어다 그의 얼굴을 항상
구할지어다

시편 105:4

신실하신 나의 하나님,

오늘도 **주님을 앙망하오니** 도움과 위로를 베푸시고 동행하여 주소서. 주께서 늘 제 곁에 계시니, 한눈에 주님과 연결될 수 있음을 압니다. 도움을 받고자 주님을 앙망하면 주의 임재로부터 도움이 아낌없이 흘러나오지요. 주님은 큰 일 못지않게 작은 일에도 제게 주님이 늘 필요함을 알게 하십니다.

위로가 필요할 때 주님은 사랑으로 저를 품에 안아 주십니다. 저만 위로하시는 것이 아니라 저를 통해 다른 사람들도 위로하시는 것이 되지요. 결국 저는 이중의 복을 누립니다. 주님의 위로가 저를 통해 다른 사람들에게 흘러가는 동안 그 복의 일부가 제게도 스며드니까요.

주께서 끊임없이 동행하시는 것은 놀라운 선물입니다! 주님을 앙망하면 주님은 신실하시고 진실하셔서 사랑으로 제게 임재하시는 것을 알게 됩니다. 살다가 어떤 상실을 경험할지라도 **아무것도 저를 주님의 사랑의 임재에서 끊을 수 없음을** 압니다!

우리를 위로해 주시는 예수님의 이름으로 기도합니다. 아멘

시편 105:4, 시편 34:5, 고린도후서 1:3~4, 로마서 8:38~39

October

22

그러나 주께 피하는 모든 사람은 다 기뻐하며 주의 보호로 말미암아 영원히 기뻐 외치고 주의 이름을 사랑하는 자들은 주를 즐거워하리이다

시편 5:11

영광스러운 예수님,

　주님이 단단한 반석이시니 제가 그 위에서 춤추고 노래하며 주의 영광스러운 임재를 찬양할 수 있습니다! 주님의 높고 거룩하신 부르심으로 제가 이 귀한 선물을 받습니다. 주님을 영화롭게 하고 즐거워하는 것이 깔끔하고 틀 잡힌 삶을 유지하는 것보다 한없이 더 중요하다는 것을 보여 주셨지요. 그런데 여전히 저는 매사를 스스로 통제하려고 에너지를 쏟아 붓습니다. 통제하려는 노력을 그만두게 하소서. 그런 노력이 불가능한 일일뿐더러 **주님의 성실하심**을 욕되게 함을 깨닫게 하소서.

　주께서 주의 자녀들을 각자 개별적으로 인도하심을 깨닫습니다. 그래서 저도 저의 길을 찾으려면 성경과 기도를 통해 주의 음성을 듣는 것이 필수적이지요. 저를 기다리고 있는 하루를 잘 맞이하도록 준비시켜 주시고, 올바른 방향을 알려 주소서. 주님이 늘 저와 함께 계시니 두려움에 겁먹을 필요가 없지요. 두려움이 뒤쫓아 와도 제가 주님의 손을 잡고 있는 한 저를 해칠 수 없음을 압니다. 두려워하기보다 신뢰하는 마음으로 주님과 동행하며 주의 임재 안에서 평안을 누리기 원합니다.

　　높으시고 거룩하신 예수님의 이름으로 기도합니다. 아멘.

시편 5:11, 예레미야애가 3:22~23, 유다서 1:24~25

우리가 다 그의 충만한 데서 받으니 은혜 위에 은혜
러라

요한복음 1:16

은혜로우신 예수님,

제가 주님의 충만한 데서 받았으니 은혜 위에 은혜입니다. 주님의 놀라운 구원의 선물, 즉 **은혜에 의하여 믿음으로 말미암은** 구원의 선물을 묵상하며 주님을 예배합니다. 이것은 **행위에서 난 것이 아니라** 전적으로 선물이니 저의 구원은 절대 안전합니다! 제가 할 몫은 그저 주님이 주신 믿음으로 이 귀한 선물을 받는 것이지요. 주님의 피로 사신 이 무한히 값진 보화가 저를 기쁘게 합니다.

주님의 경이로운 은혜에서 갖가지 복이 흘러나오는 것을 알았습니다. 죄책감이 주님의 따뜻한 용서의 빛에 녹아 없어지고, **하나님의 자녀**라는 정체성은 제 삶에 의미와 목적을 부여합니다. 주님께 받은 사랑과 용서로 다른 사람들을 대하니 대인 관계도 좋아지고요.

오 주님, 주님의 영광스러운 은혜를 묵상할 때 제 마음에 감사가 차고 넘치게 하소서. 제 삶에 베푸신 풍성한 복을 생각하고 감사하는 시간을 갖도록 일깨워 주소서. 그러면 걸핏하면 싹트는 배은망덕의 잡초가 제 마음을 넘볼 수 없지요. 저에게 **감사하는** 법을 가르치소서!

자비로우신 예수님의 이름으로 기도합니다. 아멘.

요한복음 1:16, 에베소서 2:8~9, 요한복음 1:12, 히브리서 12:28

그런즉 이 일에 대하여 우리가 무슨 말 하리요 만일
하나님이 우리를 위하시면 누가 우리를 대적하리요
로마서 8:31

강하신 구주시여,

주의 말씀은 주님이 저와 함께 계실 뿐 아니라 **저를 위하신다고** 확신을 주십니다. 제가 행동방침을 주님의 뜻에 맞게 정할 때 아무것도 저를 막지 못합니다. 그러니 목표를 향해 가다가 다양한 장애물을 만나도 포기하지 않겠습니다. 주님과 동행하는 여정에 우여곡절이 많을 것을 알지만, **주를 의뢰하면** 어떤 장애물도 극복할 수 있지요. 저의 **큰 도움**이신 주님이 전능하시다는 이 영광스러운 진리가 제게 힘이 됩니다!

때가 되기도 전에 일을 성사시키려 하다 보니 스트레스가 생긴다는 것을 알았습니다. 주님이 여러 방식으로 주님의 주권을 선포하시는데, 일의 타이밍도 포함되지요. 때로 조바심을 내기는 하지만, 정말 인생길에서 늘 주님을 가까이하며 매사를 **주님의** 뜻대로 하고 싶습니다. 매순간 주님이 원하시는 길로 저를 인도하여 주소서. 무턱대고 목표를 향해 돌진하기보다, 주님께 속도를 맞출 수 있게 해 주시기를 간구합니다. 속도를 늦추면 주의 임재 안에서 여정을 즐길 수 있습니다.

찬란하신 예수님의 이름으로 기도합니다. 아멘.

로마서 8:31, 시편 18:29, 시편 46:1, 누가복음 1:37

너희는 여호와를 영원히 신뢰하라 주 여호와는 영원한 반석이심이로다

이사야 26:4

한결같으신 주님,

주님과 소통하면서 더 꾸준하게 믿음의 길을 걷고 싶습니다. 인생길의 1지점에서 2지점으로 가는 가장 빠른 직선로는 흔들림 없이 주님을 신뢰하는 궤도임을 보여 주셨습니다. 믿음이 흔들릴 때는 언제나 구불구불한 길을 선택해서 곁길로 한참 벗어납니다. 주님의 주권 덕분에 결국 2지점에 도달하기는 하지만, 제 불신의 결과로 소중한 시간과 에너지를 낭비하지요. 신뢰의 궤도에서 벗어났음을 깨닫는 순간 작은 소리로 "예수님, 주님을 신뢰합니다"라고 아뢰어야 합니다. 이 단순한 고백이 다시 본 궤도로 돌아오게 돕습니다.

불신의 길을 따라 더 멀리 돌아다닐수록 주님이 저와 함께 계심을 기억하기가 더 힘들어지는 것을 알았습니다. 불안한 생각이 사방으로 뻗어나갈수록 주님의 임재를 더 인식하지 못하게 하니까요. 길을 이탈하지 않으려면, 주님을 신뢰하는 제 마음을 자주 말로 표현해야 하지요! 이 작은 믿음의 행동 덕분에 계속 주님과 보조를 맞출 수 있습니다. **마음을 다하여 주님을 신뢰하도록** 도와주시고, **제 길을 지도하여** 주소서.

예수님의 든든하신 이름으로 기도합니다. 아멘.

이사야 26:4, 시편 9:10, 시편 25:4, 잠언 3:5~6

October

26

너희는 내 얼굴을 찾으라 하실 때에 내가 마음으로 주
께 말하되 여호와여 내가 주의 얼굴을 찾으리이다 하
였나이다

시편 27:8

온유하신 예수님,

일이 뜻대로 풀리지 않으면 저도 모르게 당황합니다. 대신 하던 일을 멈추고 주님의 얼굴을 찾게 하시고 잠시라도 주의 임재를 즐거워하게 하소서. 저를 좌절시키는 문제를 주께 아뢰면, 제가 주의 관점에서 보고 정말 무엇이 중요한지 가려낼 수 있게 해 주시지요. 주님과 늘 소통하는 가운데 주를 신뢰함으로 의지하며 나아가면, 제가 나아갈 길을 열어 주십니다.

제가 좌절하는 이유가 강한 통제 욕구 때문임을 고백합니다. 하루를 계획하면서 다른 사람들이 그 계획에 방해되지 않기를 기대하지요. 하지만 **주님이** 주관하고 계시며 하늘이 땅보다 높음같이 주님의 길이 저의 길보다 높다는 것을 기억해야 합니다. 좌절과 방해 때문에 상심하기보다 그것을 계기로 주님이 주권자 하나님이시고 저는 주의 사랑받는 제자임을 기억하기 원합니다. **주님의 사랑을 의지하면서** 저의 계획을 주님의 무한히 지혜로운 종합 계획에 즐거이 복종시키도록 도와주소서.

경이로우신 예수님의 이름으로 기도합니다. 아멘.

시편 27:8, 이사야 55:9, 사무엘하 22:31, 시편 13:5

또 너희 중에 누가 염려함으로 그 키를 한 자라도 더
할 수 있느냐 그런즉 가장 작은 일도 하지 못하면서
어찌 다른 일들을 염려하느냐

누가복음 12:25~26

위대하신 나의 하나님,

문제를 가볍게 대하는 법을 가르쳐 주소서. 문제를 생각하다 그 상황
에 너무 집중하여 주님을 놓치곤 합니다. 어려움에 맞닥뜨릴 때, 그것을
당장 극복해야 하는 것처럼 맞서 싸웁니다. 대항해 싸울 생각을 하니 몸
이 긴장되고 불안해지며, 완전한 승리를 거두지 못하면 패배한 것처럼
느껴지지요.

더 나은 방법이 있다는 것을 압니다! 문제가 저의 생각을 압도하려 할
때 그것을 주님께 가져오도록 일깨워 주소서. 주님과 대화하면서 그 문
제를 **주님의 얼굴빛 안에서** 검토하게 하소서. 그러면 고민과 적절한 거
리를 두어, 더 주님의 관점에서 볼 수 있게 되지요. 가끔 사소한 일에 너
무 심각하던 저 자신을 비웃어 줄 때도 있습니다.

세상에서는 제가 환난을 당할 것을 압니다. 그러나 더 중요한 것은 제
곁에 늘 **주님이** 계셔서 무슨 일을 만나든 능히 감당하도록 준비시켜 주
신다는 거지요. 문제를 주의 투시하는 빛 가운데서 보고 가볍게 접근하
게 하소서.

눈부신 예수님의 이름으로 기도합니다. 아멘.

누가복음 12:25~26, 시편 89:15, 요한복음 16:33

October

28

산들이 떠나며 언덕들은 옮겨질지라도 나의 자비는
네게서 떠나지 아니하며 나의 화평의 언약은 흔들리
지 아니하리라 너를 긍휼히 여기시는 여호와께서 말
씀하셨느니라

이사야 54:10

약속을 지키시는 주님,

주님이 저를 영원히 붙들고 계시다니 정말 굉장합니다. 주님의 사랑은
결코 저를 놓지 않으시지요! 제가 살고 있는 세상은 여러모로 예측할 수
없고 위험합니다. 주변을 둘러보면 깨진 약속들이 세상을 어지럽히고 있
음을 봅니다.

감사하게도 주님의 사랑은 **결코** 깨지지 않을 약속입니다. **산들이 떠나
며 언덕들은 옮겨질지라도 주님의 자비는 제게서 떠나지 않습니다.** 이
구절은 산이 요동하고 언덕이 사라지는 섬뜩한 상황을 그리고 있지요.
하지만 **무슨** 일이 벌어져도 주님의 사랑은 흔들리지 않으니 그 위에 제
삶을 지을 수 있습니다!

저는 측량할 수 없는 주님의 사랑을 온전히 받기가 어렵다는 것을
고백합니다. **성령으로 말미암아 저를 능력으로 강건하게** 하소서. 저를
향한 **주님의 사랑의 너비와 길이와 높이와 깊이가 어떠한지를** 제대
로 **깨닫도록** 도우소서. 주님, **지식에 넘치는 이 사랑을 알기를** 간절히
원합니다!

일그러진 자아상에서 저를 해방시키셔서 저 자신을 주님이 보시는 대
로 볼 수 있게 하소서. 주의 **공의의 겉옷으로** 광채를 내고, 빛나는 사랑을
두른 모습으로 보게 하소서.

의로우신 예수님의 이름으로 기도합니다. 아멘.

이사야 54:10, 에베소서 3:16~19, 이사야 61:10

내가 너희에게 분부한 모든 것을 가르쳐 지키게 하라
볼지어다 내가 세상 끝날까지 너희와 항상 함께 있으
리라 하시니라

마태복음 28:20

존귀하신 예수님,

오늘도 한 걸음 한 걸음 나아갈 때 주님을 생각하게 하소서. 저와 함께 하시는 주의 임재는 귀한 약속이자 위로가 되는 보호하심입니다. 부활하신 후에 주님은 **"볼지어다. 내가 세상 끝 날까지 너희와 항상 함께 있으리라"**라고 제자들을 안심시키셨습니다. 이 약속은 주님을 따르는 **모든 사람**을 위한 것이니 저를 위한 말씀이지요!

그동안 주님과 동행하면서 주의 임재야말로 막강하고도 꼭 필요한 보호라는 것을 알았습니다. 인생길을 가노라면 주변에 함정이 많지요. 몇 걸음만 벗어나도 자기연민과 절망의 수렁이 있고 교만과 아집의 고원도 있습니다. 온갖 목소리가 제 관심을 끌려고 다투며 저를 끌어들이려 합니다. 주님에게서 눈을 떼어 다른 길로 가면 정말 위험해지지요. 제 삶에서 주님의 자리를 빼앗는다면, 그것이 심지어 좋은 친구라도 저를 곁길로 벗어나게 할 수 있음을 압니다.

생명의 길을 고수하려면 늘 주님께 초점을 맞추어야 함을 가르쳐 주셔서 감사합니다. 저를 보호하시고 **또한** 기쁘게 하시는 주의 사랑의 임재 가운데 늘 거하게 하소서.

우리를 위로하시고 보호해 주시는 예수님의 이름으로 기도합니다. 아멘.

마태복음 28:20, 히브리서 12:1, 시편 16:11

내가 항상 주와 함께 하니 주께서 내 오른손을 붙드셨
나이다 주의 교훈으로 나를 인도하시고 후에는 영광
으로 나를 영접하시리니

시편 73:23~24

긍휼이 풍성하신 예수님,

주님은 저를 안전하게 지켜 주시는 분이십니다. 그런데 제 타고난 성향은 생각하고 계획하는 데 안전이 달려 있는 것처럼, 그 일에 과도하게 의존합니다. 무언가 불안해지려고 하면 제 마음은 해결책을 찾고 안정감을 느끼기 위해 과몰입하지요. 그러는 동안에도 줄곧 **주님이 저와 함께하시며 제 오른손을 붙들고** 계시니 주님의 끊임없는 임재를 기억하고 의지하게 하소서.

미련하게 **저의 마음을 믿는** 대신 저를 안전하게 지켜 주실 주님을 의지하고 **지혜롭게 행하고** 싶습니다. 성경의 지혜는 저 자신이나 다른 사람보다 주님을 더 신뢰하는 것이라고 주님이 가르쳐 주고 계시지요. 주께서 늘 **주님의 교훈으로 저를 인도하실** 준비가 되어 있으시니, 모든 고민을 주님께 가져올 수 있습니다. 어떤 때는 기도를 글로 쓰면 생각이 명료해지는데, 특히 감정이 혼란스러울 때 그러합니다.

주의 임재 안에서 기다리오니 앞길을 보여 주소서. 주님과 주님의 말씀에 집중하오니 생각을 인도하여 주소서. 작은 소리로 "예수님" 하고 부르는 것도 제가 주님께 늘 집중하는 한 방법입니다. **주의 이름은 견고한 망대니 저는 그리로 달려가서 안전함을 얻습니다.**

강하신 예수님의 이름으로 기도합니다. 아멘.

시편 73:23~24, 잠언 28:26, 잠언 18:10

주께서 생명의 길을 내게 보이시리니 주의 앞에는 충
만한 기쁨이 있고 주의 오른쪽에는 영원한 즐거움이
있나이다

시편 16:11

영원하신 하나님,

**주님 앞에는 충만한 기쁨과 온전한 평강과 인자하심이 있습니다. 생
명의 길을** 주님과 동행하니 기쁘고, 인생길 걸음마다 주님과 교제하니
즐겁습니다. 주께서 늘 제 곁에 계시기에 주의 임재의 기쁨을 언제든 누
릴 수 있지요!

저의 **심지를 견고히** 주님께 두면 주께서 **저를 평강하고 평강하도록
지키시기로** 약속하셨습니다. 말과 생각과 노래로 늘 주님과 소통하게 하
소서. 주의 말씀을 흡수하고 말씀으로 제 마음을 흠뻑 적시는 데 충분한
시간을 보내면, 제가 생각하고 살아가는 방식이 달라집니다. 주님이 정
말 어떤 분이신지 묵상하면, 주님의 빛이 제 마음을 따뜻하게 비추시며
제게 평강의 복을 주십니다.

주님, **하나님의 집에 있는 푸른 감람나무처럼** 저도 주의 임재 안에서
활짝 피어나길 원합니다. 주의 임재의 햇빛이 저를 비추시고 양분을 주
시므로 주님의 나라에서 열매 맺을 수 있습니다. **주님의 인자하심을 의
지할수록** 제가 주님 안에서 지극히 안전함을 더욱 깨닫습니다!

빛나고 사랑이 많으신 예수님의 이름으로 기도합니다. 아멘.

시편 16:11, 이사야 26:3, 시편 29:11, 시편 52:8

November

우리가 감사함으로

그 앞에 나아가며 시를 지어

즐거이 그를 노래하자

시편 95:2

너희는 그 은혜에 의하여 믿음으로 말미암아 구원을 받았으니 이것은 너희에게서 난 것이 아니요 하나님의 선물이라 행위에서 난 것이 아니니 이는 누구든지 자랑하지 못하게 함이라

에베소서 2:8~9

복되신 구주시여,

영광스러운 은혜의 선물을 주셔서 감사드립니다! 주의 말씀은 **제가 은혜에 의하여 믿음으로 말미암아 구원을 받았으니 이것이 저에게서 난 것이 아니요 하나님의 선물이며, 행위에서 난 것이 아니**라고 가르치십니다. 주님을 믿어 구원받는 데 필요한 그 믿음까지도 주님의 선물이지요. 주께서 십자가에서 다 이루신 일을 통해 저는 놀라운 **영생의 복**을 받았습니다. 감사한 마음으로 놀랍도록 너그러우신 주님께 응답하게 하소서. 은혜에 대해 아무리 뜨겁게, 아무리 자주 감사해도 지나치지 않습니다.

감사의 계절을 맞아 저의 모든 죄를 용서받았다는 것이 어떤 의미인지 묵상하는 시간을 갖고 싶습니다. 제가 가는 길은 더는 지옥행이 아니라 최종 목적지가 **새 하늘과 새 땅**입니다. 하나님 나라에 이 유산이 보장되어 있으니 매일의 삶을 즐거워할 큰 이유가 되지요.

오늘도 주님과 동행하면서 비길 데 없는 은혜의 선물 주심에 자주 감사드리려 합니다. 은혜에 감사하다가 주님이 베푸시는 더 **많은** 복을 깨달아, 감사가 더욱 많아지길 기도합니다.

은혜로우신 예수님의 이름으로 기도합니다. 아멘.

에베소서 2:8~9, 요한복음 3:16, 마태복음 10:28, 요한계시록 21:1

소망 중에 즐거워하며 환난 중에 참으며 기도에 항상
힘쓰며

로마서 12:12

귀하신 구주시여,

소망 중에 즐거워합니다! 제가 하나님 나라를 향해 가고 있으니 기뻐할 이유가 충분하지요. 주님, 저의 죗값을 다 치르시고 주님의 의를 제게 입혀 주시니 감사합니다. **이것이** 제 소망의 근거입니다. 제가 처한 상황과 상관없이 확실한 소망입니다. **저를 주님의 손에서 빼앗을 자가 없습니다.** 주님 안에서 저는 절대적으로 영원히 안전합니다!

주의 말씀은 **기도에 항상 힘쓰라**고 가르치십니다. 이렇듯 주님과 늘 소통해야 하는데, 힘들 때 특히 더 그렇지요. 그런데 시련 중에는 스트레스와 피로 때문에 제 힘으로는 주님께 집중하기가 어려울 수 있습니다. 그러므로 놀라운 힘의 원천이신 성령께서 제 안에 계신 것을 감사드립니다. **영의 생각**을 구하면 성령께서 힘을 주시고 능히 기도하게 하시지요. 기도가 유창하거나 논리적이지 않아도 되니 기쁩니다. 그냥 그 상황에서 자연스럽게 흘러나오게 두면 되니까요.

주님, **환난 중에 참**을 수 있도록 늘 주님과 소통하게 하소서. 그래야 제가 고난을 견디고 인내할 수 있습니다.

우리의 소망이신 예수님의 이름으로 기도합니다. 아멘.

로마서 12:12, 요한복음 10:28, 로마서 8:6

그는 흉한 소문을 두려워하지 아니함이여 여호와를
의뢰하고 그의 마음을 굳게 정하였도다

시편 112:7

위대하신 나의 하나님,

저를 꾸준히 훈련시켜 주소서. 주님을 인식하지 못하게 방해하는 것들이 너무 많음을 고백합니다. 보고 듣는 감각의 세계에 살고 있지만, 저를 둘러싼 자극의 노예가 되고 싶지 않습니다. 무슨 일이 벌어지든 모든 상황에서 주의 임재를 인식할 수 있음을 알고 있습니다. 이것이 삶에서 제가 꼭 실천하고 싶은 꾸준함이지요.

뜻밖의 일 때문에 곁길로 벗어나지 않도록 도와주소서. 상심하거나 걱정하기보다 **주님이 저와 함께하심을** 기억하며 침착하고 의연하게 대응하고 싶습니다. 뭔가가 저의 관심을 사로잡거든 즉시 주님께 기도할 수 있습니다. 그렇게 기쁨과 슬픔을 주님과 함께 나누면 제 앞에 놓인 모든 것에 대처할 능력을 주시지요.

주님, 제 안에 더 충만하게 사시면서 제 안에는 물론 저를 통해서도 주님의 뜻을 이루소서. 제가 이 험한 세상으로 주님의 평안을 흘려보내는 통로가 되고 싶습니다.

우리를 위로해 주시는 예수님의 이름으로 기도합니다. 아멘.

시편 112:7, 이사야 41:10, 시편 46:1~2, 데살로니가전서 5:16~17

너는 마음을 다하여 여호와를 신뢰하고 네 명철을 의
지하지 말라

잠언 3:5

강하신 나의 구원자시여,

오늘의 상황을 마주하며 **주님을 의지하게** 하소서. 모든 사람들이 체력, 지능, 미모, 재산, 성취, 가족, 친구 등 **뭔가를** 의지합니다. 이 모든 것이 주님의 선물이니 저도 감사하며 주님의 복을 누리고 싶습니다. 하지만 이것들을 의지하면 위험하다는 것을 배웠습니다. 하나하나 다 저를 실망시킬 수 있으니까요.

힘든 상황에 부딪쳐 역부족임을 느낄 때면, 하루를 어떻게 버텨낼지 끙끙대곤 합니다. 그러다 보면 시간과 에너지를 많이 낭비할뿐더러 더 나쁜 것은 주님과의 관계마저 놓치게 되지요. 그럴 때마다 저의 환경 속에서 주님을 발견하도록 제 눈을 열어 주소서. 저를 도우시려고 강하신 두 팔을 내밀고 곁에 서 계신 주님을 '볼' 수 있게 하소서. 다 갖춘 척하거나 실제보다 강한 척하지 말고 주님께 바짝 기대게 하소서. 그러면 주께서 **저의 짐을 져 주시고,** 어려움을 어떻게 다루어야 할지 알려 주시지요.

저의 힘이신 주님을 기뻐합니다. **제가 주께 찬송하오니 주님은 저를 긍휼히 여기시는 하나님이십니다.**

뛰어나신 예수님의 이름으로 기도합니다. 아멘.

잠언 3:5, 시편 68:19, 시편 59:17

전능하신 하나님,

악에게 지지 말고 선으로 악을 이기게 하소서. 세상의 온갖 악한 일들이 융단폭격처럼 느껴질 때가 있습니다. 뉴스 보도는 걱정을 유발시키며, 사람들은 **악을 선하다 하고 선을 악하다 하지요.** 주님과 소통하지 않으면 이 모두가 위압적으로 느껴질 수 있습니다. 세상의 참상들이 제게는 오싹해도 주님께는 전혀 놀랄 일이 못되니 얼마나 위안이 되는지요. 주님은 **거짓되고 심히 부패한** 인간의 마음 상태를 훤히 아십니다. 주님을 놀라게 할 일은 아무것도 없지요!

이 세상의 현실에 낙심하기보다 어둠을 비추는 빛이 되고 싶습니다. 악이 이기는 것처럼 보일 때, **뭔가** 선을 이루기 위해서는 그 어느 때보다 결단력이 필요합니다! 저를 괴롭히는 악에 직접 맞서야 할 때도 있고, 능력과 기회가 닿는 한 최선을 다해 참된 선을 도모해야 할 때도 있지요. 어느 경우든 악한 환경에 한탄하기보다 **주님이 전에 예비하여 제게 행하게 하신 선한 일에** 더 주력하고 싶습니다.

주권적인 예수님의 이름으로 기도합니다. 아멘.

로마서 12:21, 이사야 5:20, 예레미야 17:9, 에베소서 2:10

의인이 부르짖으매 여호와께서 들으시고 그들의 모
든 환난에서 건지셨도다 여호와는 마음이 상한 자를
가까이 하시고 충심으로 통회하는 자를 구원하시는
도다

시편 34:17~18

사랑하는 예수님,

삶 속에서 주님을 깊이 의지함으로 승리하며 살아가게 하소서. 전에는
승리를 성공과 연결 짓곤 했습니다. 실패하거나 넘어지거나 실수하지 않
는 것이라 생각했지요. 하지만 제 힘으로 성공했을 때는 주님을 망각한
채 자칫 저의 길로 가기가 쉬웠습니다. 오히려 문제와 실패와 연약함과
결핍을 통해 주님을 의지하는 법을 배우고 있습니다.

참된 의존이란 제가 결정해서 하는 일에 단순히 주님이 복 주시기를
구하는 것이 아님을 압니다. 생각과 마음을 열고 주께 나아와, 제 안에 주
님의 소원을 심어 달라고 구하는 것이지요.

주께서 제 안에 불어넣으시는 꿈이 때로 제게는 아주 힘든 일처럼 보
입니다. 저의 자원으로는 그런 목표를 달성하기에 역부족임을 알지요.
그래서 철저히 주님께 의존하는 여정이 시작됩니다. 이것은 힘 주시고
인도하실 주님을 의지하며 한 걸음씩 내딛는 믿음의 걸음입니다. 이는
지속적인 성공의 길이 아니라 실패가 잦은 길이지요. 그러나 실패할 때
마다 주님을 점점 더 의지하는 것이 영양분이 되어 부쩍 성장하게 됩니
다. 주님을 더 깊이 의존함으로써 승리하는 삶의 복을 누리기 원합니다.

승리하신 예수님의 이름으로 기도합니다. 아멘.

시편 34:17~18, 고린도후서 5:7, 빌립보서 4:13

또 제자들에게 이르시되 그러므로 내가 너희에게 이르노니 너희 목숨을 위하여 무엇을 먹을까 몸을 위하여 무엇을 입을까 염려하지 말라 목숨이 음식보다 중하고 몸이 의복보다 중하니라

누가복음 12:22~23

항상 임재하시는 예수님,

주님과 함께 잠잠히 앉아 있을 때 두려움과 염려가 거품처럼 생각의 표면으로 떠오릅니다. 그런 거품들은 여기, 주의 임재의 빛 가운데 푹 꺼져 사라지지요. 하지만 어떤 두려움은 자꾸 되살아나는데, 특히 미래에 대한 두려움이 그렇습니다. 저의 상념은 내일, 다음 주, 다음 달, 내년, 10년으로 내달리곤 합니다. 게다가 제가 예상하는 힘든 시기에 형편없이 대처하는 저 자신을 상상하지요. 하지만 이런 염려하는 생각은 **주님을** 빼놓은 것이기에 무의미함을 깨닫습니다. 주의 임재가 항상 저와 함께하시기에, 혼자서 역경을 헤쳐 나가야 할 아찔한 때가 찾아올 리 **없습니다**. 주님은 **결코 저를 떠나거나 버리지 않으시기로** 약속하셨습니다!

미래에 대한 염려가 저를 공격해 올 때 그것을 사로잡아 주의 임재 안으로 가져오게 하소서. 그때도 늘 저와 함께 계실 주님을 기억하면, 아무리 힘든 시기도 감당할 수 **있다는** 자신감이 생깁니다.

주님, 주님의 임재 안에 평안을 누리는 현재의 순간으로 저를 계속 불러 주소서.

우리를 안정시켜 주시는 예수님의 이름으로 기도합니다. 아멘.

누가복음 12:22~23, 신명기 31:6, 고린도후서 10:5

여호와여 그러하여도 나는 주께 의지하고 말하기를
주는 내 하나님이시라 하였나이다
나의 앞날이 주의 손에 있사오니 내 원수들과 나를 핍
박하는 자들의 손에서 나를 건져 주소서

시편 31:14~15

신뢰받기에 합당하신 주님,

저의 앞날은 주님의 손에 있습니다. 주님의 거룩하신 손은 더없이 능하셔서 저를 돌보시고 필요한 것을 채워 주시지요. 주께서 가장 선한 일만 행하심을 믿으며, 저를 돌보시고 보호하시는 주님의 주권 안에 편히 쉬게 하소서. '언제' '무슨' 일이 일어날지 모르니 저의 삶을 주의 손에 맡기는 것이 안전함을 압니다. 주님은 신뢰받기에 지극히 합당하신 분이니까요.

이 세상에 사는 동안은 시간이라는 현실에 순응해야 함을 압니다. 미래의 일이 잔뜩 기대될 때면 즐거운 그날로 시간을 앞당기고 싶어집니다. 하지만 그런다고 시간의 흐름이 바뀌지 않으니 기다릴 수밖에요. 고난당할 때는 당장 벗어나고 싶지만 이 또한 기다려야 합니다.

주님, 주님은 시간을 초월하여 사십니다. 사실은 주님이 시간의 주인이시지요. 부득이 기다리느라 힘들 때마다, 제가 바꿀 수 없는 것에 맞서 싸우기보다 신뢰하고 수용하는 마음으로 주님을 의지해야 합니다. 시간의 주인이신 주님이 저의 고충을 속속들이 아시고 **영원한 사랑으로 저를 사랑하신다니** 기쁩니다.

자비로우신 예수님의 이름으로 기도합니다. 아멘.

시편 31:14~15, 시편 62:8, 예레미야 31:3

너희 중에 여호와를 경외하며 그의 종의 목소리를 청
종하는 자가 누구냐 흑암 중에 행하여 빛이 없는 자라
도 여호와의 이름을 의뢰하며 자기 하나님께 의지할
지어다

이사야 50:10

주권자이신 주님,

지금 여기서 주님을 신뢰하도록 도와주소서. 힘들고 고된 모험의 길을
가다 보니 제가 마치 맹훈련을 받고 있는 것처럼 느껴집니다. 제가 원했
던 길은 아니지만 주님이 주신 길로 받아들입니다. 지금 주께서 제가 전
혀 이해할 수 없는 일을 행하시는 중임을 압니다. 시선을 더 온전히 주께
돌리면 "사랑하는 자여, 나를 신뢰하라" 말씀하시는 주님의 속삭임이 마
음에 들려오지요.

제가 빽빽한 밀림 속에 있는 것처럼, 앞뒤 좌우가 똑똑히 보이지 않는
것처럼 느껴집니다. 어두컴컴한 이 길을 저는 주님의 손을 잡고 갑니다.
어디로 가고 있는지 잘 보이지 않지만, 저와 함께하시는 주의 임재가 반
석처럼 굳건한 실재임을 압니다. 그러므로 예수님, 이 상황을 주께서 온
전히 주관하고 계심을 믿으며, 소망을 가지고 주님을 의지합니다.

저의 상황은 해결을 요구하며 아우성치지만, 저는 주님과 주님이 제게
어떤 분이신지 두루 즐거워하는 일에 집중해야 합니다. 저의 문제와 그
것을 어떻게 해결할 것인지에 집착하지 않겠습니다. 그보다 주님을 신뢰
하는 마음을 의지적으로 고백하며 주의 임재 안에서 간절히 기다리려 합
니다. 주님이 행하실 일을 **우러러보면서요.**

부족함이 없으신 예수님의 이름으로 기도합니다. 아멘.

이사야 50:10, 시편 33:20~21, 미가 7:7

찬송하리로다 하나님 곧 우리 주 예수 그리스도의 아
버지께서 그리스도 안에서 하늘에 속한 모든 신령한
복을 우리에게 주시되

에베소서 1:3

나의 구원의 하나님,

감사하는 태도에 하늘 문이 열리고, 그 문으로 신령한 복이 막힘없이 쏟아져 내린다는 것을 주께서 보여 주셨습니다. 감사하는 마음으로 위를 우러르면 주님의 영광이 얼핏 보이지요. 아직 하나님 나라에 살 수는 없어도 최후의 본향 예고편을 맛볼 수 있습니다. 이 천국 잔치 맛보기는 저의 소망을 되살리고 저를 기쁨으로 충만하게 합니다. 감사는 이런 경험을 더 열어 주었고, 더 많이 감사하게 되었지요. 그리할 때 저의 길은 기쁨이 더해지는 상승곡선을 그리게 됩니다.

감사가 마법 공식이 아님을 압니다. 감사는 주님과 친밀하게 소통할 수 있게 해 주는 사랑의 언어지요. 현실과 그 모든 문제를 부정하지 않으면서 감사의 마음가짐을 유지하도록 주님이 저를 훈련하셨습니다. 환난과 역경 중에도 **저의 구원의 주님으로 말미암아 기뻐하게** 하소서. **주님이 저의 피난처와 힘이시며 환난 중에 만날 큰 도움**이 되어 주셔서 감사합니다.

강하신 예수님의 이름으로 기도합니다. 아멘.

에베소서 1:3, 하바국 3:17-18, 시편 46:1

문지기는 그를 위하여 문을 열고 양은 그의 음성을 듣나니 그가 자기 양의 이름을 각각 불러 인도하여 내느니라

요한복음 10:3

사랑하는 예수님,

주님이 저의 이름을 불러 인도하신다고 말씀하십니다. **주님은 저를 아시되** 세세한 것까지 전부 아시지요! 저는 주님께 결코 숫자나 통계 자료가 아닙니다. 주님은 제 삶에 놀랍도록 사적이고 친밀하게 개입하십니다. "사랑하는 자여, **나를 따르라.**" 이렇게 제 마음 속에 속삭이시는 주님의 음성이 참 듣기 좋습니다.

막달라 마리아가 부활하신 주님을 동산지기로 착각했을 때 주님은 "**마리아야**"라고 딱 한 말씀만 하셨지요. 주께서 부르시는 소리를 듣고 마리아는 바로 주님을 알아보고 "**랍오니**(히브리어로 '선생님')**여!**"라고 외칩니다.

저도 주님을 따르는 자이므로, 주께서 제 영혼의 깊은 데서 **저의** 이름을 부르십니다. 주께서 성경을 통해 제게 개인적으로 말씀하시고, 또 주의 사랑을 확신시키시는 말씀을 듣게 하실 때 저는 복을 받습니다. "**내가 너를 어두운 데서 불러내 나의 기이한 빛에 들어가게 했느니라.**" "**내가 너를 영원한 사랑으로 사랑하노라.**" 이런 아름답고 복된 말씀이 저를 즐겁게 합니다. 주님이 저를 영원히 사랑하신다는 흔들림 없는 사실이 제 삶의 탄탄한 기초가 되어 주지요. 주님을 신실하게 즐거이 따르게 하소서. 제 인생의 여정에서 **주님의 아름다운 덕을 선포하게** 하소서.

예수님의 웅대하신 이름으로 기도합니다. 아멘.

요한복음 10:3,27, 요한복음 20:16, 베드로전서 2:9, 예레미야 31:3

그가 영원토록 지극한 복을 받게 하시며 주 앞에서 기쁘고 즐겁게 하시나이다

시편 21:6

즐거움을 주시는 하나님,

저의 상황이 어떠하든 **주 앞에서 기쁨을** 얻을 수 있다는 것을 주께서 보여 주셨습니다. 어떤 날은 기쁨이 저의 인생길에 아주 넉넉하게 흩뿌려져 햇살에 반짝입니다. 이렇게 밝고 유쾌한 날에는 자족하기가 숨 쉬기만큼이나 쉽지요. 하지만 흐리고 우울한 날에는 중압감이 느껴지고 인생길이 끝이 없는 듯 보입니다. 눈에 들어오는 것이라고는 제 발을 아프게 할 단조로운 잿빛 돌밭뿐이지요. 이렇게 우울한 날에는 **감추어진 보배를 찾는 것같이** 기쁨을 찾아야 합니다.

이날을 주님이 지으셨음을 기억하게 하소서. 오늘 하루는 우연의 산물이 **아닙니다.** 주의 임재가 느껴지든 그렇지 않든 주께서 저와 함께 계시다는 것을 하루 종일 일깨워 주소서.

무슨 생각이 들든지 주님께 아뢸 수 있어서 감사합니다. 주님이 저를 완벽하게 이해하시고 제가 겪고 있는 일을 정확히 아신다는 사실이 기쁩니다. 주님과 계속 소통하면 제 기분도 점차 밝아진다는 것을 알았습니다. 주님의 신기하고 놀라운 동행하심을 인식하면 아무리 칙칙한 날에도 기쁨이 차오를 수 있으니까요!

예수님의 반가운 이름으로 기도합니다. 아멘.

시편 21:6, 잠언 2:4, 골로새서 1:16

너희는 그 은혜에 의하여 믿음으로 말미암아 구원을 받았으니 이것은 너희에게서 난 것이 아니요 하나님의 선물이라 행위에서 난 것이 아니니 이는 누구든지 자랑하지 못하게 함이라

에베소서 2:8~9

나의 구세주 예수님,

구원의 풍성함과, 끊임없이 온전하게 사랑받는 기쁨을 더 충분히 누리기 원합니다. 그러나 저는 저의 겉모습이나 행동, 감정에 근거하여 가볍게 저 자신을 판단하곤 했음을 고백합니다. 거울 속의 제 모습이 마음에 들면 주님께 좀 더 사랑받을 만하다고 느낍니다. 삶이 순탄하고 제 행동이 적절해 보이면 제가 주님의 사랑받는 자녀라는 것이 더 쉽게 믿어지지요. 그러다 낙심될 때는, 무엇이 문제인지 찾아내서 고치려고 자꾸 속을 들여다봅니다.

저 자신을 고치려고 하기보다 제 영혼의 연인이신 **주님을 깊이 생각하도록** 도와주소서. 저 자신을 판단하는 데 에너지를 쏟기보다 주님을 신뢰하고 찬양하며, 주님과 소통하는 쪽으로 방향을 돌려야 합니다. 주께서 저를 **주님의 공의로** 옷 입고 주님의 완전하신 사랑으로 광채를 내는 존재로 봐 주시니 정말 감사합니다.

거룩하신 예수님의 이름으로 기도합니다. 아멘.

에베소서 2:8~9, 히브리서 3:1, 시편 89:16, 시편 34:5

내가 주의 권능과 영광을 보기 위하여 이와 같이 성소
에서 주를 바라보았나이다

시편 63:2

전능하신 구주시여,

제 삶을 향한 주님의 계획이 제 앞에 펼쳐지고 있습니다. 길이 막힌 것 같거나 아주 느리게 열려 속도를 상당히 줄여야 할 때도 있지요. 그러다 때가 되면 전혀 애쓰지 않아도 앞길이 갑자기 뚫리기도 합니다. 지금껏 제가 갈망하고 노력하던 것을 주님이 순전히 선물로 거저 주시지요. 세상을 자유자재로 운영하시는 주님의 솜씨에 놀라며 **주님의 권능과 영광을** 엿봅니다.

위풍당당하신 주님께 경탄하노라면 제가 얼마나 미약한 존재인지 생생하게 깨닫게 됩니다. 하지만 저의 연약함에 낙심하기보다 그것을 주님의 권능과 영광이 가장 빛나는 무대로 보게 하소서!

주께서 저를 위해 예비하신 길을 인내하며 가는 동안, 저를 붙드시는 주님의 힘을 의지하겠습니다. 늘 깨어 있어 기적을 살필 수 있게 도와주소서. 기적이 늘 눈에 보이는 것은 아니지만, **믿음으로 행하는** 사람은 더 똑똑히 볼 수 있지요. **믿음으로 행하고 보는 것으로 행하지 않는** 것은 늘 주님을 가까이하면서 주의 장엄하신 역사하심에 마음을 열어 두게 합니다.

예수님의 영광스러운 이름으로 기도합니다. 아멘.

시편 63:2, 고린도후서 12:9, 고린도후서 5:7, 요한복음 11:40

내가 확신하노니 사망이나 생명이나 천사들이나 권세자들이나 현재 일이나 장래 일이나 능력이나 높음이나 깊음이나 다른 어떤 피조물이라도 우리를 우리 주 그리스도 예수 안에 있는 하나님의 사랑에서 끊을 수 없으리라

로마서 8:38~39

긍휼이 풍성하신 예수님,

"**아무것도 너를 내 사랑에서 끊을 수 없느니라.**" 주께서 속삭이시는 이 위로의 말씀을 듣는 것이 즐겁습니다. 주의 임재 안에서 편히 쉬는 동안 이 신성한 선언이 저의 생각을 거쳐 마음과 영혼으로 흘러듭니다. 두렵거나 불안해지려고 할 때마다 이 약속의 말씀으로 주께 기도하도록 일깨워 주소서. "예수님, 아무것도 저를 주님의 사랑에서 끊을 수 없습니다. 아무것도!"

저를 포함해서 인류의 불행은 사랑받지 못한다고 느끼는 데서 비롯됩니다. 역경 중에는 마치 주님이 사랑을 거두셔서 제가 버림받은 것처럼 느끼기 쉽습니다. 이 버림받은 느낌이 역경 그 자체보다 더 고약할 수 있지요. 그래서 주께서 잠시라도 저를, 아니 주님의 모든 자녀를 결코 떠나지 않으신다고 안심시켜 주시니 감사드립니다. 주께서 주신 이 약속의 말씀이 제게 힘이 됩니다. "**나는 결코 너를 떠나거나 버리지 아니하리라.**" "**내가 너를 내 손바닥에 새겼나니.**"

주님, 주님의 임재가 끊임없이 **저를 지키심을** 알기에 기쁩니다.

사랑이 많으신 예수님의 이름으로 기도합니다. 아멘.

로마서 8:38~39, 신명기 31:6, 이사야 49:15~16, 시편 121:3

하나님의 도는 완전하고 여호와의 말씀은 진실하니
그는 자기에게 피하는 모든 자에게 방패시로다

사무엘하 22:31

나의 목자, 나의 왕이여,

주님은 주께 피하는 모든 사람에게 방패라고 말씀하십니다. 주님, 그래서 저도 주께 가까이 나아와, 방패처럼 보호하시는 주의 임재 안에 저의 피난처를 찾습니다.

때로는 제가 보호받지 못하고 위험에 노출되어 있다고 느낍니다. 보호하시는 주의 임재에서 빠져나와 저 혼자 세상에 맞서려 할 때 그렇지요. 주님이 제게 매순간 필요하다는 기본 진리를 잊어버리고 무의식중에 그리 행동합니다. 그럴 때 두려움을 느끼게 하셔서 제가 주님에게서 벗어났음을 깨우쳐 주소서. 주께 피하는 것이 해법임을 가리켜 보이소서.

주님이 저의 목자라서 참 감사합니다! 주님은 늘 깨어 있어 저에게 닥칠 일을 정확히 아시지요. 위험한 상황을 내다보시고 저를 대비시켜 주십니다. 뛰어난 목자이신 주님이 저를 아주 능숙하게 위험에서 보호하시니, 저는 행복하게, 위험을 모른 채 지나갈 수도 있습니다. 나아가 주님은 전적으로 신뢰받기에 합당하신 분이며, 유일하게 완전히 **선한 목자시지요.** 힘써 주님을 따르고 주의 길을 따르려 할 때, 위험과 두려움 **둘 다에서** 저를 보호해 주시는 주님께 감사드립니다.

우리를 보호해 주시는 예수님의 이름으로 기도합니다. 아멘.

사무엘하 22:31, 시편 23:1, 4, 요한복음 10:11, 14

만군의 여호와여 주께 의지하는 자는 복이 있나이다

시편 84:12

예수님,

하루 하루 주님을 신뢰하도록 저를 훈련하여 주소서. 이 연습이 늘 주님을 가까이하며 주의 뜻에 따르게 할 것입니다. 저는 누군가를 신뢰하는 일이 쉽지 않으며, 제게는 극도로 힘이 드는 일임을 고백합니다. 하지만 제 감정과 무관하게 주님이 절대적으로 신뢰받기에 합당하신 분임을 압니다. 주의 영이 제 안에 계셔서 참 감사합니다. 저의 입주 가정교사이신 성령께서 저를 도우셔서 어려운 교과도 배우게 하시지요. 성령의 감화에 점점 더 민감해지고 성령의 부드러운 손길에 잘 따르기 원합니다.

주님, **모든** 상황에서 주님을 신뢰하는 법을 가르쳐 주소서. 전후 사정을 알려는 마음 때문에 주의 사랑의 임재를 놓치지 않게 하소서. 주님께 즐거이 의존하며 살아감으로써 오늘도 승리하고 싶습니다.

한 날의 괴로움은 그날로 족하다 말씀하셨지요. 염려라는 내일의 거미줄에 걸리지 않고 오늘, 매 순간마다 힘써 주님을 신뢰하고 싶습니다!

강하시고 믿음직하신 예수님의 이름으로 기도합니다. 아멘.

시편 84:12, 고린도전서 6:19, 예레미야 17:7, 마태복음 6:34

November

18

깊도다 하나님의 지혜와 지식의 풍성함이여, 그의 판단은 헤아리지 못할 것이며 그의 길은 찾지 못할 것이로다

로마서 11:33

높으신 하나님,

주님의 길은 찾지 못할 것입니다! 겸손한 마음으로 주께 가까이 나아오게 하소서. 내막을 알려는 고집을 내려놓고, 제가 이해할 수 없는 일도 많다는 사실을 받아들이게 하소서. 주님의 지성은 무한하시고 저는 유한합니다. 제 사고의 한계 때문에 저의 삶과 세상에서 일어나는 많은 일들이 이해되지 않습니다. 그러니 저의 묵상 가운데 주님의 비밀(신비)을 위한 공간을 두어야 합니다.

만세와 만대로부터 감추어졌던 이전의 비밀을 아는 특권을 제가 가졌다는 것을 깨닫습니다. 신약성경에 주님의 성육신과 삶과 죽음, 부활을 통해 밝혀진 계시가 가득합니다. 이 값진 지식을 갖게 된 것이 측량할 수 없는 복이지요!

여전히 주님이 제 삶 속에서 일하시는 방식은 신비로울 때가 많아서, 주님의 뜻을 이해하기가 어려울 때도 있습니다. 이럴 때 저는 선택의 기로에 놓입니다. 주님의 방식에 도전할 수도 있고, 경배와 경이로움으로 주님 앞에 엎드릴 수도 있지요. 저는 **깊고도 풍성한 주님의 지혜와 지식**에 감탄하며, 경배와 경이에 잠겨 주님께 나아가는 쪽을 선택합니다.

예수님의 기이하신 이름으로 기도합니다. 아멘.

로마서 11:33, 잠언 3:5, 골로새서 1:26

우리가 지금은 거울로 보는 것 같이 희미하나 그 때에는 얼굴과 얼굴을 대하여 볼 것이요 지금은 내가 부분적으로 아나 그 때에는 주께서 나를 아신 것 같이 내가 온전히 알리라

고린도전서 13:12

살아 계신 나의 주님,

저를 살피시는 주님이 살아 계신 분이시니 저는 기쁩니다. 주님은 제가 상상할 수 있는 것보다 훨씬 더 완전하고 영광스럽게 살아 계십니다. 모든 영광 중에 계신 주님을 장차 **얼굴과 얼굴을 대하여** 볼 때, 당연히 저는 경외감을 느끼게 되겠지요! 하지만 지금은 **거울로 보는 것같이 희미합니다.** 제가 타락한 상태라서 주님이 흐릿하게 보이는 것이지요.

주님이 **저를** 완전히 꿰뚫어 보시니 놀랍고 또 두렵기도 합니다. 주님은 가장 은밀한 생각과 감정까지, 저의 모든 것을 아십니다. 제가 얼마나 망가지고 연약한 존재인지도 아시지요. **주님은 제가 단지 먼지뿐임을 기억하십니다.** 하지만 저의 결점과 실패에도 불구하고 주님은 영원한 사랑으로 저를 사랑하십니다.

주의 사랑이 측량할 수 없이 값비싼 선물임을 잊지 않게 하소서. 주님은 저를 죄에서 구원하시려고 말로 표현하기 힘든 고통을 당하셨습니다. 하나님이 **저를 주님 안에서 의롭게 하시려고 주님을 제 대신 죄로 삼으셨지요.** 주님의 완전한 의가 제게 영원히 전가되었다는, 이 경이로운 진리를 묵상하는 것이 정말 좋습니다! 주님을 구주로 처음 믿던 순간부터, 무한한 가치를 지닌 이 선물이 저의 것이 되었습니다. 항상 **저를 살피시는 살아 계신 주님이** 또한 영원히 저를 사랑하시니 참 감사합니다!

우리를 구원하시는 예수님의 이름으로 구원합니다. 아멘.

창세기 16:13, 고린도전서 13:12, 시편 103:14, 고린도후서 5:21

너희는 그 은혜에 의하여 믿음으로 말미암아 구원을 받았으니 이것은 너희에게서 난 것이 아니요 하나님의 선물이라 행위에서 난 것이 아니니 이는 누구든지 자랑하지 못하게 함이라

에베소서 2:8~9

귀하신 예수님,

주님께 자주 감사드리면, 제 마음이 주의 임재에 깨어날 뿐 아니라 생각도 명민해진다는 것을 알았습니다. 그러니 초점을 잃거나 주님을 놓쳤다 싶을 때는 혼신을 다해 **무엇인가**를 감사하게 하소서. 감사할 일은 얼마든지 있습니다. 일상의 평범한 복은 물론이고 구원과 은혜, 믿음 같은 영원한 선물도 있지요.

지난 24시간을 돌아보며 주께서 베푸신 모든 좋은 것에 주목하도록 주님이 저를 훈련시키셨지요. 그중 더러는 일기장에 적기도 합니다. 이런 훈련이 저를 기운 나게 하고 활기를 주어 더욱 명료하게 생각할 수 있습니다.

성경은 저의 대적 마귀가 우는 사자같이 두루 다니며 삼킬 자를 찾는다고 가르칩니다. 그러니 제가 **근신하고 깨어 있는** 것이 아주 중요하지요. 초점을 잃어 생각이 표류할 때 악한 마귀에게 공격당하기가 훨씬 쉬우니까요. 그런 취약한 상태에 있을 때마다 저를 깨우쳐 주시고, 주께 감사하며 찬송함으로 마귀를 몰아내게 하소서. 예배가 곧 전투입니다!

찬송받기에 합당하신 예수님의 이름으로 기도합니다. 아멘.

에베소서 2:8~9, 베드로전서 5:8, 고린도후서 9:15

내가 주께 감사제를 드리고 여호와의 이름을 부르리
이다

시편 116:17

영광의 하나님,

주님께 감사제를 드립니다. 주님의 좋은 선물 중 어느 것 하나라도 당연하게 여기고 싶지 않습니다. 아침에 떠오르는 태양조차도요. 감사하는 일이 아주 쉽지는 않지만, **초자연적으로** 반응하도록 주님이 저를 훈련하셨지요.

주의 말씀은 감사하는 태도를 갖는 것이 얼마나 중요한지 가르쳐 주십니다. 에덴동산에서 뱀이 하와를 유혹하기 전에는 감사가 자연스러운 반응이었습니다. 그런데 악한 마귀가 딱 하나 금지된 것을 지목하며 유혹하자, 하와는 동산에 실컷 먹어도 되는 맛있는 과일을 두고 그 금단의 과일에 집중했습니다. 이렇게 부정적인 것에 집중하는 바람에 생각이 어두워져 유혹에 굴복하고 말았지요.

갖고 싶은데 가질 수 없는 것이나 못마땅한 상황에 집중하면 **저도** 생각이 어두워집니다. 생명, 구원, 햇빛, 사랑하는 이들 등 무수히 많은 주님의 선물을 당연하게 여기지요. 굳이 문제를 찾아내서, 그 상황이 해결될 때까지 삶을 즐거워하지도 않구요. 그러나 감사함으로 주께 나아오면 주의 임재의 빛이 쏟아져 들어와 제 속사람을 변화시킵니다. 주님, 주님과 함께 **빛 가운데 행하게** 하소서. 주님을 기뻐하며 감사의 훈련을 실천하게 하소서.

경이로우신 예수님의 이름으로 기도합니다. 아멘.

시편 116:17, 창세기 3:6, 요한일서 1:7, 시편 37:4

지존자여 십현금과 비파와 수금으로 여호와께 감사하
며 주의 이름을 찬양하고 아침마다 주의 인자하심을
알리며 밤마다 주의 성실하심을 베풂이 좋으니이다

시편 92:1~3

신실하신 하나님,

감사와 신뢰는 늘 저를 도울 준비가 된 친한 친구와도 같다는 것을 배
웠습니다. 이 충실한 두 친구를 항상 의지하되, 특히 절망적인 날이나 세
상이 두려울 때 그리해야 합니다. 주님, 그럴 때는 멈추어 주위를 둘러보
며 아름다움과 복을 찾으라고 가르쳐 주셨지요. 그 찾은 것에 대해 감사
드리면 제가 주님과 멋진 방법으로 연결됩니다. 주께서 베풀어 주시는 많
은 좋은 선물을 벅찬 가슴으로 아뢰고, 저의 감정과 무관하게 열심히 감
사드리려 애쓰는 것이 저의 복입니다. 자꾸 주님께 감사를 표현하면 제
기분도 더 환하게 밝아지지요.

주님은 전적으로 신뢰받기에 합당하신 분입니다! 주님을 신뢰하는 마
음을 말로 표현하면, 주님이 제 곁에서 저를 돌보고 계심을 상기하게 되
지요. 제 삶에 주님을 더 온전히 신뢰해야 할 부분들이 있음을 압니다. 힘
든 시기가 오면 신뢰의 범위를 넓힐 기회로 보고, 힘든 상황 속에서 **믿음
으로 행하게** 하소서. 이 기회를 허비하지 말고 이를 계기로 **주님을 가까
이하고** 싶습니다. 주께서 두 팔 벌려 저를 따뜻이 맞아 주시니 기쁩니다!

긍휼이 풍성하신 예수님의 이름으로 기도합니다. 아멘.

시편 92:1~3, 시편 118:28, 고린도후서 5:7, 야고보서 4:8

> 여호와 하나님이 땅의 흙으로 사람을 지으시고 생기
> 를 그 코에 불어넣으시니 사람이 생령이 되니라
>
> 창세기 2:7

은혜로우신 하나님,

수많은 복을 제게 부어 주셔서 감사합니다! 제가 가진 것은 모두, 호흡 하나까지도 다 주님의 선물입니다. 평소에는 주님의 생명을 계속 들이마시는 이 경이로움을 거의 생각하지 않습니다. 하지만 주께서 **생기를** 불어넣어 주셨을 때 아담은 비로소 **생령이 되었지요.**

때로 주의 임재 안에 잠잠히 앉아서, 들숨에 주께 감사드리고 날숨에 주님을 신뢰한다고 고백하곤 합니다. 이렇게 오래할수록 더 편해진다는 것을 알게 되었습니다.

주님, 나무와 새, 빛과 색깔, 사랑하는 이들과 일상의 이기(利器) 등 제가 자주 간과하는 복을 인식하고 감사하게 하소서. 다 꼽자면 한이 없지요! 제 삶에서 좋은 것을 많이 찾을수록 시야가 더 또렷해집니다.

물론 가장 크게 감사할 것은 **영생**입니다. 영생이 저의 것인 이유는 **제가 주님을 믿기** 때문이지요. 이 값진 영원한 선물 덕분에 저는 점점 더 **주님 앞에서 기쁨으로** 충만해집니다!

후히 주시는 예수님의 이름으로 기도합니다. 아멘.

창세기 2:7, 요한복음 3:16, 시편 16:11

항상 기뻐하라 쉬지 말고 기도하라 범사에 감사하라
이것이 그리스도 예수 안에서 너희를 향하신 하나님
의 뜻이니라

데살로니가전서 5:16~18

사랑이 많으신 나의 주님,

감사가 더욱 많아지게 하소서. 감사하면 하루가 밝아질 뿐 아니라 제 마음도 주님께 더 활짝 열리는 것을 배웠습니다. 저의 상황 가운데 **주님 을** 만나고 싶습니다. 그래서 **생명의 길을** 걸으며 주께서 임재하신 징후 를 찾으려 합니다. 감사하는 태도를 품으면 마음과 눈이 모두 열려, 제 삶 의 큰 그림뿐 아니라 수많은 작고 세세한 것 속에서도 주님을 볼 수 있게 됩니다. 속도를 늦추고 주님의 모든 복에 주목하는 시간을 가져야 하지 요. 그리하여 그런 복으로 인해 주께 감사하며 주님의 많은 선물을 누릴 수 있습니다.

아울러 주님을 더욱 한결같이 신뢰하도록 저를 훈련해 주시기를 구합 니다. 확고한 신뢰가 몸에 배어 있으면 위험 지대를 지날 때도 넘어지지 않을 수 있지요. 여정이 힘들수록 이렇게 주님을 향한 저의 확신을 더 자 주 고백해야 합니다. **"주님, 주님의 인자하심을 의지합니다."** 이 짧막한 기도가 주님이 저와 함께 계시고, 저를 돌보시며, 영원히 저를 사랑하심 을 일깨워 줍니다!

저는 **기뻐할** 이유가 충분합니다. 주님이 전적으로 저의 감사와 신뢰를 받으시기에 합당하신 분이니까요!

위대하신 예수님의 이름으로 기도합니다. 아멘.

데살로니가전서 5:16~18, 골로새서 4:2, 시편 16:11, 시편 52:8

우리가 감사함으로 그 앞에 나아가며 시를 지어 즐거이 그를 노래하자

자비로우신 하나님,

감사 안에 오래 머무르게 하소서. 이곳은 주의 임재의 기쁨이 저를 따뜻하게 비추는 한없이 즐거운 자리입니다.

보통 저는 무엇인가를 위해 간절히 기도하고 나서 희망을 품고 응답을 기다립니다. 그러다 주께서 저의 간청을 들어 주시면 기뻐하며 감사드리지만, 금방 다음으로 넘어가 다른 것을 구하지요. 잠깐 감사하고 끝내기보다 감사하는 기쁨의 자세를 유지하고 싶습니다. 그리하여 저의 감사가 막힘없이 미래로 흘러들게 하고 싶어요. 주께서 저의 간청에 은혜롭게 응답하신 것들을 기억하는 훈련이 필요합니다. 주님께 받은 복을 다른 사람들에게 말하는 것도 좋고, 응답하신 것을 기록해 두고 자주 들여다보는 것도 괜찮은 방법입니다.

주님, **주께서 행하신 기사를** 감사함으로 **기억하게 하소서.** 감사하면 복이 두 배로 커진다는 것을 주께서 보여 주셨습니다. 응답받은 기도를 기억함으로 행복하고, 저의 기쁨을 주님과 함께 나누니 즐겁습니다!

기쁨이 넘치시는 예수님의 이름으로 기도합니다. 아멘.

시편 95:2, 고린도전서 15:57, 역대상 16:12

곧 살아 있는 자라 내가 전에 죽었었노라 볼지어다
이제 세세토록 살아 있어 사망과 음부의 열쇠를 가졌
노니

요한계시록 1:18

돌보시는 예수님,

주님과 가까이 지내며 주께 마음을 열고 싶습니다. 그리하여 주님을 인식하고 주목하고 신뢰하고 감사하기 원합니다. 주님이 늘 제 곁에 계심을 아오니, 살아 계신 주님의 임재에 저의 마음과 생각과 영혼을 활짝 엽니다.

오늘도 저의 길을 가는 동안 계속 주님을 인식하도록 도와주소서. 주님이 한 순간도 저를 알지 못할 때가 없다는 것을 알고 위로를 받습니다. 주님뿐만 아니라 주께서 제 삶 속에 보내 주시는 사람들에게도 주의를 기울이게 하시고, 깨어 있어 경청하기 원합니다. 다른 사람들의 말을 경청하고 기도하는 마음으로 온전히 집중해서 들으면 저와 그들에게 모두 복이 된다는 것을 알았습니다.

주님을 신뢰하며 감사하라는 가르침이 성경에 가득합니다. 주님은 신뢰받기에 합당하신 분이니, 주님과 주님의 약속을 믿으면 그것이 제 삶의 탄탄한 기초가 되지요. 나아가 주님이 저의 연약함을 아시고 **저의 믿음 없는 것을 도와주십니다.**

하루 종일 주께 감사하는 것이 중요하다고 주님이 가르쳐 주셨지요. 늘 주님을 가까이할 수 있고 또 기쁨도 커지니, 이 즐거운 훈련이 제게 큰 복이 됩니다!

신뢰받기에 합당하신 예수님의 이름으로 기도합니다. 아멘.

요한계시록 1:18, 야고보서 1:19, 마가복음 9:24, 시편 28:7

여호와께 감사하라 그는 선하시며 그 인자하심이 영원함이로다

시편 107:1

풍성하신 예수님,

주님은 선하시며 그 인자하심이 영원하시니 감사합니다. 주께서 베풀어 주시는 많은 복을 생각하는 시간을 갖고 싶습니다. 주님, 생명의 선물 곧 제게 주시는 호흡 하나하나에 감사합니다. 매일 공급해 주시는 음식과 물, 거처와 옷, 가족과 친구도 감사드립니다. 하지만 저의 구세주이신 주님께 받은 가장 큰 선물은 영생이지요!

주께서 베풀어 주신 모든 일을 생각하면 주님이 주님 되심이 기쁩니다. **"내가 있느니라"** 말씀하시는 주님의 위대하심을 기뻐합니다. 주님은 100퍼센트 선하시니, **세상의 빛이신** 주께는 어둠이 조금도 없지요! 그뿐 아니라 주님의 사랑은 끝없이 영원히 계속됩니다.

저는 주님의 것이니 결코 주님에게서 떨어지지 않습니다. 주님이 늘 가까이 계심을 알기에 주의 임재가 느껴지든 아니든 염려할 필요가 없지요. 감정에 초점을 맞추기보다 주님이 저와 함께 계심을 그냥 믿게 도와주소서. **주의 인자하심으로 말미암아 주님을 찬송하게** 하소서.

복되신 예수님의 이름으로 기도합니다. 아멘.

시편 107:1, 요한복음 8:58, 요한복음 8:12, 시편 107:8

범사에 우리 주 예수 그리스도의 이름으로 항상 아버지 하나님께 감사하며

에베소서 5:20

사랑하는 예수님,

감사하면 역경에서 쓰라린 상처가 빠져나간다는 것을 주께서 보여 주셨습니다. 더욱이 성경은 **범사에 감사하라고** 가르칩니다. 여기에 신비한 요소가 보입니다. 제가 감정과 무관하게 주께 감사드리면, 주님이 저의 환경과 무관하게 기쁨을 주시니까요. 이것은 영적인 순종 행위이며, 때로는 맹목적인 순종이기도 합니다. 억장이 무너지는 고난에 감사하기란 무리한 일이거나 아예 불가능한 것일 수 있지요. 그래도 주님께 순종하면, 역경은 여전해도 감사가 복이 됨을 배웠습니다.

감사는 제 마음이 주의 임재하심에 열리고 제 생각이 주님의 생각에 열리게 합니다. 여전히 똑같은 자리, 똑같은 상황에 처해 있지만, 마치 불이 켜진 듯 주님의 관점에서 더 똑똑히 볼 수 있지요. 역경에서 따끔함을 빼내는 것은 바로 **주님의 얼굴빛입니다.** 주님, 주님과 함께 더욱더 **그 빛 안에서 다니도록** 도와주소서!

빛을 발하시는 예수님의 이름으로 기도합니다. 아멘.

에베소서 5:20, 시편 118:1, 시편 89:15~16

너는 다른 신에게 절하지 말라 여호와는 질투라 이름 하는 질투의 하나님임이니라

출애굽기 34:14

영원하신 하나님,

오직 주님만 예배하며, 주님을 제 삶의 최우선으로 삼게 하소서. 성경은 주님이 **질투의 하나님**이시며, 주의 백성이 늘 우상을 섬기다가 망했다고 가르칩니다. 현재의 우상은 옛날보다 미묘합니다. 오늘날의 거짓 신들은 대개 세상적이니까요. 사람, 소유물, 지위, 재산이 요즘 제일 인기 있는 우상에 속합니다. 이런 것을 숭배하는 함정에 빠지지 않으려면 **근신하고 깨어 있어야** 합니다.

거짓 신들은 만족을 주기는커녕 오히려 욕망을 더 자극합니다. 그러나 세상의 우상 대신 **주님을** 구하면 주의 **기쁨과 평강을** 누립니다. 이 값진 무형의 것들이 제 영혼을 해갈시키고 깊은 만족을 가져다 주지요. 세상의 화려한 것들은 시시하고 덧없지만, 주의 임재의 빛은 찬란하고 영원합니다. 주의 **빛 가운데 행하여** 다른 사람들을 주님께 이끄는 등불이 되고 싶습니다.

한없이 값지신 예수님의 이름으로 기도합니다. 아멘.

출애굽기 34:14, 베드로전서 5:8, 로마서 15:13, 요한일서 1:7

이 날은 여호와께서 정하신 것이라 이 날에 우리가 즐거워하고 기뻐하리로다

시편 118:24

영광의 주님,

오늘 하루를 주님의 귀한 선물로 받습니다. **주님의 얼굴을 찾고** 기도로 우선순위를 정함으로 이 날을 보화처럼 대하고 싶습니다. 제 앞에 펼쳐진 하루를 보면서 무엇이 가장 중요한지 분별하게 하소서. 주님의 뜻대로 우선순위를 정하는 법을 가르쳐 주시고, 그 순위를 길잡이 삼아 지나게 하소서. 그러면 시간과 에너지를 잘 선별해서 쓸 수 있을 것입니다. 그러고 나서 하루가 끝나면 제가 한 일은 물론, 하지 **않은** 일에 대해서도 마음이 평안할 것입니다.

주님은 제가 하는 모든 일에 주님을 모셔들일 수 있도록 가르쳐 주셨습니다. 아주 짧은 기도로도 저의 활동 속에 주님을 모셔 들이기에 충분하다는 것을 알았습니다. 범사에 기도하는 것은 곧 제게 주님이 끊임없이 필요하다는 고백이지요. 저의 궁핍함을 즐거워하는 법까지도 배우는 중입니다. 궁핍함은 저를 **주님의 영광 앞에** 나아오게 하는 강한 연결 고리니까요.

의존하며 사는 것이 오늘날의 문화에는 어긋나지만, 그것이 주님의 무한한 충족하심과 **주님의 인자하심**을 마냥 즐거워하는 복된 생활 방식임을 깨닫습니다.

즐거움을 주시는 예수님의 이름으로 기도합니다. 아멘.

시편 118:24, 역대상 16:10~11, 유다서 1:24, 시편 33:22

December

천사가 이르되 무서워하지 말라
보라 내가 온 백성에게 미칠 큰 기쁨의
좋은 소식을 너희에게 전하노라

누가복음 2:10

말씀이 육신이 되어 우리 가운데 거하시매 우리가 그의 영광을 보니 아버지의 독생자의 영광이요 은혜와 진리가 충만하더라

요한복음 1:14

자비로우신 주 예수님,

주님의 탄생을 축하하기 위해, 제 마음을 준비시켜 주시기를 구하며 주께 나아옵니다. 성탄절은 주님의 기적 같은 성육신을 크게 기뻐하는 시간입니다. **말씀이신** 주님이 **육신이 되어 우리 가운데 거하셨지요.** 주님은 인류와 철저히 동화하셔서 인간이 되시고 우리 세상에 거주하셨습니다. 이 놀라운 기적에 익숙해져서 그것이 제게 미치는 영향을 과소평가하지 않게 하소서. 주님은 모든 선물 가운데서도 최고의 선물이시니, 저는 **주님 안에서 기뻐합니다!**

주께 즐거이 마음을 여는 방법은 주께서 인류의 역사에 들어오신 경이로움을 묵상하는 것입니다. 저도 이 사건을 **밤에 밖에서 양 떼를 지키던** 베들레헴 인근의 **목자들처럼** 보고 싶습니다. 목자들이 처음 한 천사를 목격한 후에, **수많은 천군이** 하늘을 환히 밝히며 이렇게 선포했지요. **"지극히 높은 곳에서는 하나님께 영광이요 땅에서는 하나님이 기뻐하신 사람들 중에 평화로다."**

목자들처럼 주님 탄생의 영광에 주목하고 어린아이같이 경이로움으로 반응하도록 도와주소서.

기이하고 경이로우신 예수님의 이름으로 기도합니다. 아멘.

마가복음 1:3, 요한복음 1:14, 빌립보서 4:4, 누가복음 2:8, 13~14

내가 항상 주와 함께 하니 주께서 내 오른손을 붙드
셨나이다

시편 73:23

늘 깨어 지켜 주시는 구주시여,

필사적으로 주님을 바라보려 애쓰고 있습니다! 그러나 역경의 파도가 밀려오고 있어 포기하고 싶은 유혹을 느낍니다. 상황에 점점 더 관심을 빼앗겨 주님을 놓칠까 두렵습니다. 하지만 주님은 **제가 항상 주님과 함께하니 주께서 제 오른손을 붙드신다고** 말씀으로 확신을 주시지요. 더욱이 주께서 저의 상황을 다 아시고 **제가 감당하지 못할 시험 당함을 허락하지 않으시리라**는 것을 압니다.

내일 일을 염려하면 주님이 기뻐하지 않으실 뿐 아니라 제 에너지도 고갈된다는 것을 보여 주셨지요. 지금껏 내일의 짐을 오늘 지려고 노력해왔고, 그래서 무거운 짐에 비틀거리고 있음을 고백합니다. 계속 이러다가는 결국 바닥에 쓰러질 것을 압니다. 주님이 **날마다 저의 짐을 지시는, 저의 구원이신 하나님**이심을 감사드립니다.

현재 속에 임재하시는 주님께 늘 집중하며, 오늘이라는 테두리 안에서 살게 하소서. 힘 주시고 인도하실 주를 의지하며, 주님과 가까이 동행할 수 있는 자리는 바로 **현재임을** 늘 일깨워 주소서.

강하시고 우리를 인도하시는 예수님의 이름으로 기도합니다. 아멘.

시편 73:23, 고린도전서 10:13, 시편 68:19, 히브리서 3:13

너의 행사를 여호와께 맡기라 그리하면 네가 경영하
는 것이 이루어지리라

잠언 16:3

최고의 구세주시여,

어수선한 삶에 짓눌리고 싶지 않습니다. 소소한 많은 잡무가 순서도 없이 **언젠가** 처리되기를 기다리고 있습니다. 이 사소한 일을 전부 처리하려고 거기에 너무 많이 매달리지만, 해도 해도 끝이 없습니다. 시간을 바치는 대로 시간만 잡아먹지요!

모든 잡일을 한꺼번에 하려고 하지 말고, 오늘 꼭 해야 할 일에만 집중하는 것이 해법임을 보여 주셔서 감사합니다. 주님이 원하시는 일만 추려서 오늘 완수하고, 나머지는 생각의 뒷전으로 제쳐 놓게 하소서. 그러면 늘 **주님을** 제 의식의 첫자리에 둘 수 있지요.

저의 최종 목표는 주님과 가까이 지내면서 언제라도 주님이 주도하시는 대로 따르는 것입니다. 잡념 없이 저의 생각이 주께 향할 때 가장 막힘 없이 주님과 소통할 수 있지요. 오늘도 종일 **주의 얼굴을 찾으오니** 주의 임재로 저의 생각에 질서를 잡아 주시고 저의 전 존재를 평강으로 지켜 주시길 간구합니다.

우리를 구속하시는 예수님의 이름으로 기도합니다. 아멘.

잠언 16:3, 시편 25:5, 시편 27:8, 이사야 26:3

옛적에 여호와께서 나에게 나타나사 내가 영원한 사
랑으로 너를 사랑하기에 인자함으로 너를 이끌었다
하였노라

예레미야 31:3

사랑하는 나의 주님,

"내가 영원한 사랑으로 너를 사랑하였다." 주께서 제게 하시는 이 말
씀을 듣는 것이 즐겁습니다. 한낱 인간인 저의 사고로는 변함없으신 주님
을 다 이해할 수 없음을 고백합니다. 다양한 상황에서 저의 감정이 이리
저리 흔들려서, 그런 저의 변덕스러운 기분을 주님께 투사하기 쉽습니다.
그러면 **주님의 인자하심의** 혜택을 충분히 누릴 수 없지요.

늘 변하는 환경 너머로 눈길을 돌려, 사랑으로 저를 바라보시는 주님을
찾는 법을 가르쳐 주소서. 이렇게 주의 임재를 인식하면 힘을 얻어 주님
의 사랑을 더 잘 받아들이고 반응할 수 있습니다. **주님이 어제나 오늘이
나 영원토록 동일하시니** 참 감사합니다! 주님의 사랑이 제 안에 끊임없
이 흘러들도록 주께 마음을 더 활짝 열기 원합니다. 주님의 사랑이 제게
끝없이 흘러넘치시는 것처럼 저도 주님이 끊임없이 필요합니다.

한결같으신 예수님의 이름으로 기도합니다. 아멘.

예레미야 31:3, 출애굽기 15:13, 히브리서 13:8

지금은 너희가 근심하나 내가 다시 너희를 보리니 너
희 마음이 기쁠 것이요 너희 기쁨을 빼앗을 자가 없으
리라

요한복음 16:22

소중한 예수님,

주님은 **그 누구도 제게서 빼앗을 수 없는 기쁨입니다.** 주의 임재 안에
서 안식하면서 이 경이롭고 영광스러운 선물을 음미합니다. **주님이** 영원
히 저의 주님이시고, 이 복도 영원히 저의 것이기에 기쁩니다!

이 세상의 많은 것들이 잠시 즐거움을 줄 수 있지만 다 덧없이 죽어서
썩을 것들입니다. **주님** 안에는 무엇에도 비길 수 없는 보화가 있으니 곧
어제나 오늘이나 영원토록 동일하신 주님 안에서 기뻐하는 것이지요.
주님은 신실하시고 변함없으신 분이니 아무도 제게서 이 즐거움을 빼앗
을 수 없습니다.

기쁨이 사라질 때마다 기쁨의 원천이신 주님이 아니라 기쁨을 받는 쪽
인 제게 문제가 있음을 깨닫습니다. 때로 삶의 어려움과 방해거리 등 다
른 것들에 너무 집중하느라 주님과의 관계를 소홀히 합니다. 주님을 늘
저의 **처음 사랑**으로 생각하며, 제 삶의 첫자리에 모시게 하소서. 매순간
주의 임재를 더 잘 받아들이게 하소서. **주님을 기뻐하는** 시간을 보낼 때,
주께 받는 기쁨이 완전히 가득가득합니다!

기쁨이 충만하신 예수님의 이름으로 기도합니다. 아멘.

요한복음 16:22, 히브리서 13:8, 요한계시록 2:4, 시편 37:4

December

06

이는 우리 하나님의 긍휼로 인함이라 이로써 돋는 해가 위로부터 우리에게 임하여 어둠과 죽음의 그늘에 앉은 자에게 비치고 우리 발을 평강의 길로 인도하시리로다 하니라

누가복음 1:78~79

높으신 예수님,

주님은 **위로부터 우리에게 임하여 어둠에 앉은 자에게 비치시는 돋는 해이십니다.** 저의 상황이 너무 어렵고 혼란스러워 제가 어둠에 둘러싸인 듯 느껴질 때가 있습니다. 제 머리로 문제의 해법을 짜내고 이미 시도해 보았지만 소용없었지요. 그래서 무력감과 좌절감에 빠져 어찌할 바를 몰라 안달합니다. 이럴 때일수록 저를 비추시는 주의 빛을 우러러보아야 하지요. 어린아이와 같은 믿음으로 주님을 바라보며 주의 임재 안에 소망과 안식을 찾습니다.

주의 말씀은 제게 **가만히 있어 주님이 하나님이심을 알라고** 가르칩니다. 문제를 해결하려는 노력을 제쳐 놓고 주님 곁에서 편히 쉬게 도와주소서. 주님이 **평강의 왕이심을** 기억하게 하소서. 호흡 하나하나까지 주의 평안한 임재 안에서 숨 쉬면 마음이 진정됩니다. 주님을 더 흠뻑 받아들일수록 더 차분해지지요. 주님과 함께 잠시 동안 안식하고 나면, 저의 환난에 대해 **제 마음을 쏟아 놓을** 준비가 됩니다. 제가 가야 할 길을 보여 주실 주님을 신뢰하면서요.

주님, **저의 발을 평강의 길로 인도하소서.**

존귀하신 예수님의 이름으로 기도합니다. 아멘.

누가복음 1:78~79, 시편 46:10, 이사야 9:6, 시편 62:8(우리말성경)

December

07

하나님을 가까이하라 그리하면 너희를 가까이하시리
라 죄인들아 손을 깨끗이 하라 두 마음을 품은 자들아
마음을 성결하게 하라

야고보서 4:8

사랑하는 예수님,

저의 마음과 생각이 잠잠할 때 **가까이 오라**고 부르시는 주님의 음성
을 들을 수 있습니다. **"내게로 오라. 내게로 오라. 내게로 오라."** 이 거
룩한 속삭임으로 선포하시는 주님의 영광스러운 초대가 기쁩니다. 주님
을 가까이하는 것이 제 쪽에서는 큰 노력이 필요 없습니다. 자석처럼 잡
아끄시는 주님의 사랑에 저항을 멈추고 순복하면 되니까요.

성령으로 말미암아 주의 사랑의 임재에 저를 더 활짝 열게 하셔서, **주
님의 모든 충만하신 것으로 충만하게** 하소서. **능히 지식에 넘치는 주님
의 사랑을 알고 그 너비와 길이와 높이와 깊이가 어떠함을 깨닫기**를 소
원합니다. 이 망망대해 같은 사랑은 측정하거나 말로 다 설명할 수 없지
만, 우리가 경험할 수 있습니다.

놀라운 예수님의 이름으로 기도합니다. 아멘.

야고보서 4:8, 마태복음 11:28, 요한복음 6:37, 에베소서 3:16~19

예수께서 또 말씀하여 이르시되 나는 세상의 빛이
니 나를 따르는 자는 어둠에 다니지 아니하고 생명
의 빛을 얻으리라

요한복음 8:12

눈부신 예수님,

주님은 세상의 빛이십니다! 대림절을 기념하려고 촛불들과 나무로 불을 밝혀 집안을 환하게 합니다. 이는 어둠을 뚫고 하나님 나라의 길을 열어 주신, 영원한 빛이신 주님이 우리의 세상 속으로 오신 것을 상징하는 것이지요. 그 어떤 것도 주님의 영광스러운 구원 계획을 되돌릴 수 없으니 감사합니다. 누구든지 주님을 구세주로 믿으면 주님의 왕가에 입양되어 영원히 함께 산다고 약속하셨습니다!

주님의 빛이 어둠에 비치되 어둠이 이기지 못했습니다. 이 어두운 세상이 아무리 악하고 불신이 많아도, 주님은 계속 환히 빛나십니다. 그러니 가능한 그 빛 쪽을 보고 **주님을 바라보는** 것이 중요하지요. 생각을 잘 선택하면 매일의 여정 속에서 주님을 '볼' 수 있습니다. 주님을 바라보는 이 즐거운 훈련을 꾸준히 하도록 도와주소서. **"나를 따르는 자는 어둠에 다니지 아니하고 생명의 빛을 얻으리라"** 하신 주님의 놀라운 말씀이 제게 소망이 됩니다.

빛나고 찬란한 예수님의 이름으로 기도합니다. 아멘.

요한복음 8:12, 에베소서 1:5, 요한복음 1:5, 히브리서 12:2

내가 주께 감사하옴은 나를 지으심이 심히 기묘하심
이라 주께서 하시는 일이 기이함을 내 영혼이 잘 아나
이다

시편 139:14

나의 창조주 예수님,

　주님 말씀에 **주께서 저를 지으심이 심히 기묘하다**고 하십니다. 주께서 저의 두뇌에 제 생각을 관찰할 수 있는 놀라운 역량을 넣어 주셨습니다. 그래서 제 스스로 저의 생각을 감시하고 선택할 수 있습니다. 염려는 대개 문제를 엉뚱한 때에 생각해서 생긴 결과라는 것을 알았습니다. 잠자리에 누워 고민거리를 생각하면 염려로 치닫기가 너무 쉽지요. 그러나 생각을 감시하면 염려에 깊이 빠지기 전에 불안한 생각을 재빨리 떨쳐낼 수 있습니다.

　저의 생각을 훈련하여 염려는 최대한 줄이고 예배는 최대한 늘이는 법을 가르쳐 주소서. 제가 엉뚱한 때에 문제를 생각하거나 전혀 손쓸 수 없는 때에 불안한 생각에 빠지거든 성령을 통해 깨우쳐 주소서. 예수님, 생각의 방향을 해로운 생각에서 **돌려** 주님께 **향하도록** 도와주소서. 시편 말씀으로 주님께 기도하는 것이 즐겁습니다. 예배하는 마음으로 주께 가까이 나아와 주님을 향한 저의 사랑과 신뢰를 표현하는 것이 기쁩니다. **저의 힘이신 주님, 제가 주님을 사랑합니다. 오 여호와여, 제가 주를 의지합니다. "주는 내 하나님"이라고 고백합니다.**

　　　　　　　　　　예수님의 권능의 이름으로 기도합니다. 아멘.

시편 139:14, 누가복음 12:22, 25~26, 시편 18:1, 시편 31:14(우리말성경)

풋대를 향하여 그리스도 예수 안에서 하나님이 위에
서 부르신 부름의 상을 위하여 달려가노라

빌립보서 3:14

귀하신 예수님,

주님은 저의 보화십니다! 제가 보거나 듣거나 만질 수 있는 그 어떤 것
보다 헤아릴 수 없을 만큼 더 귀중합니다. **주님을 아는** 것이 다른 어떤
상보다 더 뛰어난 **상이지요.**

이 땅의 보화는 주로 쌓아 두거나 걱정하거나 숨겨 보관합니다. 그러
나 주님이 제게 주신 부요함은 결코 잃어버리거나 도둑맞거나 훼손될 수
없습니다. 사실은 다른 사람들에게 주님을 마음껏 나눌수록 저도 주님을
더 많이 얻는다는 것을 알게 되었습니다. 주님은 무한하시니 제가 발견
하고 사랑할 부분이 늘 더 많이 있을 것입니다.

크고 작은 수많은 것들이 경쟁하듯 제 관심을 끄니 저의 세상이 종종
조각난 것처럼 느껴질 때가 있습니다. 주의 임재를 누리고 싶은데 온갖
잡다한 일들이 자꾸 방해하지요. **많은 일로 염려하고 근심하는** 것이 제
게 너무나 자연스럽다는 것을 인정합니다. 그러나 주님은 **한 가지만이
라도 족하다** 말씀하시지요. 주님을 그 **한 가지로** 삼으면 저는 **빼앗기지
않을 편을** 택하는 것입니다.

늘 가까이 계시는 주님을 기뻐하게 하소서. 주의 임재하심을 의식함으
로 다른 것은 다 작아 보이게 하소서. 주님은 저의 매순간을 환히 밝혀 주
시는 보화십니다!

한없이 값지신 예수님의 이름으로 기도합니다. 아멘.

빌립보서 3:14, 마태복음 6:19, 누가복음 10:41~42

내게 능력 주시는 자 안에서 내가 모든 것을 할 수 있느니라

빌립보서 4:13

전능하신 하나님,

　주님이 제게 능력을 주시고 제 안에 힘을 불어넣으시니 제가 **모든 것을 할 수 있습니다.** 이 내면의 힘이 **주님 안에서,** 즉 제가 예수님께 붙어 있을 때 주어진다는 것을 기억하게 하소서. 계속 주님을 바라보며 믿음의 걸음을 떼면 주께서 필요한 능력을 주시지요. 이 약속은 두려움, 특히 닥쳐올 상황에 압도당할 것 같은 두려움을 물리치는 데 특효약입니다. 상황이 아무리 벅차 보여도, 확신컨대 주께서 제 삶에 허락하시는 모든 일을 정말 준비된 상태에서 맞이할 수 있습니다.

　저에게 일어나는 모든 일을 세심히 주관하시니 감사합니다. 더욱이 주님은 알려진 위험과 알 수 없는 위험에서 모두 저를 끊임없이 보호하십니다. 꼭 필요할 때 힘을 주셔서 힘든 상황을 감당하게 하시지요.

　제가 불안하게 예측하는 미래의 많은 일들이 실제로 제게 일어나지 않을 것이라고 주께서 가르쳐 주셨습니다. 주님의 약속은 현재 제가 당면한 일에 해당하니 그 약속으로 족합니다. 그러므로 힘든 여정에 중압감이 느껴질 때면 가던 길을 멈추고 이 진리를 되뇌어야 합니다. **"내게 능력 주시는 자 안에서 내가 모든 것을 할 수 있느니라."**

강하신 예수님의 이름으로 기도합니다. 아멘.

빌립보서 4:13, 요한복음 15:4, 마태복음 6:34

즐겁게 소리칠 줄 아는 백성은 복이 있나니 여호와여
그들이 주의 얼굴 빛 안에서 다니리로다 그들은 종일
주의 이름 때문에 기뻐하며 주의 공의로 말미암아 높
아지오니

시편 89:15~16

나의 예수님,

주님과 연합하여 살도록 주께서 저를 지으셨지요. 이 연합이 저의 존재를 부정하는 것이 아니니 감사합니다. 오히려 저를 더 온전히 저답게 만드시지요. 짧은 시간이라도 주님을 떠나서 살려고 하면 공허하고 만족이 없음을 알았습니다. 하지만 **주님의 얼굴빛 안에서 다니면** 주께서 제게 깊고 흡족한 기쁨의 복을 주십니다. 주님을 찬송하며 **주님의 공의를 높이는** 것이 즐겁습니다.

주님과 가까이 지내며 저를 향한 주의 뜻에 복종하는 데서 충족감을 얻게 하소서. 때로 주님이 인도하시는 길이 낯설게 느껴질 때도 있습니다. 그럴 때도 주님이 잘 알아서 하심을 믿고 주를 꼭 붙잡아야 합니다. 마음을 다하여 주님을 따르면, 이전에 감추어져 있던 저의 다른 면들을 발견할 수 있습니다.

주님은 저를 속속들이 아십니다. 저보다 훨씬 더 잘 아시지요. 저는 주님과 연합할 때 완성됩니다. 주님을 가까이할 때 주님이 본래 지으신 모습으로 점점 더 변화하게 됩니다.

아름답고 의로우신 예수님의 이름으로 기도합니다. 아멘.

시편 89:15~16, 시편 139:15~16, 고린도후서 3:18

December

13

두려워하지 말라 내가 너와 함께 함이라 놀라지 말라 나는 네 하나님이 됨이라 내가 너를 굳세게 하리라 참으로 너를 도와 주리라 참으로 나의 의로운 오른손으로 너를 붙들리라

이사야 41:10

항상 임재하시는 예수님,

"내가 너와 함께함이라. 내가 너와 함께함이라. 내가 너와 함께함이라." 이렇게 말씀하시는 주님의 속삭임을 듣는 것이 좋습니다. 마치 하나님 나라의 종소리가 주의 임재를 약속하며 계속 울리는 것 같아요. 안타깝게도 이 영광의 종소리를 아예 듣지 못하는 이들도 있지요. 땅의 것을 생각하며 주님께는 마음이 닫혀 있기 때문입니다. 또 어떤 이들은 주께서 임재하신다는 이 경이로운 선포를 평생 한두 번밖에 듣지 못합니다. 주님을 찾는 그 드문 순간 중에서 말이지요. 주님은 제게 항상 임재하시는 목자시니, 늘 주의 깊게 **주님 음성을 듣는** 양이 되고 싶습니다.

고요함은 주님이 주의 음성 듣는 법을 가르치는 교실입니다. 마음을 가라앉히려면 조용한 장소가 필요하지요. 저의 배움이 더디지만, 이 즐거운 훈련에 진전을 이루게 하소서. 그리하여 언젠가는 어디를 가든 이 평온함도 품고 다닐 수 있기를 소망합니다. 아직 초보지만, 때로는 웅성거리는 삶 속으로 다시 돌아와서도 이 아름다운 종소리를 들을 수 있습니다. **"내가 너와 함께함이라. 내가 너와 함께함이라. 내가 너와 함께함이라."**

즐거움과 안정을 주시는 예수님의 이름으로 기도합니다. 아멘.

이사야 41:10, 예레미야 29:12~13, 요한복음 10:14, 27~28

지존자여 십현금과 비파와 수금으로 여호와께 감사하
며 주의 이름을 찬양하고 아침마다 주의 인자하심을
알리며 밤마다 주의 성실하심을 베풂이 좋으니이다

시편 92:1~3

지존자여,

아침마다 주님의 인자하심을 알리며 밤마다 주님의 성실하심을 베푸는 것이 좋습니다.

사랑으로 임재하시는 주의 경이로움을 선포하면서 주님 안에서 힘과 격려를 얻습니다. 소리 내어 고백하면 이 영광스러운 복이 제 안으로 더 충분히 흘러들지요. 주님의 사랑을 선포하오니 **말할 수 없는 영광스러운 즐거움으로 기뻐하게** 하소서.

주님의 놀라운 사랑은 희생적이고, 변함없고, 아주 귀하며, 무한하여 **하늘에 닿아 있습니다.** 밝게 빛나는 이 사랑 덕분에 저의 모든 날, 특히 칠흑같이 어두운 날도 헤쳐 나갈 수 있지요.

매일의 일과가 끝나면 이제 **하늘에 계신** 주님의 신실하심을 선포할 시간입니다. 하루를 돌아보면 주님이 얼마나 솜씨 좋게 저를 인도하시고 앞길을 열어 주셨는지 볼 수 있지요. 어려움에 더 많이 부딪힐수록 주님은 그만큼 더 힘과 능력을 주시고 저를 준비시켜 장애물을 극복하게 하셨습니다.

평안히 눕고 자기도 할 수 있도록, 특히 밤에 주의 크신 성실하심을 소리 내어 표현하는 것이 좋습니다.

평강이신 예수님의 이름으로 기도합니다. 아멘.

시편 92:1~3, 베드로전서 1:8, 시편 36:5(우리말성경), 시편 4:8

태초에 말씀이 계시니라 이 말씀이 하나님과 함께 계셨으니 이 말씀은 곧 하나님이시니라

요한복음 1:1

영원하신 하나님,

"태초에 말씀이 계시니라. 이 말씀이 하나님과 함께 계셨으니 이 말씀은 곧 하나님이시니라." 주님은 **육신이 되신 말씀**이시며, 전에도 항상 계셨고 앞으로도 늘 계실 것입니다. 주님의 탄생을 경축할 때 주의 신성을 놓치지 않게 하소서.

장성하여 구주가 되신 주님이 인간이실 뿐 아니라 전능하신 하나님이시니 참 감사합니다! 주님이 하나님이 아니라면 주님의 희생적인 삶과 죽음은 구원을 베풀기에 부족했을 것입니다. 힘없는 아기로 세상에 오신 주님이 바로 그 세상을 지으신 분이기에 저는 기쁩니다.

주님이 부요하신 이로서 저를 위하여 가난하게 되심은 주님의 가난함으로 말미암아 저를 부요하게 하려 하심입니다. 어떤 크리스마스 선물도 주님 안에서 누리는 무한한 보화에 비할 바가 못 되지요! 주님 덕분에 저의 죄가 **동이 서에서 먼 것같이** 옮겨져, 저는 모든 정죄에서 해방되었습니다. 주님이 제게 상상할 수 없이 영광스럽고 끝없는 생명을 선물로 주셨습니다! 주님, 숨 막힐 정도로 대단한 이 선물에 감사드립니다. 감사하는 마음으로 기쁘게 받습니다.

최고이신 예수님의 이름으로 기도합니다. 아멘.

요한복음 1:1, 14, 히브리서 1:2, 고린도후서 8:9, 시편 103:12

사랑하는 예수님,

텅 비어 궁핍한 모습으로 주께 나아오니 주의 사랑의 빛으로 채워 주소서. 주님께 맡긴 마음은 상황이 어렵다고 불평하거나 반항하지 않음을 압니다. 오히려 힘들 때도 주님께 감사하도록 용기를 내게 하지요. 저의 의지를 주님의 뜻에 복종시키는 것이 결국 믿음의 행동이니까요.

오늘도 평안하게 주님과 동행하고 싶지만, 맡겨진 일을 다 감당할 수 있을까 하는 생각에 마음이 심란합니다. 어떻게 이것저것을 해낼지 고민하느라 머리가 복잡합니다. 그보다 주의 임재에 마음을 두고 다음 단계를 밟을 수 있도록 도와주소서. 힘든 날일수록 주님의 힘에 더욱 의지해야 합니다. 저의 궁핍함을 복으로 여기는 법을 가르쳐 주시고, 주께서 저를 지으실 때 주님께 깊이 의지하게 하셨음을 믿게 하소서. 힘든 시간은 저를 깨우고 저의 부족함을 깊이 인식하는 시간입니다.

다음에 무엇을 해야 할지 모를 때 주께서 앞길을 열어 주시기를 기다리겠습니다. 주께서 다 알아서 해 주실 것을 신뢰하기에, 언제라도 주의 인도하심에 따르고 싶습니다. **제게 힘을 주시고 평강의 복을 주신다는** 주님의 약속이 저를 기쁘게 합니다.

능력 주시는 예수님의 이름으로 기도합니다. 아멘.

에베소서 5:20, 신명기 33:25, 시편 27:14, 시편 29:11

또 약속하신 이는 미쁘시니 우리가 믿는 도리의 소망
을 움직이지 말며 굳게 잡고

히브리서 10:23

신실하신 하나님,

　주님이 미쁘신 분임을 믿으며, **믿는 도리의 소망을 움직이지 말며 굳게 잡도록** 도와주소서. 때로는 특히 많은 일이 잘못될 때 제가 할 수 있는 일이라고는 주님을 붙잡는 것뿐입니다. 제 머리로 문제를 해결하고 길을 찾을 수 있으면 좋겠지만 대개는 불가능하지요. 그럴 때일수록 **주님의 얼굴을 찾고 또 저의 소망을 고백해야** 합니다.

　소망을 고백하는 것은 소망을 드러내고 인정한다는 뜻입니다. 저의 말은 다른 사람들뿐만 아니라 제게도 중요합니다. 부정적으로 말하면 주위 사람들 못지않게 저도 낙심하게 되지요. 하지만 주님을 향한 소망과 신뢰를 말로 고백하면, 주님이 제게 앞길을 보이시리라는 확신을 얻습니다.

　제 확신의 근거는 **주님이 미쁘시다는** 데 있습니다. 나아가 주님은 **제가 감당하지 못할 시험 당함을 허락하지 않으신다고** 약속하셨지요. 때로는 주께서 마련해 주시는 **피할 길이** "예수님, 주님을 신뢰합니다. 주님이 저의 소망이십니다"와 같은 저의 말을 통해 올 때도 있습니다. 이런 고백에 힘입어, 흔들림 없이 신뢰하는 마음으로 주님을 저의 소망으로 붙잡습니다.

　　　　소망으로 충만하신 예수님의 이름으로 기도합니다. 아멘.

히브리서 10:23, 시편 27:7~8, 고린도전서 10:13(우리말성경)

너는 마음을 다하여 여호와를 신뢰하고 네 명철을 의
지하지 말라

잠언 3:5

지혜가 무궁하신 하나님,

명철로는 결코 평안을 얻지 못한다고 주께서 가르쳐 주셨습니다. **저의 마음을 다하여 주님을 신뢰하고 저의 명철을 의지하지 말라고** 말씀하시지요. 이 구절이 매일 저의 삶에 도전이 됩니다.

제게 모든 답을 알아내려고 애쓰는, 즉 제 삶을 지배한다고 느끼려는 탐욕스러운 욕구가 있음을 고백합니다. 하지만 세상이 제 앞에 내놓는 문제는 끝이 없습니다. 어려움 하나를 정복하면 즉시 다른 어려움이 나타나 저를 난감하게 하지요. 더욱이 저의 주인이신 **주님을** 구하는 것이 아니라 제 머리로 이해하고 정복하려고 금세 다시 안간힘을 쓰게 됩니다. 주님, 저를 용서하여 주시고, 무엇보다 **주님을 구하게** 하소서.

주님의 평강이 복잡한 미로 한가운데 숨어 있는 신기루 같은 목표물이 아니어서 감사합니다. 저는 주님의 것이니, 주의 임재 안에 있는 평강으로 이미 둘러싸여 있지요. 제가 주 예수님을 바라볼수록 주께서 제게 귀한 주님의 평강을 더 많이 주십니다.

신뢰받기에 합당하신 예수님의 이름으로 기도합니다. 아멘.

잠언 3:5, 예레미야 29:13, 로마서 5:1, 데살로니가후서 3:16

예수께서 이르시되 내가 올 때까지 그를 머물게 하고자 할지라도 네게 무슨 상관이냐 너는 나를 따르라 하시더라

요한복음 21:22

사랑하는 예수님,

복된 길을 주님과 동행해서 참 좋습니다! 그런데 주님과 함께 가는 이 길에는 오르막뿐만 아니라 내리막도 있다는 것을 알았습니다. 멀리서 보면 햇빛에 반짝이는 눈 덮인 봉우리가 장관입니다. 봉우리에 어서 도달할 생각에 지름길로 가고 싶지만, 저의 임무는 걸음을 지도하시는 주님을 신뢰하며 **주님을 따르는** 것임을 압니다. 저를 부르는 정상을 향해 전진하겠지만, 그래도 주님 곁에 머무는 것이 저의 최우선이 되어야 하지요.

주님을 가장 믿기 힘든 때는 일이 잘못될 때입니다. 일상이 깨지면 자꾸 불안해집니다. 그러나 어려움이 오히려 제게 유익이 됨을 보여 주셨지요. 신뢰하는 마음으로 시련을 받아들이면, **환난보다 지극히 큰** 복이 뒤따릅니다. 주님과 손잡고 이 길을 가는 동안, 주께서 모든 걸음을 사랑으로 계획하셨다는 사실을 굳게 붙들게 됩니다.

길이 험하고 가팔라질 때 저의 믿음이 흔들리지 않기를 기도합니다. 주님의 손을 꼭 잡고 주의 임재를 깊이 들이마시겠습니다. "사랑하는 자여, 내 도움으로 너는 해낼 수 있느니라." 이렇게 안심시켜 주시는 주님의 말씀을 듣겠습니다!

우리를 격려해 주시는 예수님의 이름으로 기도합니다. 아멘.

요한복음 21:22, 고린도후서 4:17, 하박국 3:19

오직 여호와를 앙망하는 자는 새 힘을 얻으리니 독수리가 날개치며 올라감 같을 것이요 달음박질하여도 곤비하지 아니하겠고 걸어가도 피곤하지 아니하리로다

이사야 40:31

은혜로우신 하나님,

성경은 **여호와를 앙망하는 자는 새 힘을 얻는다**고 약속합니다. 늘 바쁘게 한꺼번에 여러 가지 일을 하는 것이 일반적인 모습이 되었지만, 저는 주의 임재 안에서 기다리는 시간이 참 좋습니다. 대림절 기간에는 평소보다 할 일이 **더 많지요.** 모든 활동과 해야 할 일에서 잠시 벗어나게 하소서. **주님의 얼굴을 구하고** 주의 임재를 누리면서 성탄절의 주인공이 **주님이시라는** 기본 진리를 묵상합니다.

주님과 함께 기다리는 것은 기도하면 정말 달라진다고 믿는 믿음의 행동입니다. 그래서 **수고하고 무거운 짐을 지고** 솔직하고 진실하게 **주께로 옵니다.** 주의 임재 안에서 안식하며 고민을 아뢰면 주께서 저의 아픈 어깨에서 무거운 짐을 거두어 주시지요. 주님이 **제가 구하거나 생각하는 모든 것에 더 넘치도록 능히 하실** 분이심을 감사드립니다!

주님과 함께 있는 이 고요한 순간에서 깨어날 때, "내가 너와 함께 있느니라" 말씀하시는 주의 속삭임을 듣는 것이 즐겁습니다. 또한 주님과 함께 시간을 보내며 **새 힘을 얻으니** 기쁩니다.

기운을 북돋아 주시는 예수님의 이름으로 기도합니다. 아멘.

이사야 40:31, 시편 105:4, 마태복음 11:28, 에베소서 3:20

어두운 데에 빛이 비치라 말씀하셨던 그 하나님께서
예수 그리스도의 얼굴에 있는 하나님의 영광을 아는
빛을 우리 마음에 비추셨느니라

고린도후서 4:6

영광의 예수님,

주의 임재 안에 주의 깊게 기다리면 **주님의 영광을 아는 빛이** 저를 비추십니다. 이 찬란한 지식은 저의 이해력을 완전히 벗어날 뿐 아니라 저의 전 존재를 변화시킵니다. 생각을 새롭게 하고, 마음을 깨끗하게 하며, 몸에 활기를 더해 주지요. 주님의 영광스러운 임재에 저 자신을 활짝 열도록 도와주소서!

주님이 우리의 세상에 아기로 오시려고 무엇을 포기하셨는지 저로서는 상상할 수도 없습니다. 주님은 인류와, 또 저와 동화하시려고 주님의 영광을 제쳐 놓으셨지요. 마구간에 태어나 여물통에 누워야 하는 악조건에서 유아기의 한계를 받아들이셨습니다. 경이로움에 놀란 목자들에게 천사들이 하늘을 환히 밝히며 "영광!"을 외쳤지만, 주님이 탄생하신 무대에 영광은 없었습니다.

잠잠히 주님과 함께 앉아 주님이 겪으신 일과 반대되는 것을 경험합니다. **주님이 가난하게 되심은 저를 부요하게 하려 하심이지요.** 주님께 더 가까이 나아가면 제 앞에 하나님 나라의 풍경이 열리면서 주님의 영광이 언뜻 보입니다. 오, 주님! 주님의 거룩하신 이름을 "할렐루야!"로 찬양합니다!

예수님의 신성하신 이름으로 기도합니다. 아멘.

고린도후서 4:6, 빌립보서 2:6~7, 누가복음 2:13~14, 고린도후서 8:9

December

22

나는 빛으로 세상에 왔나니 무릇 나를 믿는 자로 어둠
에 거하지 않게 하려 함이로라

요한복음 12:46

긍휼이 풍성하신 예수님,

주님은 빛으로 세상에 오셨으며 이는 주님을 믿는 자로 어둠에 거하지 않게 하려는 것입니다. 주님은 단지 세상에 빛을 **들여오신** 것이 아니라 주님이 바로 **어둠에 비치는 빛이시며 어둠이 빛을 이기기 못했습니다**. 주님은 무한하시고 전능하시니 그 무엇도 이 광명을 끌 수 없지요!

주님을 처음 믿던 그 때 저는 **빛의 자녀**가 되었습니다. 주님의 광채가 저의 속사람 안으로 들어와 세상과 제 마음을 주의 관점에서 볼 수 있게 해 주었지요. 성령께서 제 마음을 비추시어 주님이 싫어하실 것들을 보여 주시면, 회개하고 주님의 길로 행하게 하소서. 이것이 자유에 이르는 길입니다.

주님, 저의 시야가 밝아져서 기쁩니다. **이 세상의 신이 믿지 않는 자들의 마음을 혼미하게 하여 주님의 영광의 복음의 광채가 비치지 못하게 합니다.** 그러나 저는 주님의 것이니 **주님의 영광을 아는 빛이** 제 마음을 비추시지요! 예수님, 감사합니다!

빛나시고 환히 비추시는 예수님의 이름으로 기도합니다. 아멘.

요한복음 12:46, 요한복음 1:5, 데살로니가전서 5:5, 고린도후서 4:4, 6

보라 처녀가 잉태하여 아들을 낳을 것이요 그의 이름은 임마누엘이라 하리라 하셨으니 이를 번역한즉 하나님이 우리와 함께 계시다 함이라

마태복음 1:23

임마누엘이시여,

주님은 항상 **우리와 함께 계시는 하나님이십니다.** 주의 말씀에 나오는 이 약속이 제 기쁨의 탄탄한 기초가 됩니다. 때로 덧없는 것들에 즐거움을 삼으려 하지만, 저와 함께하시는 주님의 임재가 영원한 복입니다. 저의 구세주이신 **주께서 결코 저를 떠나지 않으신다**고 약속하셨으니 기쁩니다.

시간의 속성상 삶을 완전히 누리기는 힘들지요. 만사가 잘 풀릴 때도, 이상적인 상태는 잠깐이라는 생각이 저의 즐거움에 찬물을 끼얹을 수 있습니다. 아무리 즐거운 휴가도 결국 끝날 수밖에 없습니다. 때로 시계를 정지시키고 상황을 묶어 두고 싶어도 삶의 계절은 왔다 갑니다.

주님이 베푸시는 잠깐의 즐거움도 무시하고 싶지 않지만, 그 한계, 즉 제 영혼을 해갈시켜 줄 수 없음을 **필히** 받아들여야 합니다. **주님을** 최종 목표로 삼지 않는 한, 영원한 기쁨을 찾으려는 저의 노력은 실패로 돌아간다는 것을 기억하게 하소서. **주님 앞에는 충만한 기쁨이 있습니다.**

기쁨이 넘치시는 예수님의 이름으로 기도합니다. 아멘.

마태복음 1:23, 히브리서 13:5, 시편 16:11

December

24

기약이 이르면 하나님이 그의 나타나심을 보이시리니 하나님은 복되시고 유일하신 주권자이시며 만왕의 왕이시며 만주의 주시오 오직 그에게만 죽지 아니함이 있고 가까이 가지 못할 빛에 거하시고 어떤 사람도 보지 못하였고 또 볼 수 없는 이시니 그에게 존귀와 영원한 권능을 돌릴지어다 아멘

디모데전서 6:15~16

왕이신 예수님,

주님은 **만왕의 왕이시고 만주의 주시며, 가까이 가지 못할 빛에 거하십니다!** 그런 주님이 저의 목자이자 길동무와 친구도 되셔서 결코 제 손을 놓지 않으시니 감사합니다. 거룩하고 엄위하신 주님을 예배합니다. 주의 사랑의 임재 안에서 안식하려 주께 가까이 나아옵니다. 하나님으로서, 친히 인간으로 오신 주님을 신뢰합니다. 먼 옛날 첫 성탄절에 태어나신 주님만이 저의 모든 필요를 채우실 수 있습니다.

주님의 성육신을 머리로 이해하려고 하기보다 동방 박사들에게 배우고 싶습니다. 그들은 빛나는 별이 이끄는 대로 따라와 주님 앞에 엎드려 경배했지요. 그들에게 영감 받아 저도 경이롭고 거룩하게 탄생하신 주님을 뜨겁게 경배하고 싶습니다.

주님을 저의 구세주, 주님, 왕으로 더 잘 예배할 수 있게 도와주소서. 주님은 아무것도 아끼지 않으시고 놀랍도록 제게 베풀어 주셨으니, 주님의 주님 되심과 주님이 행하신 모든 일이 저를 기쁘게 합니다!

주님은 **위로부터 우리에게 임하시는 돋는 해이시며, 우리 발을 평강의 길로 인도하십니다.**

엄위하신 예수님의 이름으로 기도합니다. 아멘.

디모데전서 6:15~16, 마태복음 2:10~11, 누가복음 1:78~79

December

25

그 지역에 목자들이 밤에 밖에서 자기 양 떼를 지키더니 주의 사자가 곁에 서고 주의 영광이 그들을 두루 비추매 크게 무서워하는지라 천사가 이르되 무서워하지 말라 보라 내가 온 백성에게 미칠 큰 기쁨의 좋은 소식을 너희에게 전하노라

누가복음 2:8~10

귀하신 주 예수님,

한 천사가 베들레헴 근처 **밖에 있던 목자들에게** 주님의 탄생을 알릴 때 이렇게 말했습니다. **"무서워하지 말라. 내가 큰 기쁨의 좋은 소식을 너희에게 전하노라."** 두려워하지 말라는 명령은 성경 전체에 자주 반복됩니다. 이렇게 자상하고 자비롭게 지시해 주셔서 감사합니다. 주님은 제가 얼마나 쉽게 두려워하는지 아시면서도 그런 저를 정죄하지 않으시지요. 그래도 저는 두려워하는 성향에서 꼭 벗어나고 싶습니다.

기쁨이 두려움을 해결하는 특효약이라는 것을 알았습니다. 기쁨이 클수록 약효도 더 좋아집니다. 천사가 목자들에게 알린 것도 큰 기쁨이었지요! 복음이 얼마나 놀랍도록 좋은 소식인지 결코 놓치지 않도록 도와주소서!

주님을 저의 구주로 처음 믿던 순간, 주님은 저의 과거와 현재, 미래의 모든 죄를 용서해 주셨습니다. 영광스러운 선물인 이 값진 은혜 덕분에 하나님 나라가 저의 최종 목적지로 보장되어 있습니다. 나아가 주님은 가장 귀한 보화이신 **주님 자신을** 제게 주셨습니다! 저에게 주님의 사랑을 아끼지 않으셨고 영원한 임재를 약속하셨지요. 천사가 목자들에게 선포한 경이로운 말을 묵상하면서 사랑하는 구세주이신 **주님 안에서 기뻐합니다.**

참으로 아름다운 예수님의 이름으로 기도합니다. 아멘.

누가복음 2:8~10, 에베소서 2:8, 빌립보서 4:4

그 날에는 내가 아버지 안에, 너희가 내 안에, 내가 너희 안에 있는 것을 너희가 알리라

요한복음 14:20

멋진 예수님,

주님의 말씀은 **제가 주님 안에 있고 주님이 제 안에 계시다**고 가르칩니다. 이 얼마나 심오한 비밀(신비)인지요! 주님은 무한하셔서 우주를 창조하시고 운행하시지만, 저는 유한하고 타락한 인간입니다. 그런 주님과 제가 **함께** 살 뿐만 아니라 서로의 **안에** 살고 있지요. 저는 **주님의 모든 충만하신 것으로 충만하며,** 주님으로 넘쳐납니다! 어떤 관계보다 깊고 풍성한 연합이지요. 가장 내밀한 생각과 감정부터 평생 동안 마주할 일들에 이르기까지 주님은 저의 모든 것을 아십니다. 제가 주님께 속해 있으니 고립감은 사실 망상에 불과합니다. 온 땅이 주의 영광스러운 임재로 충만하지요!

주님 안에서 제가 살고 움직이고 존재합니다. 저의 모든 발걸음과, 모든 말과, 모든 호흡이 다 저를 지키시고 품으시는 주의 임재 안에서 이루어집니다. 눈에 보이지 않지만 엄연한 실재이신 주님 안에 제가 푹 잠겨있으니까요! 주님을 더 인식할수록 저도 더 살아 있고 온전한 존재로 느껴집니다. 오늘도 한 걸음씩 나아갈 때 주의 사랑의 임재를 더욱 생생히 인식하게 하소서.

우리를 지키시고 사랑이 많으신 예수님의 이름으로 기도합니다. 아멘.

요한복음 14:20, 골로새서 1:27, 에베소서 3:19, 사도행전 17:28(우리말성경)

내 형제들아 너희가 여러 가지 시험을 당하거든 온전히 기쁘게 여기라 이는 너희 믿음의 시련이 인내를 만들어 내는 줄 너희가 앎이라

야고보서 1:2~3

한결같으신 구주시여,

망가진 것들 한가운데서 기쁨을 찾게 하소서. 많은 문제를 처리할 때 해답을 구하지만 아무것도 얻지 못하고 갑자기 새로운 문제에 부딪치면 좀처럼 기뻐하기 힘이 듭니다. 해답을 찾는 데 너무 집중하면 모든 난관에 눌려 서서히 침몰한다는 것도 알았습니다. 그럴 때는 **여러 가지 시험** 중에 주께서 저와 함께하심을 일깨워 주소서. 주님이 저의 상황 속에 역사하고 계시며 악을 통해서도 선을 이루실 수 있음을 믿어야 합니다. 비길 데 없는 지혜와 주권적인 능력으로 주님은 능히 선으로 악을 이기십니다!

환난 중에도 주께서 제 곁에 계심을 믿으며, 역경 속에서 **주님을** 만나고 싶습니다. 모든 문제에서 감정의 플러그를 뽑아 주의 임재에 꽂아야 합니다. 주님과 연결되면 어둡던 기분이 점차 환하게 밝아지지요. 아울러 **주님 안에 거하면**, 주의 찬란한 임재에 플러그가 꽂혀 있으면 주께서 제게 매사를 주님의 관점에서 볼 수 있게 해 주십니다.

주님과 연결되어 있으면 역경 중에도 기뻐할 수 있습니다. **주님 앞에는 충만한 기쁨이 있으니까요!**

기쁨이 충만하신 예수님의 이름으로 기도합니다. 아멘.

야고보서 1:2~3, 로마서 11:33, 요한복음 15:4, 시편 16:11

28

너의 하나님 여호와가 너의 가운데에 계시니 그는 구원을 베푸실 전능자이시라 그가 너로 말미암아 기쁨을 이기지 못하시며 너를 잠잠히 사랑하시며 너로 말미암아 즐거이 부르며 기뻐하시리라 하리라

스바냐 3:17

즐거움을 주시는 주님,

"**내가 너로 말미암아 기쁨을 이기지 못하며 너를 잠잠히 사랑하며 너로 말미암아 즐거이 부르며 기뻐하리라.**" 주님이 계속 불러 주시는 이 노래를 듣는 것이 좋습니다. 이 세상의 소리들은 저를 이리저리 잡아끄는 혼탁한 불협화음입니다. 그런 소리를 듣기보다 주의 말씀으로 그에 맞서게 하소서. 세상의 소음에서 휴식하는 법을 보여 주소서. 주의 임재 안에 가만히 있을 수 있는 장소를 찾아 주님의 음성을 듣게 하소서.

주님의 음성을 들음으로 숨겨진 엄청난 보화를 캐낼 수 있다고 믿습니다. 주께서 늘 복을 부어 주시지만 가장 풍성한 복 중에 더러는 열심히 찾아야 합니다. 주께서 주의 말씀과 주님의 사람들과 경이로운 창조 세계를 통해 주님을 계시해 주실 때 저는 기쁩니다.

찾는 마음이 있으면 그만큼 저를 열어 주님을 더 많이 받을 수 있게 하시지요. 성경에 분명한 지침이 나와 있습니다. "**구하라 그리하면 너희에게 주실 것이요 찾으라 그리하면 찾아낼 것이요 문을 두드리라 그리하면 너희에게 열릴 것이니.**"

예수님의 너그러우신 이름으로 기도합니다. 아멘.

스바냐 3:17, 마태복음 17:5, 마태복음 7:7

수고하고 무거운 짐 진 자들아 다 내게로 오라 내가
너희를 쉬게 하리라

마태복음 11:28

안식을 주시는 주 예수님,

주의 임재 안에서 안식을 얻고자 **주께로 옵니다. 주님,** 저에 대한 **주님의 끊임없는 생각이 제게 어찌 그리 보배로우신지요!** 저도 점점 더 주님을 생각하고 싶습니다. 아주 바쁠 때도 주의 임재 의식이 **저를 쉬게 할** 수 있다고 주님이 가르쳐 주셨습니다. **주님이 저와 항상 함께 계심을** 기억하면 내면의 평안이 흘러나오지요. 이 기억이 저의 마음과 생각과 영혼에 배어들어 저를 기쁨으로 충만하게 합니다.

때로는 눈에 보이는 문제와 귀에 들리는 예측에 너무 집중하느라, 저의 기쁨이 층층이 쌓인 염려와 두려움에 파묻힐 때가 있음을 고백합니다. 그럴 때 제 관심사를 주님께 가져와야 합니다. 하나하나 주께 아뢰고, 주의 도우심과 인도하심을 구하며, 겹겹이 쌓인 염려를 없애 달라고 기도해야 하지요. 염려를 주의 돌보심과 지키심에 맡기면 기쁨이 점차 되살아납니다. 이 즐거움을 가꾸는 가장 확실한 방법이 말과 노래로 **영광의 왕이신** 주님을 찬양하는 것임을 배우고 있습니다!

찬송받기에 합당하신 예수님의 이름으로 기도합니다. 아멘.

마태복음 11:28, 시편 139:17, 마태복음 28:20, 시편 24:7

예수께서 이르시되 네 마음을 다하고 목숨을 다하고 뜻을 다하여 주 너의 하나님을 사랑하라 하셨으니 이것이 크고 첫째 되는 계명이요

마태복음 22:37-38

사랑하는 나의 구주시여,

점점 더 주님께 몰두하고 싶습니다. 그러나 제 사고의 기본 상태는 저의 필요와 소원, 목표, 외모 등 저 자신에게 몰두해 있음을 고백합니다. 이 죄의 성향이 싫습니다. 주님께 기쁨이 되지 않는다는 것도 압니다. 정말 이 굴레에서 벗어나고 싶습니다!

깊이 사랑에 빠진 사람들은 서로에게 집중하게 되지요. 그러니 주님을 더 온전히 사랑하는 법을 배우는 것이 주께 더 집중할 수 있는 최선의 방법입니다. **제 마음과 목숨과 뜻을 다하여** 사랑해야 합니다. 성경이 이 가르침을 **첫째 되는 계명**이라 언급하고 있으며, 이는 가장 가치 있는 목표이기도 하지요! 이생에서는 이 일을 완전하게 할 수 없음을 압니다. 하지만 저를 향한 주님의 무한하신 **인자하심을** 더 깨닫고 즐거워할수록 저도 주님께 더 사랑으로 반응할 수 있습니다. 이것이야말로 영광스러운 추구이지요!

주님의 사랑을 더 높고 깊고 넓고 한결같이 받아들이는 법을 배우도록 도와주소서. 그리하여 주님께 계속 더 사랑으로 반응하게 하소서. 그러면 자아에 몰두하던 굴레에서 **자유롭게 되어** 점점 더 저의 구주이자 왕이신 주님께 몰두할 수 있을 것입니다. 그러면 **제가 참으로 자유로울 것입니다!**

우리를 해방하시는 예수님의 이름으로 기도합니다. 아멘.

마태복음 22:37~38, 시편 52:8, 요한일서 4:19, 요한복음 8:36

이는 나 여호와 너의 하나님이 네 오른손을 붙들고 네게 이르기를 두려워하지 말라 내가 너를 도우리라 할 것임이니라

이사야 41:13

나를 인도하시는 하나님,

한 해를 마무리하면서 지나온 날들을 돌아보고, 앞날을 내다보는 시간을 가지려 합니다. 좋았던 때뿐만 아니라 힘들었던 때까지 올해의 중요한 일들을 돌아보는 동안 인도하여 주소서. 저의 모든 걸음마다 주께서 바로 제 곁에 계셨음을 아오니, 그 모든 기억 속에서 주님을 볼 수 있도록 도와주소서.

한창 힘들어서 주님을 붙들고 도움을 구할 때, 주님은 사랑의 임재로 저를 위로해 주셨습니다. 큰 기쁨으로 충만한 상황에도 주님은 풍성하게 임재하셨지요. 산꼭대기, 골짜기, 또 그 사이 모든 곳에서 저와 함께 계셨습니다!

저의 미래가 제 앞에 영원까지 펼쳐져 있으며, 주님은 결코 저를 떠나지 않으실 길동무시고 제 앞길의 모든 걸음을 아시는 길잡이이십니다. **말할 수 없는 영광스러운** 즐거움이 저를 기다리고 있지요! 새해를 맞이할 준비를 하면서, 제게 주님의 영광스러운 빛을 비추시어 앞길을 환히 밝혀 주시길 간구합니다.

승리하신 예수님의 이름으로 기도합니다. 아멘.

이사야 41:13, 시편 48:14, 베드로전서 1:8~9, 요한복음 8:12